法華経の新しい解釈　2

庭野日敬

法華経の新しい解釈　2

庭野日敬

目次

見《けん》宝《ほう》塔《とう》品《ほん》第《だい》十一……二五三
二《に》処三会《しょさんえ》　六難九易《ろくなんくい》の法門《ほうもん》
提《だい》婆《ば》達《だっ》多《た》品《ほん》第《だい》十二……二六二
悪人成仏《あくにんじょうぶつ》　恨《うら》みをもって恨《うら》みに報《むく》いず　女人成仏《にょにんじょうぶつ》
勧《かん》持《じ》品《ほん》第《だい》十三……二七三
あらゆる生物《せいぶつ》の成仏《じょうぶつ》　三類《さんるい》の強敵《ごうてき》
安《あん》楽《らく》行《ぎょう》品《ほん》第《だい》十四……二八二
身安楽行《しんあんらくぎょう》　行処《ぎょうしょ》　親近処《しんごんしょ》　口安楽行《くあんらくぎょう》　意安楽行《いあんらくぎょう》　誓願安楽行《せいがんあんらくぎょう》
髻中《けちゅう》の珠《たま》の譬《たと》え
従地《じゅうじ》涌《ゆ》出《じゅっ》品《ほん》第《だい》十五……二九四
地《じ》涌《ゆ》の菩薩《ぼさつ》とは　四弘誓願《しぐせいがん》

如《によ》来《らい》寿《じゅ》量《りょう》品《ほん》第《だい》十六……三〇四

哲学《てつがく》か・倫理《りんり》か・宗教《しゅうきょう》か　仏教《ぶっきょう》の窮極《きゅうきょく》はやはり宗教《しゅうきょう》　開近顕遠《かいごんけんのん》　開迹《かいしゃく》顕本《けんぽん》　開権顕実《かいごんけんじつ》　理性《りせい》の教《おし》え　縁起観《えんぎかん》　諸行無常《しょぎょうむじょう》　諸法無我《しょほうむが》　涅槃寂静《ねはんじゃくじょう》　三法印《さんぽういん》　四諦《したい》　八正道《はっしょうどう》　真理《しんり》に合《あ》った見《み》かた　自分本《じぶんほん》位《い》にものを見《み》ない　かたよった見《み》かたをしない　仮《け》と空《くう》　中諦《ちゅうたい》・中《ちゅう》道《どう》　よく調和《ちょうわ》のとれた　弾琴《だんきん》の教《おし》え　目的《もくてき》に合《あ》った　六波羅蜜《ろくはらみつ》　禅定《ぜんじょう》　瞑想《めいそう》でない瞑想《めいそう》　道徳的《どうとくてき》な瞑想《めいそう》　哲学的《てつがくてき》な瞑想《めいそう》　意識下《いしきか》の自《じ》己《こ》をどうするか　負《お》った「宿業《しゅくごう》」をどうするか　自然《しぜん》に浮《うか》ぶ「念《ねん》」をどうするか　宗教《しゅうきょう》とはどんなものか　天然崇拝《てんねんすうはい》　精霊崇拝《せいれいすうはい》　呪物崇《じゅぶつすう》拝《はい》　トーテム崇拝《すうはい》　相対《そうたい》を絶対《ぜったい》と見《み》る誤《あやま》り　科学《かがく》で解決《かいけつ》できることは科学《かがく》に依《よ》る　死《し》の苦《くる》しみ　生《せい》の苦《くる》しみ　絶対力《ぜったいりょく》を求《もと》める　救《すく》いは外《そと》側《がわ》にはない　救《すく》いは内側《うちがわ》だけにもない　自燈明《じとうみょう》・法燈明《ほうとうみょう》　法《ほう》は内側《うちがわ》にも外側《そとがわ》にもあるもの　「法《ほう》」すなわち「大生命《だいせいめい》」　宗教《しゅうきょう》的瞑想《てきめいそう》　生《い》かされているという自覚《じかく》　南無《なむ》　南無妙法蓮華経《なむみょうほうれんげきょう》　科学《かがく》の目《め》で見《み》れば　色即是空《しきそくぜくう》　空即是色《くうそくぜしき》　生《い》きたいという力《ちから》　「法《ほう》」の人格化《じんかくか》が

「仏《ほとけ》」「現《あら》われる」とは「自覚《じかく》する」こと　誠諦《じょうたい》　見《み》よ　来《きた》れ　「智《ち》」「慈《じ》」「行《ぎょう》」が揃《そろ》わねばならない　真如《しんにょ》　如来《にょらい》　法身《ほっしん》　報身《ほうしん》　応身《おうじん》　道場《どうじょう》　絶対《ぜったい》の存在《そんざい》　本尊《ほんぞん》の確立《かくりつ》　近《ちか》きより遠《とお》きへ及《およ》ぼす　信根《しんこん》　精進根《しょうじんこん》　念根《ねんこん》　定根《じょうこん》　慧根《えこん》　肉眼《にくげん》　天眼《てんげん》　慧眼《えげん》　法眼《ほうげん》　仏眼《ぶつげん》　己身《こしん》・他身《たしん》　己事《こじ》　他事《たじ》　仏教《ぶっきょう》こそ根本《こんぽん》の教《おし》え　三界《さんがい》　生《しょう》・死《じ》・退《たい》・出《しゅつ》　在世《ざいせ》及《およ》び滅度《めつど》の者《もの》なし　実《じつ》・虚《こ》　如《にょ》・異《い》　生活《せいかつ》のうえにどう実践《じっせん》するか　仏事《ぶつじ》　本能《ほんのう》は無記《むき》、貪著《とんじゃく》が煩悩《ぼんのう》を生《う》む　妄見《もうけん》　憍恣《きょうし》　厭怠《えんだい》　難遭《なんぞう》の想《おもい》　仏《ほとけ》を見《み》ざる者《もの》　恋慕渇仰《れんぼかつごう》　宗教《しゅうきょう》の極致《きょくち》　顚倒《てんどう》　仏《ほとけ》を見《み》ぬゆえの誤《あやま》り　だれにも仏心《ぶっしん》はある　教《おし》えを与《あた》えるにも慎重《しんちょう》な用意《ようい》　背《そむ》くものへも変《か》わらぬ仏《ほとけ》の慈悲《じひ》　自行《じぎょう》が必要《ひつよう》　滅度《めつど》は慈悲《じひ》の方便《ほうべん》　ふたたび仏《ほとけ》を見《み》る　質直《しちじき》　柔輭《にゅうなん》　娑婆即寂光土《しゃばそくじゃっこうど》　罪《つみ》　三宝《さんぼう》　仏《ぶつ》　法《ほう》　僧《そう》

分別功徳品第十七《ふんべつくどくほんだい》……………………四四六

無生法忍《むしょうぼうにん》　聞持陀羅尼門《もんじだらにもん》　楽説無礙弁才《ぎょうせつむげべんざい》　旋陀羅尼《せんだらに》　不退《ふたい》の法輪《ほうりん》を転《てん》ず　清浄《しょうじょう》の法輪《ほうりん》を転《てん》ず　流通分《るつうぶん》の大切《たいせつ》さ　四信五品《ししんごほん》　一念信《いちねんしん》

解《げ》　布施《ふせ》　持戒《じかい》　忍辱《にんにく》　精進《しょうじん》　禅定《ぜんじょう》　回向《えこう》　略解言趣《りゃくげごんしゅ》　広《こう》
為他説《いたせつ》　深信観成《じんしんかんじょう》　滅後《めつご》の五品《ごほん》　初随喜《しょずいき》　読誦《どくじゅ》　説法《せっぽう》　兼行六《けんぎょうろ》
度《くど》　正行六度《しょうぎょうろくど》
随《ずい》喜《き》功《く》徳《どく》品《ほん》第《だい》十八……四八七
其《そ》の所聞《しょもん》の如《ごと》く　力《ちから》に随《したが》って　五十展転《てんでん》　須臾聞法《しゅゆもんぽう》

見《けん》宝《ほう》塔《とう》品《ほん》第《だい》十一

この品《ほん》には、「序《じょ》品《ほん》第《だい》一」にもあったような、ちょっと考《かんが》えると不思議《ふしぎ》に思《おも》えるような話《はなし》が述《の》べられています。「法《ほ》華経《けきょう》の成立《せいりつ》と伝弘《でんぐ》」のところ（一二三頁《ページ》）でも説明《せつめい》しておきましたように、「法華経《ほけきょう》」には、当時《とうじ》の大衆《たいしゅう》によくのみこませるために、形《かたち》のない思想《しそう》をある形《かたち》に表《あら》わして述《の》べられているところが多《おお》いのですが、この品《ほん》は全章《ぜんしょう》がそうであるといっていいでしょう。それで、はじめにその不思議《ふしぎ》な話《はなし》に含《ふく》まれた意味《いみ》を解説《かいせつ》しておいたほうが解《わか》りやすいと思《おも》います。

まず、七宝《しっぽう》の塔《とう》が地《ち》から涌出《ゆじゅつ》することですが、この宝塔《ほうとう》というのは、すべての人間《にんげん》に具《そな》わっている仏《ぶっ》性《しょう》をさしているのです。その仏性《ぶっしょう》が、地《じ》べたからスーッと出《で》てきたというのは、あさましいものだと思《おも》いこんでいた自分自身《じぶんじしん》（地《じ》べた）に、思《おも》いもかけなかった仏性《ぶっしょう》を発見《はっけん》することです。ですから、「見宝塔《けんほうとう》（宝塔《ほうとう》を見《み》る）」という表題《ひょうだい》になっているのです。

その塔《とう》の中《なか》に、多宝如来《たほうにょらい》がおられるのですが、多宝如来《たほうにょらい》というのは、釈迦牟尼如来《しゃかむににょらい》の悟《さと》られた絶対《ぜったい》の真理《しんり》を指《さ》すのです。「いつでも」「どこでも」変《か》わりのないのが真理《しんり》なのですから、この宇宙《うちゅう》がはじまって以来《いらい》いつでも、そして宇宙《うちゅう》のどこにいっても、真理《しんり》は変《か》わることなく存在《そんざい》しているわけです。そして、その真理《しんり》はいろいろな「教《おし》え」という形《かたち》に現《あら》われて、いたるところで大衆《たいしゅう》を導《みちび》いているのです。それが分身仏《ふんじんぶつ》の意味《いみ》です。

また、多宝如来《たほうにょらい》が半座《はんざ》を分《わ》けて、「釈迦牟尼仏《しゃかむにぶつ》、此《こ》の座《ざ》に就《つ》きたもうべし」とおっしゃったのは、釈《しゃ》迦牟尼如来《かむににょらい》のお説《と》きになった教《おし》えが真実《しんじつ》である、真理《しんり》であるということを証明《しょうめい》されたのです。その証明《しょうめい》も、いい加減《かげん》な人《ひと》が証明《しょうめい》したのではありません。真理《しんり》が真理《しんり》を証明《しょうめい》しているのです。これほど確《たし》かなことはありません。真理《しんり》が真理《しんり》を証明《しょうめい》するというとわかりにくいかもしれませんが、つまり、「お釈迦《しゃか》さまのおっしゃったことは、必《かなら》ず実際《じっさい》そのとおりになる」ということです。そのとおりになるということが、真理《しんり》だということを証明《しょうめい》しているのです。だから、こんな確《たし》かな証明《しょうめい》はないわけです。

また、真理《しんり》である多宝如来《たほうにょらい》と、その真理《しんり》を説《と》く釈迦牟尼如来《しゃかむににょらい》が、塔《とう》の中《なか》に並《なら》んですわられたということも意味《いみ》が深《ふか》いのであって、真理《しんり》を説《と》く人《ひと》がなかったら、凡夫《ぼんぷ》は真理《しんり》を悟《さと》ることはできない、だから真《しん》理《り》を説《と》く人《ひと》は、真理《しんり》そのものと同様《どうよう》に尊《とうと》いものなのだ、ということを表《あら》わしているのです。

最後《さいご》に、大衆《たいしゅう》が、高《たか》いところにおられる仏《ほとけ》のそばへ行《い》きたいと心《こころ》の中《なか》に思《おも》うと、釈尊《しゃくそん》は、神通力《じんづうりき》をもってもろもろの大衆《たいしゅう》を虚空《こくう》へ引《ひ》き上《あ》げてくださいます。それは、いうまでもなく、大衆《たいしゅう》が、自分自身《じぶんじしん》の中《なか》に仏性《ぶっしょう》を発見《はっけん》すれば、たちまち仏《ほとけ》の世界《せかい》の住人《じゅうにん》になれるという意味《いみ》なのです。

これだけの予備知識《よびちしき》をもって、本文《ほんもん》にはいることにしましょう。ただしこの品《ほん》では、一偈一句《いちげいっく》の意味《いみ》よりも、前《まえ》に述《の》べたような、「話《はなし》の中《なか》に含《ふく》まれた意味《いみ》」が重要《じゅうよう》なのですから、順《じゅん》を追《お》って各段《かくだん》の大意《たいい》を説明《せつめい》することにとどめ、要点《ようてん》についてのみ解説《かいせつ》することにいたします。

「法師《ほっし》品第《ほんだい》十」の説法《せっぽう》をうかがって、人《ひと》びとの心《こころ》の中《なか》には「仏《ほとけ》さまのおっしゃるとおり、どんなことがあってもこの尊《とうと》い教《おし》えをひろめて、人《ひと》のため世《よ》のためにつくそう」という決定《けつじょう》が、しっかり固《かた》まりました。そのとたんに、目《め》の前《まえ》の地面《じめん》から、高《たか》さも広《ひろ》さも目《め》のとどかぬくらい大《おお》きな塔《とう》が、忽然《こつぜん》として涌《わ》き出《で》て、空中《くうちゅう》にとどまりました。その美《うつく》しさといったら、なんともたとえようのないほどで、まわりには、この世界《せかい》のありとあらゆる生《い》きものが集《あつ》まって、その塔《とう》を供養《くよう》し、敬《うやま》い、ほめたたえているのが見《み》えます。

　この塔《とう》が地《じ》べたから涌《わ》き出《だ》したということに、非常《ひじょう》に大《おお》きな意味《いみ》があります。地《じ》べたというのは、凡《ぼん》夫《ぷ》であるわれわれのからだであり、心《こころ》です。あるいは凡夫《ぼんぷ》が集《あつ》まってつくっているこの娑婆《しゃば》です。仏《ほとけ》の悟《さと》りとか、救《すく》いとかいうものは、けっして天《てん》から降《ふ》ってくるものではなく、われわれ自身《じしん》の中《なか》から涌《わ》き出《で》てくるものである。また自身《じしん》から涌《わ》き出《で》た悟《さと》りや救《すく》いでなければほんとうの価値《かち》もなく、力《ちから》もない――ということが、ここではっきりと教《おし》えられています。仏《ほとけ》の教《おし》えは、このように現実的《げんじつてき》なものであり、積極的《せっきょくてき》な教《おし》えなのです。

二一三・九―二一四・八

そのとき、宝塔《とう》の中《なか》から、澄《す》みきった大《おお》きな声《こえ》が聞《き》こえてきました。

「善《よ》い哉《かな》、善《よ》い哉《かな》、釈迦牟尼世尊《しゃかむにせそん》は、『あらゆる衆生《しゅじょう》は平等《びょうどう》に仏性《ぶっしょう》をもっている』という偉大《いだい》なお見透《みとお》しにより（平等大慧《びょうどうだいえ》をもって）、人《ひと》のために尽《つ》くす行《おこ》ないこそ仏《ほとけ》の境界《きょうがい》に達《たつ》する道《みち》であるという教《おし》え（教菩《きょうぼ》薩法《さっぽう》)であり、また仏《ほとけ》が深《ふか》くお護《まも》りになって機《き》が熟《じゅく》さなければお説《と》きにならぬ教《おし》え(仏所護念《ぶっしょごねん》)である『妙法華経《みょうほけきょう》』を、大衆《だいしゅ》のためにお説《と》きになりました。みなさんが、いま聞《き》かれたとおりです。まことに釈迦牟尼世尊《しゃかむにせそん》のお説《と》きになることは、すべて真実《しんじつ》なのです。」

お姿《すがた》はまだ見《み》えませんが、多宝如来《たほうにょらい》のお声《こえ》です。一同《いちどう》はいうにいわれぬありがたさに打《う》たれつつも、いったい塔《とう》の中《なか》におられるのはどんなお方《かた》であろうかという不思議《ふしぎ》の思《おも》いでいっぱいになります。その心《こころ》を察《さつ》して大楽説菩薩《だいぎょうせつぼさつ》が、一同《いちどう》を代表《だいひょう》して世尊《せそん》にそのことをおたずねしますと、世尊《せそん》は、

「この宝塔《ほうとう》の中《なか》には、如来《にょらい》の全身《ぜんしん》がいらっしゃるのです。」

と、お答《こた》えになりました。如来《にょらい》の全身《ぜんしん》というのは、「如来《にょらい》の具《そな》えておられる徳《とく》と力《ちから》のすべて」という意《い》味《み》です。すなわち、人間《にんげん》がひとたび仏性《ぶっしょう》に目覚《めざ》めれば、如来《にょらい》と同《おな》じように「無量《むりょう》の寿命《じゅみょう》」をもち、「最《さい》高《こう》の智慧《ちえ》」を具《そな》え、「無限《むげん》の慈悲《じひ》のはたらき」をする人《ひと》になれるということを、ここに力強《ちからづよ》く宣言《せんげん》されたのです。意味《いみ》の深《ふか》い、大切《たいせつ》な一句《いっく》です。

さらに、世尊《せそん》は――二一四・八―二一五・六ずっとむかし多宝如来《たほうにょらい》という仏《ほとけ》がおられたが、その仏《ほとけ》が菩薩《ぼさつ》の修行《しゅぎょう》をなさっておられるときに、大誓願《だいせいがん》を起《お》こされた。それは、自分《じぶん》が成道《じょうどう》したならば、世界中《せかいじゅう》のどこであろうとも、「法華経《ほけきょう》」が説《と》かれる場所《ばしょ》に現《あら》われて、その教《おし》えが真実《しんじつ》であり真理《しんり》であることを証明《しょうめい》しようという誓願《せいがん》であった。そして、成道《じょうどう》なさってから、いよいよ滅度《めつど》されるとき、天人大衆《てんにんだいしゅ》を集《あつ》めて、そのことを宣言《せんげん》されたのだが、いまここに涌出《ゆじゅつ》した塔《とう》の中《なか》におられるのは、その多宝如来《たほうにょらい》にほかならないのである――

と、お説《と》きになりました。

二二五・六—一二 それをうかがって大楽説菩薩《だいぎょうせつぼさつ》は、ぜひその多宝如来《たほうにょらい》のお姿《すがた》を拝《おが》みたいものですと申《もう》しあげますと、釈《しゃく》尊《そん》はしばらく待《ま》てとお制《せい》しになって、

「多宝如来《たほうにょらい》には深重《じんじゅう》な願《がん》がおありになるのです。それは、『法華経《ほけきょう》』を聞《き》くために宝塔《ほうとう》を涌出《ゆじゅつ》させたときも、すぐには塔《とう》の外《そと》へ姿《すがた》を現《あら》わさない。『法華経《ほけきょう》』を説《と》かれた仏《ほとけ》の分身仏《ふんじんぶつ》、すなわち仏《ほとけ》がその身《み》を無《む》数《すう》にお分《わ》けになり十方世界《じっぽうせかい》でそれぞれ真理《しんり》を示《しめ》し真理《しんり》を説《と》いておられる、その分身仏全部《ふんじんぶつぜんぶ》に集《あつ》まってもらって、真理《しんり》はいつでも変《か》わりはないということと、また世界中《せかいじゅう》で正《ただ》しい教《おし》えを説《と》いておられる人《ひと》はすべて『法華経《ほけきょう》』を説《と》かれた仏《ほとけ》の分身仏《ふんじんぶつ》であることを、大衆《だいしゅ》がよく理解《りかい》したときに、はじめて自分《じぶん》が姿《すがた》を現《あら》わして、証人《しょうにん》に立《た》とうという願《ねが》いです。」とご説明《せつめい》になります。

二二五・一二—二二七・三 大楽説菩薩は、一同《いちどう》を代表《だいひょう》して、ぜひその分身仏《ふんじんぶつ》を拝《おが》んで供養《くよう》いたしたいものですとお願《ねが》いしました。すると釈尊《しゃくそん》は、額《ひたい》の白《しろ》い渦毛《うずげ》から、えもいわれぬ美《うつく》しい光《ひかり》を放《はな》って十方《じっぽう》の世界《せかい》をお照《て》らしになりました。すると、その光《ひかり》のおよぶところにはどこにも、諸仏《しょぶつ》のいます美《うつく》しい荘厳《そうごん》な世界《せかい》が見《み》えたのです。

そして、十方《じっぽう》の諸仏《しょぶつ》は、その国土《こくど》の菩薩《ぼさつ》たちに、自分《じぶん》はいま娑婆世界《しゃばせかい》の釈迦牟尼如来《しゃかむににょらい》のみもとへいって、多宝如来《たほうにょらい》が釈迦牟尼如来《しゃかむににょらい》の教《おし》えの真実《しんじつ》であることを証明《しょうめい》されるその会《え》につらなりたいとおっしゃっているのが聞《き》こえてきました。すると、どうでしょう。その瞬間《しゅんかん》に、この娑婆《しゃば》の国土《こくど》がみるみる清浄《しょうじょう》そのもののような美《うつく》しい世界《せかい》に変《へん》じてしまったのです。

ここのところの意味《いみ》は、もう説明《せつめい》しなくてもおわかりと思《おも》いますが、念《ねん》のために申《もう》しますと、――浄《じょう》土《ど》は遠《とお》くはなれたよそにあるのではない。浄土《じょうど》はこの娑婆《しゃば》にあるのだ。悟《さと》りを得《え》た人《ひと》びとにとっては、この娑婆《しゃば》そのものがそのまま寂光土《じゃっこうど》に変《か》わるのだ――という教《おし》えにほかならないのです。

二二九・三―二三一・三 さて、十方世界の諸仏《しょぶつ》が娑婆世界《しゃばせかい》へお集《あつ》まりになり、それぞれ侍者《じしゃ》をつかわして、釈迦牟尼如来《しゃかむににょらい》にご挨拶《あいさつ》をされ、そしてみんな一心《いっしん》に宝塔《ほうとう》が開《ひら》かれるのを待《ま》ち望《のぞ》んでおられます。そこで、釈迦牟尼如来《しゃかむににょらい》が右《みぎ》の指《ゆび》を七宝塔《しっぽうとう》の戸《と》におかけになると、大《おお》きな城《しろ》の門《もん》を開《ひら》くような大音響《だいおんきょう》と共《とも》にその扉《とびら》があき、中《なか》に多《た》宝如来《ほうにょらい》が端坐《たんざ》しておられるのが見《み》えました。多宝如来《たほうにょらい》は、ただちに声《こえ》を発《はっ》して、「善《よ》い哉《かな》、善《よ》い哉《かな》（申《もう》しぶんありません。ほんとうに完全無欠《かんぜんむけつ》です）。釈迦牟尼仏《しゃかむにぶつ》は確信《かくしん》と満足《まんぞく》をもってこの『法華経《ほけきょう》』をお説《と》きになるのです。わたしもこの経《きょう》を聞《き》くために、ここへまいりました」とおおせになりました。

一同《いちどう》が大《おお》きな感激《かんげき》にひたっていますと、多宝如来《たほうにょらい》は、いままで塔《とう》のまん中《なか》にすわっておられたのですが、しずかに片方《かたほう》に寄《よ》って半座《はんざ》を分《わ》けられ、釈迦牟尼如来《しゃかむににょらい》にむかって、「どうぞこの座《ざ》におつきください」とおっしゃいます。釈迦牟尼如来《しゃかむににょらい》はただちに塔《とう》へおはいりになって、多宝如来《たほうにょらい》と並《なら》んで端坐《たんざ》なさいました。多宝如来《たほうにょらい》と釈迦牟尼如来《しゃかむににょらい》が一《ひと》つの塔《とう》に並《なら》んですわられた――その重大《じゅうだい》な意味《いみ》は、前《まえ》に述《の》べたとおりです。

それを拝《はい》した大衆《だいしゅ》は、しばらくただありがたさと感激《かんげき》にひたっているのですが、ふと気《き》がつくと、二仏《ぶつ》のいます宝塔《ほうとう》は空中《くうちゅう》高《たか》く浮《う》かんでいるので、にわかに自分《じぶん》たちと遠《とお》くはなれてしまわれたような感《かん》じにおそわれ、みんな心細《こころぼそ》くなってきました。それで、如来《にょらい》の神通力《じんづうりき》をもって自分《じぶん》たちもおそばへ引《ひ》きあげていただきたいものだと、心《こころ》の中《なか》に思《おも》いました。その心《こころ》をお知《し》りになった釈迦牟尼如来《しゃかむににょらい》は、ただちに大衆《だいしゅ》を虚空《こくう》に引《ひ》きあげて、おそば近《ちか》くお置《お》きになったのです。

二処三会《にしょさんえ》

このことの意味《いみ》は前《まえ》に説明《せつめい》したとおりですが、これから「法華経《ほけきょう》」説法《せっぽう》の場所《ばしょ》が虚空《こくう》に移《うつ》るわけです。「法華経《ほけきょう》」が説《と》かれた場所《ばしょ》を「二処三会《にしょさんえ》」といって、最初《さいしょ》に霊鷲山《りょうじゅせん》で説《と》かれ、つぎに虚空《こくう》において説《と》かれ、最後《さいご》にまた霊鷲山《りょうじゅせん》で説《と》かれた。すなわち二個所《かしょ》で三回《かい》の説法《せっぽう》が行《おこ》なわれたわけです。このことには、つぎのようなかくれた意味《いみ》があるのです。

われわれが教《おし》えを受《う》けるときは、最初《さいしょ》は現実《げんじつ》に即《そく》した教《おし》えでないとよく理解《りかい》できないものです。最初《さいしょ》に霊鷲山《りょうじゅせん》で説《と》かれたというのは、「現実《げんじつ》に即《そく》した教《おし》え」からはいられたというわけです。すなわち智慧《ちえ》の教《おし》えです。そして、つぎに虚空《こくう》に引《ひ》き上《あ》げられたというのは、現実《げんじつ》から一歩《いっぽ》進《すす》んだ理想《りそう》の姿《すがた》としての仏《ほとけ》を示《しめ》されたわけです。すなわち絶対《ぜったい》の慈悲《じひ》です。しかし、その大慈悲《だいじひ》の教《おし》えも、われわれが現実生活《げんじつせいかつ》のうえに行《ぎょう》として現《あら》わさなければ意味《いみ》がないので、ふたたび現実《げんじつ》（霊鷲山《りょうじゅせん》）にたちかえって説《と》かれたわけです。なんどもいいますように、「法華経《ほけきょう》」に出《で》てくる不思議《ふしぎ》なような物語《ものがたり》は、けっして幻《まぼろし》の世界《せかい》を描《えが》いてあるのではなくて、すべてこうした緻密《ちみつ》な理知《りち》のうえに立《た》って説《と》かれているのです。

六難九易《ろくなんくい》の法門《ほうもん》

二二一・三―二二五・一〇

そのとき釈迦牟尼如来《にょらい》は、塔《とう》の中《なか》から大音声《だいおんじょう》をもって、――だれかこの娑婆世界《しゃばせかい》で「法《ほ》華経《けきょう》」を説《と》くものはないか、わたしはもうすぐこの世《よ》を去《さ》るのだから、みんなにあとのことを頼《たの》んでおきたいのである――とおっしゃって、末世《まっせ》において「法華経《ほけきょう》」を説《と》くことのむずかしさを、つぎのような、いろいろなたとえによってお説《と》きになります。いわゆる「六難九易《ろくなんくい》」の法門《ほうもん》です。

たとえば、須弥山《しゅみせん》を手《て》にとってほかの世界《せかい》へ投《な》げることも、足《あし》の指《ゆび》で大千世界《だいせんせかい》を動《うご》かすことも、この世界《せかい》の一番上《いちばんうえ》に立《た》って「法華経《ほけきょう》」以外《いがい》の教《おし》えをあらゆる衆生《しゅじょう》に説《と》いて理解《りかい》させることも、むずかしいことにはちがいないが、仏《ほとけ》の滅後《めつご》の悪世《あくせ》において「法華経《ほけきょう》」を説《と》くむずかしさに比《くら》べればものの数《かず》ではない。また空《そら》を手《て》につかんで飛《と》びあるくのも、大地《だいち》を足《あし》の甲《こう》の上《うえ》にのせて、天《てん》まで飛《と》びあがるのも、この世界《せかい》が焼《や》け尽《つ》くす時代《じだい》に乾草《ほしくさ》を背負《せお》って火《ひ》の中《なか》にはいっても焼《や》けないでいるのも、末世《まっせ》においてこの「法華経《ほけきょう》」を持《たも》ち、読《よ》み、人《ひと》に説《と》くことに比《くら》べたら、まだまだ易《やさ》しいことである――などと、ことばを尽《つ》くしてそのむずかしさをお説《と》きになっておられるのです。

しかし、こうおっしゃっておられるからといって、それならばわれわれはとてもそんな難事《なんじ》はできそうもないと、挫《くじ》けてしまってはいけません。ここには、この教《おし》えを「完全《かんぜん》に」受持《じゅじ》し、読誦《どくじゅ》し、説法《せっぽう》することのむずかしさをお示《しめ》しになっておられるのであって、むろんその「完全《かんぜん》さ」にむかって不断《ふだん》の努《ど》力《りょく》はしなければならないのですけれど、現実《げんじつ》においても、すでにわれわれはその難事《なんじ》の一方《いっぽう》の端《はし》にしっかとつかまっているのですから、けっしてがっかりすることはないのです。

われわれが、いま実際《じっさい》にこのお経《きょう》を学《まな》び、胸《むね》に刻《きざ》み、そしてできうる事柄《ことがら》からその教《おし》えを実行《じっこう》しようとしているこの現実《げんじつ》が、すでにわれわれにもこの難事《なんじ》をやりとげる可能性《かのうせい》のあることを証明《しょうめい》しているのです。ここで、お互《たが》いに勇猛心《ゆうみょうしん》を奮《ふる》い起《お》こして、諸仏《しょぶつ》に喜《よろこ》んでいただくようになりたいものだと思《おも》います。

提婆《だいば》達多《だった》品《ほん》第《だい》十二

いままでに、たくさんの仏弟子《ぶつでし》たちが釈尊《しゃくそん》から直接成仏《ちょくせつじょうぶつ》の保証《ほしょう》をいただいたことを読《よ》んできましたが、この人《ひと》たちはすべて男子《だんし》であり、また釈尊《しゃくそん》の直弟子《じきでし》として志《こころざし》も固《かた》く、修行《しゅぎょう》にも励《はげ》んできた人《ひと》たちばかりでした。もし、成仏《じょうぶつ》できるのがそういう人《ひと》たちばかりだったとしたら、「一切衆生《いっさいしゅじょう》ことごとく仏性《ぶっしょう》あり」という原理《げんり》は証明《しょうめい》されつくしてはおりません。

ところが、この品《ほん》にいたって、いよいよその教《おし》えの広大《こうだい》さ、完全《かんぜん》さがはっきりと示《しめ》されるのです。すなわち、悪人《あくにん》と女人《にょにん》の成仏《じょうぶつ》です。

提婆達多《だいばだった》は、釈尊《しゃくそん》のいとこにあたる生《う》まれですが、ご存《ぞん》じのように極悪非道《ごくあくひどう》の人間《にんげん》でした。釈尊《しゃくそん》が仏陀《ぶつだ》として人《ひと》びとに仰《あお》がれ慕《した》われているのを妬《ねた》み、自分《じぶん》がとってかわろうとして、悪罵《あくば》して釈尊《しゃくそん》をおとしいれようとしたばかりか、釈尊《しゃくそん》が通《とお》りかかられるところに大石《おおいし》をころがし落《お》としたり、象《ぞう》に酒《さけ》を飲《の》ませて暴《あば》れさせたり、毒《どく》を盛《も》ったり、弓《ゆみ》を射《い》かけたり、とにかくあらゆる手段《しゅだん》をもって釈尊《しゃくそん》のお命《いのち》をねらった男《おとこ》なのです。そういう仏敵《ぶってき》の筆頭《ひっとう》の提婆《だいば》ですら成仏《じょうぶつ》できることを保証《ほしょう》されたのですから、なみなみならぬことです。

それから、龍女《りゅうにょ》という八歳《さい》の女《おんな》の子《こ》が成仏《じょうぶつ》の保証《ほしょう》を与《あた》えられます。近代以後《きんだいいご》の人間《にんげん》、とくに戦後《せんご》のわれわれにとって、女人《にょにん》が悪人《あくにん》と同《おな》じように扱《あつか》われているのはいかにも不合理《ふごうり》のような気《き》がしますが、当《とう》時《じ》のインドにおける一般《いっぱん》の思想《しそう》というものは、女人《にょにん》は罪《つみ》のかたまりのように思《おも》われていたのです。男《おとこ》の修行《しゅぎょう》のじゃまになるものであり、とうてい救《すく》われることのないものとされていました。

話《はなし》はちょっとそれますが、当時《とうじ》のインドでは、人間《にんげん》は四つの階級《かいきゅう》（カーストという）に分《わ》かれていました。

いちばん上《うえ》はバラモンといって学問《がくもん》や宗教《しゅうきょう》や道徳《どうとく》をつかさどる階級《かいきゅう》、第《だい》二はクシャトリヤといって国《こく》王《おう》や武士《ぶし》の階級《かいきゅう》、第《だい》三はヴァイシャといって農《のう》・工《こう》・商人《しょうにん》の階級《かいきゅう》、その下《した》はシュードラといって隷属民《れいぞくみん》の階級《かいきゅう》です。これは家柄《いえがら》によってはっきりと差別《さべつ》されているのですから、どんなに才能《さいのう》があっても上《うえ》へあがるということは絶対《ぜったい》できませんでした。

反対《はんたい》にバラモンの家《いえ》に生《う》まれたら、能力《のうりょく》のない人《ひと》でも人《ひと》びとの上《うえ》に立《た》って暮《く》らすことができ、クシャトリヤの家《いえ》に生《う》まれたら、弱虫《よわむし》でも大《おお》きな権力《けんりょく》をもつことができました。ヴァイシャの階級《かいきゅう》は富《とみ》の力《ちから》をもってバラモンと結託《けったく》したり、クシャトリヤにとり入《い》ったりして、これまた一種《いっしゅ》の権力《けんりょく》をもって、シュードラ階級《かいきゅう》の人《ひと》びとを牛馬《ぎゅうば》のように酷使《こくし》していたのです。

人口《じんこう》からいえばシュードラの階級《かいきゅう》がいちばん多《おお》かったのですが、それがほとんど人間《にんげん》として取扱《とりあつか》われていなかったのですから、世《よ》の中《なか》を動《うご》かしているものは上《うえ》の三つの階級《かいきゅう》だったわけです。そういう社会《しゃかい》において、釈尊《しゃくそん》が「人間《にんげん》は平等《びょうどう》である」といい出《だ》されるということは、いまからでは想像《そうぞう》もつかないほどの革命的《かくめいてき》な宣言《せんげん》だったのです。権力階級《けんりょくかいきゅう》からの迫害《はくがい》がどんなにひどいものだったかは、いうまでもありません。

しかし、釈尊《しゃくそん》は不退転《ふたいてん》の大勇猛心《だいゆうみょうしん》をもって、あらゆる迫害《はくがい》を耐《た》え忍《しの》んでこの「人間平等《にんげんびょうどう》」の教《おし》えである「法華経《ほけきょう》」を説《と》きつづけられたのです。これまでいくども「法華経《ほけきょう》」を受持《じゅじ》したり、説法《せっぽう》したりすることのむずかしいことをくりかえしてお説《と》きになっておられることには、そういう当時《とうじ》のインドの社会《しゃかい》状態《じょうたい》の反映《はんえい》もあったわけです。

女人《にょにん》の成仏《じょうぶつ》を宣言《せんげん》されたことも、それとおなじように、当時《とうじ》の社会事情《しゃかいじじょう》や一般《いっぱん》の思想《しそう》というものを前《ぜん》提《てい》として考《かんが》えねばならないのです。前《まえ》にも申《もう》しましたように、女人《にょにん》は罪深《つみぶか》きものと定《さだ》められていた当時《とうじ》において、――女人《にょにん》も成仏《じょうぶつ》できる。いや人間《にんげん》の根本《こんぽん》においては男子《だんし》も女子《じょし》もない。すべて平等《びょうどう》である――ということを喝破《かっぱ》されたのですから、これまた画期的《かっきてき》な大宣言《だいせんげん》だったのです。

一七八九年にフランスの大革命《だいかくめい》があってから、近代人《きんだいじん》の頭《あたま》に「人間平等《にんげんびょうどう》」の思想《しそう》が根《ね》をおろし、いわゆる民主主義《みんしゅしゅぎ》の社会《しゃかい》が出来《でき》てきたわけですが、お釈迦《しゃか》さまはそれより二千年《せんねん》も前《まえ》に（もちろんその「平等《びょうどう》」の意味《いみ》は、近代《きんだい》の「平等《びょうどう》」の意味《いみ》よりはるかに深遠《しんえん》なのですが）そのことを強《つよ》くお説《と》きになっておられるのです。後世《こうせい》の人《ひと》びとに、その教《おし》えを受《う》けとり、ひろめる力《ちから》が足《た》りなかったために、その実現《じつげん》が遅《おく》れたことはほんとうに申《もう》しわけないことだと思《おも》います。

では、本文《ほんもん》にはいりますが、この品《ほん》でも、大意《たいい》を述《の》べていって、要点《ようてん》だけを詳《くわ》しく解説《かいせつ》することにしましょう。

二二六・一—二二七・三 まず、世尊は前世《ぜんせ》におけるご自分《じぶん》とある仙人《せんにん》の話《はなし》をなさいます。

——わたしは前世《ぜんせ》においてはある国《くに》の王《おう》であったが、無上《むじょう》の智慧《ちえ》を得《え》たいという願《がん》を起《お》こして、怠《おこた》ることなく布施《ふせ》の行《ぎょう》をつづけていました。人《ひと》に尽《つ》くすためには、あらゆる財産《ざいさん》も、城《しろ》も、家族《かぞく》たちも、いや自分《じぶん》のからださえも犠牲《ぎせい》にするのを惜《お》しみませんでした。そして、ついに国王《こくおう》の位《くらい》を捨《す》て、政治《せいじ》は皇《こう》太子《たいし》に任《まか》せて、四方《ほう》に師《し》を求《もと》めました。そして、もしわたしに大法《だいほう》を伝《つた》える人《ひと》があるならば、わたしはその人《ひと》の召使《めしつか》いとなって仕《つか》えようといったのです。

ところが、阿私陀《あした》という仙人《せんにん》がやってきて、「もしそのことばどおりに自分《じぶん》に仕《つか》えるなら、最《もっと》もすぐれた教《おし》えを伝《つた》えよう」といわれました。わたしは喜《よろこ》んでその仙人《せんにん》の召使《めしつか》いとなり、木《き》の実《み》取《と》りやら、水《みず》汲《く》みやら、炊事《すいじ》やら、日常万端《にちじょうばんたん》の仕事《しごと》をし、師《し》がお疲《つか》れになったとき腰《こし》かけるものがなければ、自分《じぶん》が地《じ》べたにうつぶせになり、その上《うえ》に腰《こし》かけてもらいました。そのようにして、千年《せんねん》も仕《つか》えていましたが、教《おし》えられる法《ほう》に対《たい》する喜《よろこ》びによって、けっして倦《あ》いたり怠《おこた》ったりすることはありませんでした。これもすべてもろもろの衆生《しゅじょう》を救《すく》おうという願《ねが》いのためだったのです——

二二八・三—二二九・五 この話を語り終《お》わられた釈尊《しゃくそん》は、その阿私陀《あした》仙人《せんにん》というのは、実《じつ》は提婆達多《だいばだった》の前身《ぜんしん》だったのだと、おどろくべきことをお明《あ》かしになったのです。そして、だから提婆達多《だいばだった》は無量劫《むりょうこう》という非常《ひじょう》に長《なが》い年月《ねんげつ》を修行《しゅぎょう》してから、仏《ほとけ》の境界《きょうがい》に達《たっ》しえられるであろうと授記《じゅき》されました。

悪人成仏《あくにんじょうぶつ》

仏《ほとけ》を苦《くる》しめた提婆《だいば》も成仏《じょうぶつ》できるということを、浅《あさ》はかに受《う》け取《と》っては危険《きけん》です。「心《こころ》の迷《まよ》いを去《さ》って修行《しゅぎょう》さえすれば」という条件《じょうけん》がついていることを忘《わす》れてはなりません。しかし、どんな悪人《あくにん》にもかならず仏性《ぶっしょう》はあるのですから、仏《ほとけ》の法《ほう》に触《ふ》れて、心《こころ》の表面《ひょうめん》にかかっていた曇《くも》りがぬぐわれていけば、中《なか》からほんものの自分《じぶん》すなわち仏性《ぶっしょう》が輝《かがや》き出《だ》してくるのです。ここまで徹底《てってい》して教《おし》えてくださったことは、末世《まっせ》の人間《にんげん》にとってはまったく大《おお》きな救《すく》いといわなければなりません。

この段《だん》の説法《せっぽう》には、「悪人《あくにん》すらも成仏《じょうぶつ》できる」という教《おし》えのほかに、もう二《ふた》つの教《おし》えが含《ふく》まれています。その一《ひと》つは、どんな迫害《はくがい》も、逆境《ぎゃっきょう》も、それを耐《た》え忍《しの》んで修行《しゅぎょう》をつづければ、かえってそれが成仏《じょうぶつ》の縁《えん》となるという教《おし》えです。二二八・六―七「等正覚を成《じょう》じて広《ひろ》く衆生《しゅじょう》を度《ど》すること、皆提婆達多《みなだいばだった》が善知識《ぜんちしき》に因《よ》るが故《ゆえ》なり」――すなわち、わたしが仏《ほとけ》の悟《さと》りを得《え》て、広《ひろ》く衆生《しゅじょう》を救《すく》うことができるのも、みんな提婆達多《だいばだった》という善《よ》き友《とも》（善知識《ぜんちしき》）のおかげであるとおおせになっておられるのです。

これは非常《ひじょう》に大切《たいせつ》なことです。われわれは世間《せけん》の無理解《むりかい》な嘲笑《ちょうしょう》や悪罵《あくば》や、妨害《ぼうがい》などに遭《あ》いますと、ともすれば腹《はら》を立《た》てたり、あるいは情《なさけ》なくなったり、この法《ほう》に対《たい》する疑《うたが》いを起《お》こしたりしがちなものですが、「法華経《ほけきょう》」の教《おし》えは、この世《よ》で最高最上《さいこうさいじょう》の法《ほう》であることにまちがいはないのですから、そういう外《がい》部《ぶ》からのマイナスの力《ちから》を耐《た》え忍《しの》ぶことによって、かえってそれをプラスの力《ちから》に変《か》えなければならないのです。マイナスの力《ちから》をプラスの力《ちから》に変《か》えることのできることは、お釈迦《しゃか》さまをはじめ、日蓮聖人《にちれんしょうにん》その他《た》数々《かずかず》の先師《せんし》先達《せんだつ》の方々《かたがた》が実例《じつれい》をもって証明《しょうめい》してくださっているところです。

恨《うら》みをもって恨《うら》みに報《むく》いず

もう一《ひと》つの教《おし》えは「恨《うら》みに報《むく》いるに恨《うら》みをもってしない」という教《おし》えです。お釈迦《しゃか》さまは、ご自分《じぶん》をあれほど苦《くる》しめた提婆達多《だいばだった》をお恨《うら》みにならないばかりか、「善知《ぜんち》識《しき》」として感謝《かんしゃ》しておられるのです。

生存競争《せいぞんきょうそう》の激《はげ》しいいまの世《よ》の中《なか》にそんな思想《しそう》が通用《つうよう》するものかと考《かんが》える人《ひと》があるかもしれませんので、最近《さいきん》の実例《じつれい》を申《もう》しましょう。

一九五一年《ねん》（昭和《しょうわ》二十六年《ねん》）サンフランシスコで開《ひら》かれた対日平和会議《たいにちへいわかいぎ》の席上《せきじょう》で、インドの南《みなみ》のセイロン国《こく》（現《げん》・スリランカ）の代表《だいひょう》ジャヤワルダナ氏《し》は、「法句経《ほっくきょう》」にある釈尊《しゃくそん》のおことば、

「恨《うら》みは、恨《うら》みをもって報《むく》いれば、ついに消《き》えることはない。恨《うら》みを捨《す》てるときに、それが消《き》えるのである。」

という一句《いっく》を引《ひ》いて、セイロン国《こく》は日本《にっぽん》に対《たい》して賠償《ばいしょう》を求《もと》める意志《いし》はないという演説《えんぜつ》をされました。満《まん》場万雷《じょうばんらい》のような拍手《はくしゅ》が、しばし鳴《な》りやまなかったといいます。

外交《がいこう》というものは、おどしたり、だましたり、かけひきをしたり、相手国《あいてこく》の仲間《なかま》をこっそり味方《みかた》に引《ひ》き入《い》れたり、土壇場《どたんば》で味方《みかた》を裏切《うらぎ》ったり――、個人《こじん》どうしのつきあいにしてみれば、あさましいものですが、こういう外交《がいこう》の舞台上《ぶたいじょう》に、仏《ほとけ》さまの教《おし》えが一国《いっこく》の対外政策《たいがいせいさく》として、堂々《どうどう》と述《の》べられたことは、なんという感銘深《かんめいぶか》い事実《じじつ》でありましょう。そして、他《た》の国々《くにぐに》の代表《だいひょう》も感動《かんどう》の拍手《はくしゅ》をもってそれを讃《たた》えたと

いうことに、われわれは、人類《じんるい》にはまだ救《すく》われる道《みち》が一筋《ひとすじ》だけ残《のこ》っていることをはっきりと見《み》てとることができて、勇躍《ゆうやく》したい気持《きもち》が湧《わ》いてくるのです。

まことに、恨《うら》みに対《たい》して恨《うら》みをもって報《むく》いれば、相手《あいて》はそれに対《たい》してまた恨《うら》みをもちます。そうして、恨《うら》みはいつまでも循環《じゅんかん》して消《き》えることはないのです。「法句経《ほっくきょう》」においては、それを捨《す》て去《さ》るときに恨《うら》みは永久《えいきゅう》に消滅《しょうめつ》することを教《おし》えられ、「法華経《ほけきょう》」においては、もう一歩《いっぽ》進《すす》んで恨《うら》みを感謝《かんしゃ》に変《か》える積極的《せっきょくてき》な態度《たいど》を教《おし》えられています。

これは、凡夫《ぼんぷ》にはなかなかむずかしいことだと思《おも》う人《ひと》もあることと思《おも》います。二二九・五―九 それゆえ、釈尊《しゃくそん》はこうおおせになっておられます。

未来世《みらいせ》の中《なか》に若《も》し善男子《ぜんなんし》・善女人《ぜんにょにん》あって、妙法華経《みょうほけきょう》の提婆達多品《だいばだったほん》を聞《き》いて、浄心《じょうしん》に信敬《しんきょう》して疑惑《ぎわく》を生《しょう》ぜざらん者《もの》は、地獄《じごく》・餓鬼《がき》・畜生《ちくしょう》に堕《お》ちずして十方《じっぽう》の仏前《ぶつぜん》に生《しょう》ぜん。所生《しょしょう》の処《ところ》には常《つね》に此《こ》の経《きょう》を聞《き》かん。若《も》し人《にん》・天《でん》の中《なか》に生《うま》るれば勝妙《しょうみょう》の楽《らく》を受《う》け、若《も》し仏前《ぶつぜん》にあらば蓮華《れんげ》より化生《けしょう》せん。

すなわち、後《のち》の世《よ》に善男子《ぜんなんし》・善女人《ぜんにょにん》があって、いまここに説《と》いている提婆達多《だいばだった》の教《おし》えを聞《き》いて、純粋《じゅんすい》な心《こころ》で素直《すなお》に、ありがたいと感《かん》じ、疑《うたが》いを起《お》こさずに信《しん》ずるならば、その人《ひと》は地獄《じごく》とか、餓鬼《がき》とか、畜《ちく》生道《しょうどう》に落《お》ちることはないであろう。いくど生《う》まれ変《か》わっても、仏《ほとけ》のみ前《まえ》に生《う》まれて、この尊《とうと》い教《おし》えを聞《き》くことができるだろう。もし人間界《にんげんかい》か天上界《てんじょうかい》に生《う》まれたならば、ほんとうの楽《たの》しみ（すなわち心《こころ》の喜《よろこ》び）

を常《つね》に味《あじ》わっていることができよう。もし仏《ほとけ》のみ前《まえ》に生《う》まれれば、凡夫《ぼんぷ》の身《み》ながら仏《ほとけ》や菩薩《ぼさつ》の境界《きょうがい》に近《ちか》づくことができるであろう（蓮華《れんげ》より化生《けしょう》せん）——という意味《いみ》です。それほど、この品《ほん》の教《おし》えは現実《げんじつ》の人間生活《にんげんせいかつ》にとって大切《たいせつ》な教《おし》えであるといえるのです。

二二九・九—二三四・八

提婆への授記が終《お》わりましたので、多宝如来《たほうにょらい》の侍者《じしゃ》である智積菩薩《ちしゃくぼさつ》が、多宝如来《たほうにょらい》に「もう本土《ほんど》にお帰《かえ》り遊《あそ》ばされては……」と申《もう》しあげます。すると釈尊《しゃくそん》がこれをおとどめになって、「わたしの弟子《でし》に文殊《もんじゅ》師利《しり》と申《もう》すものがいますが、たいへんりっぱな菩薩《ぼさつ》ですから、お会《あ》いになっていろいろと仏《ほとけ》の教《おし》えについてお話《はな》しあいになってからお帰《かえ》りになってはいかがです」とおっしゃいます。

と、たちまち文殊師利《もんじゅしり》がたくさんの菩薩《ぼさつ》をひきいて現《あら》われ、智積菩薩《ちしゃくぼさつ》の問《と》いに対《たい》して、海《うみ》のむこうの龍宮《りゅうぐう》で多《おお》くの人《ひと》びとを教化《きょうけ》したことを語《かた》ります。智積菩薩《ちしゃくぼさつ》がそのはたらきをほめたたえますと、文殊師《もんじゅし》利《り》は、「いや、なにもわたしがえらいのではありません。わたしはただ、いつも『妙法華経《みょうほけきょう》』を説《と》いただけに過《す》ぎません。そして、これらの菩薩《ぼさつ》たちの教化《きょうけ》は、まだまだ大《たい》したことではないのです。実《じつ》は、もっともっと嬉《うれ》しいことがあるのです」といって、わずか八歳《さい》の龍王《りゅうおう》のむすめに、「法華経《ほけきょう》」を説《と》いて悟《さと》りを得《え》させたことを話《はな》しました。そうして、龍女《りゅうにょ》のえらさについてことばを尽《つ》くしてほめたたえたのでした。

智積菩薩《ちしゃくぼさつ》は、それをきいて、——お釈迦《しゃか》さまさえ無量劫《むりょうこう》という長《なが》いあいだ難行苦行《なんぎょうくぎょう》を積《つ》まれ、この世《せ》界《かい》のどこを見《み》ても、芥子粒《けしつぶ》ほどの土地《とち》だって釈尊《しゃくそん》が身命《しんみょう》をなげうって修行《しゅぎょう》された場所《ばしょ》でないところはないというほどのお骨折《ほねお》りをなさってようやく仏《ほとけ》になられたというのに、龍女《りゅうにょ》のような小《ちい》さいむすめが、わずかばかりのあいだに悟《さと》ったというのは、信用《しんよう》できない――といいました。

すると、そこへ龍女《りゅうにょ》が姿《すがた》を現《あら》わしました。そして、偈《げ》を説《と》いて釈尊《しゃくそん》のお徳《とく》をほめたたえるとともに、――わたくしはかならず菩提《ぼだい》を成《じょう》ずることができると信《しん》じております。それは仏《ほとけ》さまだけがよくご存《ぞん》じでしょう。わたくしは大乗《だいじょう》の教《おし》えによって、苦《く》の衆生《しゅじょう》を救《すく》います――と断言《だんげん》しました。

それでも、一同《いちどう》は納得《なっとく》できません。そして、こんどは舎利弗《しゃりほつ》が、「おまえさんは、わずかばかりのあいだに無上道《むじょうどう》を得《え》たといっているが、どうしても信《しん》じられないなぁ」といって、女人《にょにん》が成仏《じょうぶつ》できないわけをいろいろと言《い》うのです。

すると、龍女《りゅうにょ》はふところの中《なか》から一《ひと》つの宝珠《ほうじゅ》をとり出《だ》して、世尊《せそん》にささげました。世尊《せそん》は即座《そくざ》にそれをお受《う》け取《と》りになりました。即座《そくざ》にお受《う》け取《と》りになったということは、龍女《りゅうにょ》の成仏《じょうぶつ》をお認《みと》めになった証《しょう》拠《こ》です。龍女《りゅうにょ》は舎利弗《しゃりほつ》にむかって、世尊《せそん》がわたくしの奉《たてまつ》った宝珠《ほうじゅ》をお受《う》けくださったのは、早《はや》かったでしょうか？　とききます。舎利弗《しゃりほつ》は、たいへん早《はや》かったと答《こた》えます。

すると龍女《りゅうにょ》は、「わたくしの成仏《じょうぶつ》は、それよりも早《はや》いでしょう。あなたの神通力《じんづうりき》をもって見《み》ていてください」といったかと思《おも》うと、たちまちその身《み》は男子《だんし》の姿《すがた》に変《へん》じ、仏身《ぶっしん》となって南方無垢《なんぽうむく》の世界《せかい》で一切《いっさい》衆生《しゅじょう》のために妙法《みょうほう》を説《と》いているのがありありと見《み》えたのです。

一同《いちどう》は「法華経《ほけきよう》」を心《こころ》から信《しん》ずればどんなに素晴《すば》らしい結果《けつか》が現《あら》われるかということをまのあたりに見《み》て、大歓喜《だいかんぎ》の念《ねん》を起《お》こし、はるかにその姿《すがた》を拝《おが》みました。そして、女《おんな》でも成仏《じようぶつ》できるという事実《じじつ》を知《し》ることによって多《おお》くの人《ひと》びとが不退転《ふたいてん》（信仰《しんこう》があともどりしない）の志《こころざし》を得《え》て、将来《しようらい》かならず仏《ほとけ》になれるという自覚《じかく》を得《え》、三千人《ぜんにん》もの人《ひと》がその志《こころざし》を認《みと》められて、授記《じゆき》されました。智積菩薩《ちしやくぼさつ》も、舎利弗《しやりほつ》も、そのほかのすべての人《ひと》びとも、すっかり黙《だま》りこんでしまって、仏《ほとけ》の教《おし》えの力《ちから》の偉大《いだい》さを深《ふか》く信受《しんじゆ》したのでありました。

女人成仏《によにんじようぶつ》

これで提婆達多品《だいばだつたほん》は終《お》わるのですが、婦人《ふじん》の方々《かたがた》にとっては、龍女《りゆうによ》が男子《だんし》の姿《すがた》に変《へん》じて成仏《じようぶつ》したということがなんとなく不満《ふまん》に思《おも》えるかもしれません。しかしこれは、当時《とうじ》のインドの一般思想《いつぱんしそう》が前述《ぜんじゆつ》のようであったために、こんな表現《ひようげん》がなされているに過《す》ぎないのであって、男子《だんし》の姿《すがた》に変《へん》ずるということは、つまり男女《だんじよ》の差別《さべつ》を超越《ちようえつ》するということにほかなりません。人間《にんげん》だけでなく、けものや鳥《とり》や虫《むし》や草木《くさき》にさえ仏性《ぶつしよう》があると断言《だんげん》されたお釈迦《しやか》さまが、どうして人間《にんげん》に男女《だんじよ》の差別《さべつ》などをなさるはずがありましょうか。そんなことは絶対《ぜつたい》にありません。仏《ほとけ》の眼《め》から見《み》れば、一切《いつさい》の衆生《しゆじよう》が平等《びようどう》なのです。ここのところを誤解《ごかい》してはならないと思《おも》います。

勧持《かんじ》品《ほん》第《だい》十三

「勧《かん》」というのは勧《すす》めること、「持《じ》」というのは受持《じゅじ》するということです。この品《ほん》には、これまでの説《せつ》法《ぽう》によって妙法蓮華《みょうほうれんげ》の教《おし》えのどんなに尊《とうと》い法《ほう》であるかということがすっかり解《わか》った有徳《うとく》の菩薩《ぼさつ》たちが、仏《ほとけ》の滅後《めつご》、いかなる困難《こんなん》があってもこの「法華経《ほけきょう》」をひろめようという決心《けっしん》を固《かた》め、それを世尊《せそん》の前《まえ》に誓《ちか》ったことが述《の》べてあります。人《ひと》に勧《すす》めるには、まず自分自身《じぶんじしん》に固《かた》い決心《けっしん》が出来《でき》ていなければならないのであって、この勧持品《かんじほん》にも「人《ひと》に勧《すす》める」ことは出《で》ていないで、すべて自《みずか》らの決心《けっしん》と誓《ちか》いに終始《しゅうし》していることは、おもしろいことだと思《おも》います。見落《みお》としてはならない要点《ようてん》です。

なお、この品《ほん》の中《なか》で、憍曇弥《きょうどんみ》、耶輸陀羅《やしゅたら》という二人《ふたり》の婦人《ふじん》が授記《じゅき》されています。憍曇弥《きょうどんみ》は釈尊《しゃくそん》の生母《せいぼ》摩耶夫人《まやぶにん》の妹《いもうと》にあたる方《かた》ですが、摩耶夫人《まやぶにん》は釈尊《しゃくそん》が生《う》まれてからまもなく亡《な》くなられましたので、この憍曇弥《きょうどんみ》がずっと釈尊《しゃくそん》を養育《よういく》されたのです。りっぱな婦人《ふじん》で、実《じつ》の母《はは》にもおとらぬ愛情《あいじょう》をもって釈尊《しゃくそん》を育《そだ》てられましたので、摩訶波闍波提《まかはじゃはだい》（大愛道《だいあいどう》）という名《な》をつけられたほどの方《かた》です。また耶輸陀羅《やしゅたら》は、釈《しゃく》尊《そん》が出家《しゅつけ》なさる前《まえ》に妃《ひ》であった方《かた》で、もちろんさきに授記《じゅき》された羅睺羅《らごら》の母《はは》にあたられます。このお二人《ふたり》は、釈尊《しゃくそん》の父君《ちちぎみ》の浄飯王《じょうぼんのう》が亡《な》くなられたのを機会《きかい》に、ぜひとお願《ねが》いして釈尊《しゃくそん》の直接《ちょくせつ》の弟子《でし》となり、非《ひ》のうちどころのない比丘尼《びくに》として修行《しゅぎょう》を積《つ》まれたのです。こういう方々《かたがた》が最後《さいご》まで授記《じゅき》されないで、文殊師利《もんじゅしり》から教《おし》えを受《う》けた、いわば孫弟子《まごでし》の、それも人間世界《にんげんせかい》のものでない龍宮《りゅうぐう》のむすめ、しかもわずか八歳《さい》の子《こ》どもが先《さき》に成仏《じょうぶつ》の保証《ほしょう》を得《え》たというのは、たいへん不思議《ふしぎ》に思《おも》えることですが、これにはつぎのような意味《いみ》があるのです。

第《だい》一に、前《まえ》に阿難《あなん》や羅睺羅《らごら》の授記《じゅき》のところ（二三八―二三九頁《ページ》）でも述《の》べたように、釈尊《しゃくそん》を赤《あか》ちゃんのときから手塩《てしお》にかけて育《そだ》てたとか、かつて夫人《ふじん》として子《こ》までもうけた人《ひと》であるとか、そういうあまりにも身近《みぢか》な人《ひと》であることが、かえって修行《しゅぎょう》のうえでは障《さわ》りとなるものなのです。龍女《りゅうにょ》のような、釈尊《しゃくそん》とは縁《えん》もゆかりもない幼子《おさなご》が、むしろスラスラと法《ほう》を受《う》け入《い》れることができるのに対《たい》して、肉親《にくしん》の中《なか》でも最《もっと》も身近《みぢか》な母親《ははおや》や妻《つま》を教化《きょうけ》することはたいへんむずかしいものだということを教《おし》えられたのであって、摩《ま》訶波闍波提比丘尼《かはじゃはだいびくに》や耶輸陀羅比丘尼《やしゅたらびくに》が龍女《りゅうにょ》に劣《おと》っていたというのではありません。

あらゆる生《せい》物《ぶつ》の成仏《じょうぶつ》

もう一《ひと》つの意味《いみ》は、教《おし》えが正《ただ》しく伝《つた》えられるかぎり、そしてそれを素直《すなお》な心《こころ》で受《う》け取《と》るかぎり、だれでも仏《ほとけ》の悟《さと》りを得《え》られることが教《おし》えられてあるのです。釈尊《しゃくそん》の直接《ちょくせつ》の弟子《でし》でなくても、ずっと後世《こうせい》になってからでも、または異国《いこく》の人《ひと》であろうとも、そんなことはいっさい問題《もんだい》にならない。ただ、正《ただ》しい教《おし》えをそのまま受《う》け取《と》ればそれで救《すく》われるのだというのです。八歳《さい》のむすめというのは、「幼子《おさなご》のような素直《すなお》な心《こころ》」の象徴《しょうちょう》です。龍宮界《りゅうぐうかい》のものというのは、異国人《いこくじん》であろうと、人間以《にんげんい》外《がい》のものであろうと、みんな平等《びょうどう》に救《すく》われるという仏《ほとけ》の教《おし》えの広大無辺《こうだいむへん》さが、そこに示《しめ》されているのです。

とにかく、ここに説《と》かれているのは、たんなる女人成仏《にょにんじょうぶつ》というより、もっと深《ふか》い意味《いみ》のものであることを悟《さと》らなければなりません。

ついでですが、現代《げんだい》においては、婦人《ふじん》は男子《だんし》よりもむしろ宗教心《しゅうきょうしん》が強《つよ》いように見受《みう》けられます。それにはいろいろな原因《げんいん》がありましょうが、いちばん深《ふか》い、大《おお》きな原因《げんいん》は、婦人《ふじん》はつぎの生命《せいめい》を産《う》むという役目《やくめ》をもっているからだと思《おも》います。

男子《だんし》の大部分《だいぶぶん》は、外《そと》の仕事《しごと》と現実《げんじつ》の仕事《しごと》に追《お》われています。手《て》っ取《と》り早《ばや》くいえば、ある人《ひと》は家族《かぞく》を養《やしな》っていくのにせいいっぱいだし、ある人《ひと》は店《みせ》や会社《かいしゃ》を繁昌《はんじょう》させるのにけんめいです。それに対《たい》して婦人《ふじん》は、心《こころ》の表面《ひょうめん》では気《き》がつかないでいるでしょうが、心《こころ》の奥深《おくふか》いところで、つぎの生命《せいめい》というものを本能《ほんのう》的《てき》に考《かんが》えているのです。こういうことから宗教心《しゅうきょうしん》が強《つよ》くなってくるのであって、それはまことに自然《しぜん》なことだと思《おも》います。

また、修行《しゅぎょう》についても、婦人《ふじん》はたいへん熱心《ねっしん》です。それについて、わたしはこういう見《み》かたをしています。婦人《ふじん》には、同《おな》じことのくりかえしにしんぼう強《づよ》いという長所《ちょうしょ》があります。編《あ》みものなどのように、同《おな》じ目《め》をつくっていく作業《さぎょう》を千回《せんかい》も二千回《せんかい》もくりかえして飽《あ》きることがありません。「修行《しゅぎょう》」というものは、前《まえ》にも述《の》べましたように「心《こころ》や身体《からだ》のためになることを、しんぼう強《づよ》くくりかえしくりかえし行《おこ》なって、向上《こうじょう》を求《もと》めること」にほかならないのですから、宗教上《しゅうきょうじょう》の修行《しゅぎょう》においても、婦人《ふじん》はその特質《とくしつ》を発揮《はっき》しているわけです。

かといって、男性《だんせい》にそういう性質《せいしつ》が欠《か》けているというのではありません。わたしは徴兵《ちょうへい》のとき海軍《かいぐん》にとられて、艦上生活《かんじょうせいかつ》もしましたが、水兵《すいへい》はよく編《あ》みものをするのです。手袋《てぶくろ》や腹巻《はらまき》などを、婦人《ふじん》に負《ま》けないように上手《じょうず》につくります。ですから、男性《だんせい》でもそういう環境《かんきょう》にはいりさえすれば、やはり根気《こんき》のよいくりかえしができる性質《せいしつ》をもっているのです。がっかりすることはありません。

結局《けっきょく》、「薬草諭品第五《やくそうゆほんだい》」でも教《おし》えられたように、草木《くさき》の種類《しゅるい》はちがっても、葉《は》の大《おお》きさに大中小《だいちゅうしょう》はあっても、すべて平等《びょうどう》に救《すく》われる可能性《かのうせい》をもっているということになるのです。

では本文《ほんもん》にはいりましょう。

龍女《りゅうにょ》の成仏《じょうぶつ》した姿《すがた》をありありと見《み》た一同《いちどう》は、いいしれぬ感激《かんげき》に打《う》たれましたが、二三五・一―三 そのとき薬王菩薩《やくおうぼさつ》と大楽説菩薩《だいぎょうせつぼさつ》は多《おお》くの菩薩《ぼさつ》たちと共《とも》に、仏《ほとけ》さまの前《まえ》で「どうぞご心配《しんぱい》くださいますな。仏《ほとけ》さまが入滅《にゅうめつ》されたのちも、わたくしどもがこの尊《とうと》い教《おし》えを世《よ》にひろめるために全力《ぜんりょく》をつくします」と誓《ちか》いのことばを述《の》べました。

二三五・三―六 そして、「のちの悪世《あくせ》の衆生《しゅじょう》は、善《よ》いことをしようとする心《こころ》がだんだん少《すく》なくなり、増上慢《ぞうじょうまん》が多《おお》くなりましょう。そのうえ、すべてのことに報酬《ほうしゅう》を欲《ほ》しがり（利供養《りくよう》を貪《むさぼ》り）、人《ひと》を恨《うら》んだり、憎《にく》んだり、妬《ねた》んだりする気持《きもち》（不善根《ふぜんごん》）が強《つよ》くなり、迷《まよ》いから離《はな》れようという志《こころざし》から遠《とお》ざかっていくでしょう。そういう人《ひと》たちを教化《きょうけ》するのはむずかしいことでしょうが、わたくしどもは、大《おお》きな忍辱《にんにく》の心《こころ》を起《お》こして、この教《おし》えをしっかりと守《まも》り、そして世《よ》にひろめることについては、命《いのち》も惜《お》しまないつもりです」と申《もう》しあげました。法華経行者《ほけきょうぎょうじゃ》の合言葉《あいことば》である「不惜身命《ふしゃくしんみょう》」は、ここから出《で》たのです。

二三五・六—二三六・二 つづいて、大衆《しゅ》の中《なか》の五百人《ひゃくにん》の阿羅漢《あらかん》と、学《がく》・無学《むがく》の八千人《せんにん》が仏《ほとけ》さまに、「このむずかしい娑婆世界《しゃばせかい》の教化《きょうけ》は徳《とく》の高《たか》い菩薩《ぼさつ》の方々《かたがた》が引受《ひきう》けてくださいましたから、わたくしどもは他《た》の国土《こくど》においてこの教《おし》えをひろめることに努力《どりょく》いたします」とお誓《ちか》いしました。

二三六・二—一一 そのとき、釈尊《しゃくそん》の叔母《おば》である摩訶波闍波提比丘尼《まかはじゃはだいびくに》が、多《おお》くの学《がく》・無学《むがく》の比丘尼《びくに》たちと共《とも》に立《た》ちあがって一心《いっしん》に合掌《がっしょう》し、まじろぎもせず世尊《せそん》のお顔《かお》をじっと仰《あお》いでいました。

世尊《せそん》はそれをごらんになると、

「憍曇弥《きょうどんみ》よ、どうしてそんな心配《しんぱい》そうな顔《かお》をして、わたしを見《み》ておられるのですか。わたしがあなたに成仏《じょうぶつ》の保証《ほしょう》を授《さず》けないとでも思《おも》っておられるのですか。安心《あんしん》してください。仏《ほとけ》の悟《さと》りを得《え》たいという志《こころざし》をもって菩薩《ぼさつ》の道《みち》を励《はげ》む人《ひと》は、婦人《ふじん》であろうとだれであろうと、必《かなら》ず仏《ほとけ》になれるのですよ。」

と、おっしゃって、憍曇弥《きょうどんみ》すなわち摩訶波闍波提比丘尼《まかはじゃはだいびくに》をはじめ学《がく》・無学《むがく》の六千人《せんにん》の比丘尼《びくに》に成仏《じょうぶつ》の保《ほ》証《しょう》を与《あた》えられました。

二三六・一二—二三七・一〇 それを見《み》ておられた羅睺羅《らごら》の母《はは》の耶輸陀羅比丘尼《やしゅたらびくに》は、心《こころ》の中《なか》に——いよいよわたくしひとりが取残《とりのこ》されてしまった。（けれど、わたくしにも、いっしょうけんめいに菩薩《ぼさつ》の道《みち》を励《はげ》む気持《きもち》があるのだから、きっと世尊《せそん》は記《き》を与《あた》えてくださるにちがいない。）――と考《かんが》えていました。

すると、その心《こころ》のうちをお見透《みとお》しになった世尊《せそん》は、即座《そくざ》に耶輸陀羅比丘尼《やしゅたらびくに》にも成仏《じょうぶつ》の保証《ほしょう》をお授《さず》けになりましたので、摩訶波闍波提比丘尼《まかはじゃはだいびくに》・耶輸陀羅比丘尼《やしゅたらびくに》をはじめ、その眷属《けんぞく》である婦人《ふじん》の信者《しんじゃ》たちは、こぞってありがたさに歓喜《かんぎ》し、世尊《せそん》に厚《あつ》くお礼《れい》を申《もう》しあげました。そして、わたくしどもも他《た》の国土《こくど》でこの教《おし》えをひろめることに努力《どりょく》いたしますとお誓《ちか》いしました。

二三七・一一―二三八・四 このとき世尊は、おおぜいの菩薩《ぼさつ》たちをじっとごらんになっておられました。その菩薩《ぼさつ》たちはみな阿《あ》惟越致《ゆいおっち》（不退転《ふたいてん》）の人《ひと》びとで、けっしてあともどりしない固《かた》い信仰《しんこう》をもち、教《おし》えをひろめることに怠《おこた》ることがなく、あらゆる善《ぜん》によってあらゆる悪《あく》をとどめる力《ちから》（陀羅尼《だらに》）を具《そな》えている菩薩《ぼさつ》ばかりでした。

その菩薩《ぼさつ》たちは、仏《ほとけ》さまが自分《じぶん》らを見《み》つめていらっしゃるのを拝《はい》すると、座《ざ》から立《た》って仏前《ぶつぜん》にいたり、一心《いっしん》に合掌《がっしょう》しながら心《こころ》の中《なか》に――もし仏《ほとけ》さまが自分《じぶん》らにも、この教《おし》えをしっかりと持《たも》ち、世《よ》に説《と》きひろめよとお命《めい》じになれば、自分《じぶん》らはあくまでも仏《ほとけ》さまのお教《おし》えのとおり、広《ひろ》くこの法《ほう》を説《と》くつもりだけれども、仏《ほとけ》さまは黙《だま》っておられて、それをおいいつけにはならない。どうしたものだろう――と考《かんが》えました。

二三八・四―八 しかし、考えてばかりはいられなくなって、思《おも》うところをはばかることなく申《もう》し述《の》べ（師子吼《ししく》し）て、つぎのように誓言《せいごん》しました。

「わたくしどもは、如来《にょらい》の滅後《めつご》において、どこへいっても、機会《きかい》をとらえてはこの教《おし》えをひろめるつもりでございます。そして、すべての衆生《しゅじょう》に、この経《きょう》をみずからも信《しん》じ、他人《たにん》へも説《と》くように勧《すす》めましょう。そして、その法《ほう》のように正《ただ》しく修行《しゅぎょう》し、仏《ほとけ》さまから教《おし》えられたとおりを正《ただ》しく覚《おぼ》え（正憶念《しょうおくねん》）ていくように導《みちび》きましょう。こういうことは、仏《ほとけ》さまのお力《ちから》によらなければできないことですから、どうぞ世尊《せそん》は、ご入滅《にゅうめつ》になってもわたくしどもをお守《まも》りくださいまして、力《ちから》をお与《あた》えくださいませ。」

そして、偈《げ》を説《と》いて申《もう》しあげるには、

二三八・一〇—二三九・三「どうぞ、ご心配くださいますな。仏《ほとけ》さまがおかくれになったのちの気《き》の許《ゆる》せない悪世《あくせ》においても、わたくしどもはお教《おし》えを説《と》きひろめます。多《おお》くの無知《むち》な人《ひと》びとが悪口《わるぐち》をいったり、迫害《はくがい》を加《くわ》えても、じっと忍《しの》びます。末世《まっせ》においては、出家《しゅっけ》でさえも、智慧《ちえ》がわるいほうへはたらいたり、へつらい心《ごころ》が強《つよ》くなったり、悟《さと》ってもいないのに悟《さと》ったように思《おも》いこんだりする自惚心《うぬぼれごころ》がいっぱいになるでしょう。また、静《しず》かな所《ところ》（阿練若《あれんにゃ》）に住《す》み、つづり合《あ》わせた粗末《そまつ》な衣《ころも》（納衣《のうえ》）を着《き》て、俗世《ぞくせ》から離《はな》れて（空閑《くうげん》に在《あ》って）行《おこ》ないすまし、自分《じぶん》では真実《しんじつ》の道《みち》を行《ぎょう》じていると思《おも》いこんで、大衆《だいしゅ》を見下《みくだ》す者《もの》もありましょう。」

三類《さんるい》の強敵《ごうてき》

ここに増上慢《ぞうじょうまん》の三つの型《かた》が示《しめ》されています。

「法華経《ほけきょう》」とはどんなものかをのぞいたこともないくせに、無責任《むせきにん》に悪口《わるぐち》をいったり、迫害《はくがい》を加《くわ》えたりする普通《ふつう》の社会人《しゃかいじん》、これを俗衆増上慢《ぞくしゅぞうじょうまん》といいます。

つぎに、宗教専門家《しゅうきょうせんもんか》であって、自分《じぶん》の信《しん》ずる教《おし》えだけが絶対《ぜったい》だとし、「法華経《ほけきょう》」をののしったり、そのひろまるのをじゃましたりする人《ひと》びと、これを道門増上慢《どうもんぞうじょうまん》といいます。

第《だい》三は、いかにも聖人《せいじん》のように行《おこ》ないすましてはいるけれども、内心《ないしん》は名利《みょうり》の念《ねん》にとらわれている宗《しゅう》教家《きょうか》です。いかにも俗界《ぞっかい》を超越《ちょうえつ》しているようによそおっていますので、世間《せけん》の多《おお》くの有力者《ゆうりょくしゃ》たちがそれに帰依《きえ》しているのですが、自分《じぶん》が消極的《しょうきょくてき》な宗教生活《しゅうきょうせいかつ》をし、またそういう教《おし》えを説《と》いているために、大《たい》衆《しゅう》を救《すく》うという積極的《せっきょくてき》な教《おし》えである「法華経《ほけきょう》」がけむったくてならない、それで権勢《けんせい》をもって圧迫《あっぱく》し、妨害《ぼうがい》をするのです。これを僣聖増上慢《せんしょうぞうじょうまん》といいます。

以上《いじょう》を「法華経《ほけきょう》」の行者《ぎょうじゃ》に対《たい》する「三類《さんるい》の強敵《ごうてき》」というのですが、中《なか》でも第《だい》三の僣聖増上慢《せんしょうぞうじょうまん》の害《がい》がいちばんひどいものとされています。

二三九・三―五 「その僣聖増上慢《ぞうじょうまん》の人間《にんげん》は、悟《さと》りすましたような顔《かお》をしていますが、内心《ないしん》は物欲《ぶつよく》や権勢欲《けんせいよく》や名誉欲《めいよよく》にひっかかっているのであって、白衣《びゃくえ》（金持《かねもち》や地位《ちい》の高《たか》い人《ひと》）のためにだけ法《ほう》を説《と》き、人《ひと》びとに敬《うやま》われ、神通《じんづう》力《りき》をもった羅漢《らかん》のようによそおっているでしょう。そういう人《ひと》たちが、自分《じぶん》は俗世《ぞくせ》を離《はな》れているのをいいことにして、大衆《だいしゅ》にたちまじり、大衆《だいしゅ》のために『法華経《ほけきょう》』を説《と》くわたくしどもを、なにかとアラさがしをして攻撃《こうげき》するでしょう。」

二三九・五―一〇 「また、こういう僣聖増上慢《せんしょうぞうじょうまん》の人《ひと》びとは、『法華経《ほけきょう》』を説《と》く者《もの》のことを、物欲《ぶつよく》や権勢欲《けんせいよく》や名誉欲《めいよよく》にかられて外道《げどう》の教《おし》えを説《と》いて世《よ》の人《ひと》を迷《まよ》わすのだといい、大《おお》ぜいの人《ひと》びとの中《なか》でそしるばかりでなく、国王《こくおう》・

大臣《だいじん》・権力《けんりょく》あるバラモンの僧《そう》・有力者《ゆうりょくしゃ》・その他《た》出家《しゅつけ》などにとりいって、『法華経《ほけきょう》』の行者《ぎょうじゃ》をさかんに非《ひ》難《なん》することでしょう。」

しかし、そういう三類《さんるい》の強敵《ごうてき》がいかに迫害《はくがい》を加《くわ》えてこようとも、けっして退転《たいてん》することなく「法華《ほけ》経《きょう》」を説《と》きひろめようという決意《けつい》を申《もう》しあげるのですが、それが「我等仏《われらほとけ》を敬《うやま》うが故《ゆえ》に……」で始《はじ》まる力強《ちからづよ》い一節《いっせつ》であります。その偈《げ》を現代語《げんだいご》に直《なお》しますと、

二三九・一〇―一二
「わたくしどもは仏《ほとけ》さまを心《こころ》から敬《うやま》っておりますから、仏《ほとけ》さまが最高《さいこう》の教《おし》えであるとお説《と》きになるこのお経《きょう》を、仏《ほとけ》さまと同《おな》じように敬《うやま》います。それゆえにこそ、このお経《きょう》を守《まも》り、ひろめるためには、どんな迫害《はくがい》をも忍《しの》びます。ひやかし半分《はんぶん》に『おまえたちは、みんな仏《ほとけ》だよ。えらいもんだよ』などと嘲《あざけ》りのことばを吐《は》きかけるものがあっても、じっとそれをこらえます。

二三九・一二―二四〇・三
末法の世には、いろいろと恐《おそ》ろしいことがありましょう。悪鬼《あっき》が人《ひと》の心《こころ》の中《なか》にしのびこんで、わたくしどもをののしったり、はずかしめたりすることもありましょう。しかし、わたくしどもは、仏《ほとけ》さまを敬《うやま》い信《しん》ずるがゆえ、忍辱《にんにく》の鎧《よろい》を着《き》て、無抵抗《むていこう》のうちにも毅然《きぜん》たる態度《たいど》で法《ほう》を護《まも》りましょう。この教《おし》えを説《と》きひろめるためには、あらゆる困難《こんなん》を耐《た》え忍《しの》びましょう。わたくしどもは命《いのち》さえ惜《お》しいとは思《おも》いません。ただ、ただ、仏《ほとけ》さまのお説《と》きになったこの無上《むじょう》の教《おし》えに触《ふ》れない人《ひと》がひとりでも残《のこ》っていたら、それが惜《お》しいのです。

二四〇・四―七
わたくしどもは、仏《ほとけ》さまがおかくれになったのちの世《よ》において、仏《ほとけ》さまがお任《まか》せになったこの『法華《ほけ》

経《きょう》』を大切《たいせつ》に護《まも》ってまいります。末世《まっせ》のいたらぬ出家《しゅっけ》たちは、仏《ほとけ》さまが相手《あいて》により、場合《ばあい》によって、説《と》きかたをお変《か》えになったその底《そこ》にある真実《しんじつ》を、くみとることができますまい。それで、そういう人《ひと》たちを相手《あいて》にしていますと、悪口《わるぐち》をいわれたり、排斥《はいせき》されたりするばかりか、教《おし》えをひろめるための本拠《ほんきょ》（塔寺《とうじ》）から追《お》い払《はら》われるようなことさえしばしば起《お》こりましょう。このようなさまざまな困難《こんなん》も、仏《ほとけ》さまのおいいつけを大事《だいじ》に思《おも》うために、すべて耐《た》え忍《しの》びます。

二四〇・七―一一 このように、どんな困難《こんなん》も迫害《はくがい》も恐《おそ》れませんから、法《ほう》を求《もと》めるものがひとりでもあれば、小《ちい》さい村《むら》であろうと、大《おお》きな都《みやこ》や町《まち》であろうと、どんな強敵《ごうてき》が待《ま》ちかまえていようとも、そこへ出《で》かけていって、仏《ほとけ》さまからお任《まか》せいただいたこの法《ほう》を説《と》きましょう。わたくしは、ただのわたくしではありません。世《せ》尊《そん》のお使《つか》いなのです。ですから、どんな大《おお》ぜいの人中《ひとなか》へ出《で》ても恐《おそ》れはばかることはありません。わたくしどもは、全力《ぜんりょく》をつくして法《ほう》を説《と》きましょう。仏《ほとけ》さま、どうぞご安心《あんしん》くださいませ。わたくしは、ここに世尊《せそん》のみ前《まえ》において、そして十方《じっぽう》の諸仏《しょぶつ》のみ前《まえ》において、はっきりとお誓《ちか》いいたします。どうぞわたくしの心《こころ》をお察《さっ》しくださいまして、末世《まっせ》にこの法《ほう》を説《と》くことをお許《ゆる》しくださいませ。」

まことに、自信《じしん》と勇気《ゆうき》に満《み》ちた大師子吼《だいししく》です。――仏《ほとけ》を敬信《きょうしん》するがゆえに、いかなる困難《こんなん》にも堪《た》え、迫害《はくがい》をも忍《しの》ぶことができる――ほんとうにそのとおりです。このくだりを読誦《どくじゅ》するたびに、身《み》がひき締《し》まり、心《こころ》の底《そこ》から新《あたら》しい勇猛心《ゆうみょうしん》が湧《わ》きあがってくるのを覚《おぼ》えます。法華経《ほけきょう》の行者《ぎょうじゃ》にとって、最《もっと》も大切《たいせつ》な偈《げ》の一《ひと》つであるといえましょう。

安楽行品第十四《あんらくぎょうほんだいじゅうし》

前の「勧持品第十三《かんじほんだいじゅうさん》」で、もろもろの菩薩《ぼさつ》が、どんな法難《ほうなん》がふりかかってこようとも、誓《ちか》って「法華経《ほけきょう》」の教《おし》えをひろめますと誓言《せいごん》しましたので、わが意《い》を得《え》たりと感心《かんしん》した文殊師利菩薩《もんじゅしりぼさつ》は、一同《いちどう》を代表《だいひょう》する心持《こころもち》で、世尊《せそん》に、「それでは、わたくしどもが末法《まっぽう》の悪世《あくせ》において法《ほう》を護持《ごじ》し、説《と》きひろめるためには、具体的《ぐたいてき》にどんな心《こころ》がけが必要《ひつよう》でございましょうか」とおたずねいたします。その質問《しつもん》に対《たい》して諄々《じゅんじゅん》と法華経行者《ほけきょうぎょうじゃ》の心得《こころえ》をお説《と》きになったのが、この「安楽行品《あんらくぎょうほん》」です。

これまでにお教《おし》えになったいろいろな戒《いまし》めが、どちらかといえば根本的《こんぽんてき》なものであったのに対《たい》して、ここに示《しめ》されているのは、たとえば旅《たび》に出《で》かけるわが子《こ》にむかって親《おや》が細々《こまごま》と注意《ちゅうい》を与《あた》えるような、温《あたた》かい愛情《あいじょう》に満《み》ちた戒《いまし》めであって、読《よ》んでいるうちに、父《ちち》としてのお釈迦《しゃか》さまのお声《こえ》をじかにうかがっているような、しみじみとした気持《きもち》になります。

安楽行《あんらくぎょう》というのは、「いつも平和《へいわ》な心《こころ》（安《あん》）で、自《みずか》ら進《すす》んで（楽《らく》）、行《ぎょう》をなす」という意味《いみ》です。歯《は》をくいしばり、なにくそという気持《きもち》で法難《ほうなん》に立《た》ちむかっていくのでは、まだまだほんとうの法華経行者《ほけきょうぎょうじゃ》のありかたではない。どんな困難《こんなん》がふりかかってこようとも、法《ほう》のためならばこれぐらい平気《へいき》だという「安《やす》らかな」気持《きもち》で、自《みずか》ら「楽《ねが》って」修行《しゅぎょう》もし、説法《せっぽう》するというのです。

たしかに心《こころ》の持《も》ちようというものは不思議《ふしぎ》なもので、たとえば、登山《とざん》をする人《ひと》を映画《えいが》などで見《み》ますと、八貫《かん》（三十キロ）も十貫《かん》（四十キロ）もあるようなリュックサックを背負《せお》って、汗《あせ》みずくになって登《のぼ》っていきます。さぞ苦《くる》しいだろうなぁと思《おも》われます。岩登《いわのぼ》りになると、わずか二、三十メートルを登《のぼ》るのに三時間《じかん》も四時間《じかん》もかかって、しかもそれが一歩《いっぽ》一歩《いっぽ》命《いのち》がけです。岩壁《がんぺき》の途中《とちゅう》で日《ひ》が暮《く》れたら、岩《いわ》にからだを吊《つ》りさげて、零下何度《れいかなんど》というところで眠《ねむ》るのです。

　これがもし、雇《やと》い主《ぬし》の命令《めいれい》かなにかでやらされるのだったら、それこそ人権蹂躙《じんけんじゅうりん》で告訴《こくそ》ものです。ところが、登山家《とざんか》たちは、自《みずか》ら「楽《ねが》って」やっているのですから、苦《くる》しいことは苦《くる》しくても、心《こころ》は「安《やす》らか」なのです。そして、その苦《くる》しさが楽《たの》しいのです。

「法華経《ほけきょう》」の教《おし》えを行《ぎょう》ずるにも、外《そと》からの迫害《はくがい》や嘲笑《ちょうしょう》に歯《は》をくいしばって耐《た》え忍《しの》ぶのはまだまだ初心《しょしん》の人《ひと》であって、道《みち》に達《たっ》した人《ひと》は、苦《くる》しみの中《なか》にあっても心《こころ》はいつも平和《へいわ》に、悠々《ゆうゆう》たるものがあり、そして行《ぎょう》ずることそれ自体《じたい》が喜《よろこ》びとなるものです。

　しかし、その境地《きょうち》に達《たっ》するまでには、やはり日常《にちじょう》のいろいろなものごとに誘惑《ゆうわく》されたり、心《こころ》を動《うご》かされたりしないような細《こま》かい注意《ちゅうい》が必要《ひつよう》なのであって、「安楽行品《あんらくぎょうほん》」はその点《てん》を教《おし》えられたものです。言《こと》葉《ば》をかえていえば、「勧持品《かんじほん》」においては、菩薩《ぼさつ》たちが「外部《がいぶ》」からの迫害《はくがい》に対《たい》する覚悟《かくご》を意気込《いきご》んで述《の》べているのに対《たい》して、「安楽行品《あんらくぎょうほん》」においては、父《ちち》としての世尊《せそん》が「内心《ないしん》」の誘惑《ゆうわく》に負《ま》けるなよということを、しんみりおさとしになっているのです。いうならば、若《わか》くて張《は》りきった子《こ》どもと、世《よ》の中《なか》のすべてを知《し》りつくしたやさしい父《ちち》と、まことに情味溢《じょうみあふ》れる対照《たいしょう》が、この二品《にほん》に描《えが》かれているとも見《み》られましょう。

なお、本文《ほんもん》にはいる前《まえ》に注意《ちゅうい》しておきたいことは、この中《なか》によく「××に親近《しんごん》するな」というお言葉《ことば》がでてきます。それはけっして「近《ちか》づくな」という意味《いみ》ではありません。あらゆる衆生《しゅじょう》を平等《びょうどう》に救《すく》おうという大誓願《だいせいがん》を持《も》たれる仏《ほとけ》さまが、――こういう人間《にんげん》のそばには近寄《ちかよ》るな――などとおっしゃるはずはありません。

「親近《しんごん》」の意味《いみ》は、なにか求《もと》める気持《きもち》があって近《ちか》づいたり、また個人的《こじんてき》に親《した》しくなりすぎたあまりに、相手《あいて》のごきげんをとるような、妥協《だきょう》するような気持《きもち》になることです。相手《あいて》が国王《こくおう》であろうと、大臣《だいじん》であろうと、真理《しんり》はただ一《ひと》つであるから、相手《あいて》の気《き》に入《い》らないからといって、手加減《てかげん》を加《くわ》えてはならない。

それなのに、個人的《こじんてき》にあまりなれ親《した》しむと、ついズルズルとそんな気持《きもち》になってしまう。そこを戒《いまし》められたのです。

こういう予備知識《よびちしき》をもって読《よ》まないと、つまらない誤解《ごかい》を起《お》こしやすいところがたくさんあり、疑惑《ぎわく》を生《しょう》ずる危険《きけん》があります。いつもいうように、お経《きょう》は深《ふか》く読《よ》まねばなりません。では、本文《ほんもん》の大意《たいい》を述《の》べましょう。

仏《ほとけ》は文殊師利《もんじゅしり》の質問《しつもん》に対《たい》して、四法《しほう》（四安楽行《しあんらくぎょう》）をお説《と》きになります。四安楽行《しあんらくぎょう》というのは、第《だい》一、身安楽行《しんあんらくぎょう》、第《だい》二、口安楽行《くあんらくぎょう》、第《だい》三、意安楽行《いあんらくぎょう》、第《だい》四、誓願安楽行《せいがんあんらくぎょう》で、第《だい》一は身《み》の振舞《ふるまい》、第《だい》二は言葉《ことば》のつかいかた、第《だい》三は心《こころ》の持《も》ちかた、第《だい》四は理想《りそう》の実現《じつげん》に対《たい》する努力《どりょく》のしかたを教《おし》えられたのです。

身安楽行《しんあんらくぎょう》

二四一・六―一〇 まず、身安楽行《らくぎょう》について、それを行処《ぎょうしょ》・親近処《しんごんしょ》の二《ふた》つに分《わ》けてお説《と》きになっておられます。

行処《ぎょうしょ》

行処《ぎょうしょ》というのは、自分《じぶん》の身《み》の振舞《ふるまい》についての根本的《こんぽんてき》な心得《こころえ》です。いつも忍辱《にんにく》（怒《おこ》ることなく驕《おご》ることもない心《こころ》）をたもち、柔和善順《にゅうわぜんじゅん》（我《が》を張《は》らず、正《ただ》しい理《り》によく従《したが》う）であって、挙動《きょどう》に落《お》ち着《つ》きがあり（卒暴《そつぼう》ならず）、どんなことが起《お》こってもあわてふためいてはいけない。また、自分《じぶん》が世間《せけん》の人《ひと》とちがったえらい行《おこ》ないをしているなどと思《おも》い上《あ》がることがなく（法《ほう》に於《お》て行《ぎょう》ずる所《ところ》なく）、すべてのものごとの実相《じっそう》をよく見透《みとお》して、かたよった見《み》かたをせず、相手《あいて》の差別《さべつ》なく慈悲《じひ》の行《おこ》ないをしながら、それをわざとらしく外《そと》に示《しめ》さない（不分別《ふふんべつ》を行《ぎょう》ぜず）――これが、菩薩《ぼさつ》としての根本的《こんぽんてき》な心得《こころえ》だと説《と》かれています。

親近処《しんごんしょ》

二四一・一〇―二四三・一〇 つぎに、親近処（世間《せけん》の人《ひと》びととの交際上《こうさいじょう》つつしむべきこと）を十に分《わ》けて教《おし》えられてあります。第《だい》一に、地位《ちい》や勢力《せいりょく》のある人《ひと》に、なにか求《もと》める気持《きもち》があって近《ちか》づいたり、なれ親《した》しみすぎて、法《ほう》において妥協的《だきょうてき》になってはいけない。

第《だい》二に、邪法《じゃほう》を説《と》くものや、つまらない文筆《ぶんぴつ》をもてあそぶものや、何事《なにごと》でも人《ひと》のいうなりになる主義《しゅぎ》の人《ひと》（路伽耶陀《ろかやだ》）、逆《ぎゃく》に何事《なにごと》でも反対意見《はんたいいけん》を言《い》わねばおさまらぬ一言居士《いちごんこじ》（逆路伽耶陀《ぎゃくろかやだ》）などになれ親《した》しんで、うっかりその雰囲気《ふんいき》に染《そ》まったり、法《ほう》において妥協的《だきょうてき》になってはいけない。

第三《だい》に、つまらない勝負事《しょうぶごと》や、拳闘《けんとう》や、相撲《すもう》や、力《ちから》くらべや、魔術《まじゅつ》のようなものに心《こころ》を奪《うば》われてはいけない。

第四《だい》に、利《り》のために殺生《せっしょう》をする人《ひと》びとに親《した》しんでも、命《いのち》の大切《たいせつ》さを失《うしな》うようではならない。なお、この箇所《かしょ》はあくまでも無益《むえき》な殺生《せっしょう》を戒《いまし》めているのです。

第五《だい》に、小乗《しょうじょう》の教《おし》えを学《まな》ぶことによって、自分《じぶん》だけが俗世《ぞくせ》を離《はな》れて行《おこ》ないすましていればいいという気持《きもち》でいる比丘《びく》や比丘尼《びくに》に親《した》しみすぎて、そういう利己的《りこてき》な気持《きもち》に感染《かんせん》したり、またはそんな人《ひと》たちに法《ほう》のことなどを聞《き》いて妥協《だきょう》する心《こころ》を起《お》こしたりしてはいけない。むこうから法《ほう》を聞《き》いてきたら、正《ただ》しい法《ほう》を説《と》いてやればいいのであって、先方《せんぽう》に何《なに》かを求《もと》めるようなことをしてはならない。

第六《だい》に、婦人《ふじん》に法《ほう》を説《と》くときは、いやしくも相手《あいて》に乱《みだ》れた気持《きもち》を起《お》こさせるような態度《たいど》をとることなく、一段《いちだん》と厳正《げんせい》に身《み》をたもたねばならない。また、自分《じぶん》から女《おんな》の人《ひと》に会《あ》おうとするのは、つつしんだほうがよい。

第七《だい》には、五種不男《しゅふなん》のもの、これは男《おとこ》であって男《おとこ》の特性《とくせい》を欠《か》いているものをいいます。こういう人《ひと》に対《たい》するときは、とりわけ慎重《しんちょう》な心《こころ》がけが必要《ひつよう》だという意味《いみ》です。

第八《だい》には、ひとりで他《た》の家《いえ》にはいってはいけない。必《かなら》ず連《つ》れと共《とも》に行《い》くことで、もしどうしてもひとりで行《い》かなければならないときは、一心《いっしん》に仏《ほとけ》を念《ねん》じなさい——すなわち仏《ほとけ》と二人連《ふたりづ》れで行《い》きなさい

——という戒《いまし》めです。

第九《だい》には、女人《にょにん》に説法《せっぽう》するときは、なれなれしい表情《ひょうじょう》をしたり、着物《きもの》をだらしなく着《き》て胸《むね》を出《だ》すような不行儀《ふぎょうぎ》をしてはならない。

第十《だい》に、かわいい顔《かお》の少年《しょうねん》などを身近《みぢか》においてはいけない。

そのほか、一日《にち》のうちにかならず静《しず》かに瞑想《めいそう》する時間《じかん》をもって、いろいろな出来事《できごと》によって乱《みだ》れようとしている自分《じぶん》の心《こころ》をとりまとめよ——と戒《いまし》められています。

これが親近処《しんごんしょ》の戒《いまし》めであって、この行処《ぎょうしょ》と親近処《しんごんしょ》が守《まも》れたら、菩薩《ぼさつ》として身《み》の振舞《ふるまい》は完全《かんぜん》であって、安《やす》らかな心《こころ》で法《ほう》を説《と》くことができるというのです。以上《いじょう》が身安楽行《しんあんらくぎょう》です。

口安楽行《くあんらくぎょう》　二四六・五—一一

つぎは、言葉についての戒《いまし》めです。

第一《だい》に、人《ひと》のあやまちや、経典《きょうでん》のアラ探《さが》しなどをして、人《ひと》に語《かた》ってはならない。

第二《だい》に、他《た》の教《おし》えを説《と》く人《ひと》を見下《みくだ》すような言葉《ことば》を吐《は》いてはいけない。

第三《だい》に、他人《たにん》のよしあし、長所《ちょうしょ》・欠点《けってん》などをあげて批判《ひはん》するようなことはいけない。小乗《しょうじょう》の人《ひと》であっても、その名《な》をさしてあれこれと批判《ひはん》してはいけない。

第四《だい》に、あの人《ひと》は好《す》きだ、きらいだ、というようなことをいってはならない。

こうして、いつも寛容《かんよう》な、おだやかな気持《きもち》を持《も》っていれば、教《おし》えを聞《き》く人《ひと》にもその気持《きもち》が移《うつ》って、自《し》然《ぜん》と心《こころ》がおだやかになってくるから、教《おし》えがその人《ひと》の心《こころ》にスッとはいっていくのである。もし難《むずか》しい質《しつ》問《もん》をしてくる人《ひと》があったら、小乗《しょうじょう》の教《おし》えによって答《こた》えず、ただ大乗《だいじょう》の教《おし》えによって説《と》いてあげ、最高《さいこう》の智慧《ちえ》を悟《さと》らせるように導《みちび》かねばならない。——これが口安楽行《くあんらくぎょう》です。

意安楽行《いあんらくぎょう》

二四八・六—二四九・五 つぎに、心の持ちかたについて、八つの戒《いまし》めが述《の》べられます。

第《だい》一に、嫉妬《しっと》の心《こころ》をもってはいけない。他《た》に対《たい》しておべっかをつかったり、勝手《かって》なこじつけで自分《じぶん》の心《こころ》を欺《あざむ》くようなことをいったりしたりしてはいけない。

第《だい》二に、仏道《ぶつどう》を求《もと》める人《ひと》に対《たい》して、その人《ひと》がまだ初心《しょしん》の人《ひと》であっても、けっして軽《かろ》んじたり、ばかにしてはならないし、その長所短所《ちょうしょたんしょ》などをとりあげて心《こころ》の中《なか》で批判《ひはん》するようなことがあってはならない。

第《だい》三に、仏道《ぶつどう》を求《もと》める人《ひと》に、疑《うたが》いの念《ねん》を起《お》こさせたり、失望《しつぼう》させるようなことをいってはならない。

第《だい》四に、法《ほう》について、ただ議論《ぎろん》のための議論《ぎろん》をたたかわすようなことがあってはならない。法《ほう》を論《ろん》ずるのは、あくまでも衆生《しゅじょう》を救《すく》うという実行《じっこう》のために論《ろん》ずるのでなければならない。

第《だい》五に、一切《いっさい》の衆生《しゅじょう》に対《たい》しては、常《つね》にその苦《く》を救《すく》うことを念《ねん》じ、第《だい》六に、諸仏《しょぶつ》には、慈父《じふ》に対《たい》するような感謝《かんしゃ》の念《ねん》をもち、第《だい》七に、もろもろの菩薩《ぼさつ》に対《たい》しては、自分《じぶん》の大先生《だいせんせい》であるという尊敬《そんけい》の念《ねん》をいだき、第《だい》八に、一切衆生《いっさいしゅじょう》に対《たい》しては、えこひいきなく平等《びょうどう》に法《ほう》を説《と》かなければならない。これが意安楽行《いあんらくぎょう》です。

誓願安楽行《せいがんあんらくぎょう》

二五〇・八—二五一・二 つぎに、誓願安楽行《あんらくぎょう》について説《と》かれます。

末《すえ》の世《よ》の、仏《ほとけ》の教《おし》えを信《しん》ずる人《ひと》がほとんどなくなりかけたときにおいて、この「法華経《ほけきょう》」

を受持《じゅじ》する人《ひと》は、在家《ざいけ》の人《ひと》であれ、出家《しゅつけ》の人《ひと》であれ、一切《いっさい》の衆生《しゅじょう》を救《すく》わねばならぬという大慈《だいじ》の心《こころ》をもって、すべての人《ひと》を「法華経《ほけきょう》」に帰依《きえ》させなければならない。特《とく》に、自分《じぶん》だけが救《すく》われればそれで満足《まんぞく》だと思《おも》っている利己的《りこてき》な人《ひと》びとに対《たい》しても、大悲《だいひ》の心《こころ》をもって当《あ》たり、まず自分《じぶん》がいつかは仏《ほとけ》の悟《さと》りを得《え》、そのうえはかならずこの大乗《だいじょう》の教《おし》えを信解《しんげ》させようという決心《けっしん》をもつべきである――そういう大慈《だいじ》悲心《ひしん》をもって、すべての人《ひと》を「法華経《ほけきょう》」に帰依《きえ》させようという誓願《せいがん》を起《お》こし、それを実行《じっこう》することが誓願安楽行《がんあんらくぎょう》です。

二五一・二―八 この誓願安楽行《あんらくぎょう》を完全《かんぜん》に実行《じっこう》する人《ひと》は、この法《ほう》を説《と》くときも、仏《ほとけ》のお心《こころ》とちがった説《と》きかたをすることもなく、すべての人《ひと》びとに尊敬《そんけい》せられ、いついかなるところにおいても諸天善神《しょてんぜんじん》がこれを守護《しゅご》され、教《おし》えをきく人《ひと》がよく理解《りかい》し感動《かんどう》するように法《ほう》を説《と》くことだろう、とあります。

髻中《けちゅう》の珠《たま》の譬《たと》え

二五一・一二―二五二・七 この四つの安楽行《ぎょう》をお説《と》きになった世尊《せそん》は、さらに、「法華七諭《ほっけしちゆ》」の第六《だい》である「髻《け》中《ちゅう》の珠《たま》の譬《たと》え」によって、「法華経《ほけきょう》」がどんなにすぐれた教《おし》えであるかを力説《りきせつ》なさいます。その譬《たと》えというのは――

「非常《ひじょう》に強《つよ》いある国《くに》の王《おう》が、命令《めいれい》に従《したが》わない多《おお》くの小国《しょうこく》を次々《つぎつぎ》に討伐《とうばつ》しました。その戦《たたか》いにてがらをたてた将士《しょうし》には、田畑《たはた》や、領地《りょうち》や、衣服《いふく》や、いろいろな宝物《ほうもつ》などをほうびとして与《あた》えましたが、ただ自分《じぶん》の髪《かみ》のもとどりに結《ゆ》いこめてある明珠《みょうしゅ》だけは、だれにも与《あた》えませんでした。なぜならば、それはたった一《ひと》つしかない最上《さいじょう》の宝《たから》なので、もしむやみに人《ひと》にこれを与《あた》えたら、王《おう》の一族《いちぞく》が驚《おどろ》き怪《あや》しむだろうからです。文殊師利《もんじゅしり》よ、仏《ほとけ》が『法華経《ほけきょう》』をめったに説《と》かなかったのも、ちょうどこのとおりなのです。

二五二・七―一二 仏は、禅定と智慧《ちえ》の力《ちから》をもって法《ほう》の国土《こくど》を領《りょう》している三界《さんがい》の王《おう》です。ところが、もろもろの魔王《まおう》がなかなか従《したが》わないので、如来《にょらい》に仕《つか》える将軍《しょうぐん》、すなわちあなたがた菩薩《ぼさつ》たちがこれを征伐《せいばつ》した。征伐《せいばつ》するというのは、すなわち大衆《だいしゅ》の中《なか》においていろいろな経《きょう》を説《と》くことです。そのてがらに対《たい》して仏《ほとけ》は喜《よろこ》んで禅《ぜん》定《じょう》（心《こころ》が決定《けつじょう》してグラグラしない）とか、解脱《げだつ》（人生苦《じんせいく》からのがれる）とか、無漏《むろ》（迷《まよ》いがなくなる）とか、根《こん》力《りき》（さとりへ達《たつ》する信心《しんじん》・精進《しょうじん》の力《ちから》）をほうびとして与《あた》え、また涅槃《ねはん》（すべての煩悩《ぼんのう》を滅《めつ》する）の世界《せかい》（城《しろ》）のような大切《たいせつ》なものさえ与《あた》えたのですが、それでもまだ『法華経《ほけきょう》』だけは与《あた》えなかったのです。

二五二・一二―二五三・九 ところが、その大王《だいおう》でも、くらべもののないような大功《たいこう》をたてたものがあったら、おしげもなく髻中《けちゅう》の珠《たま》を与《あた》えるでしょう。如来《にょらい》もそれと同《おな》じです。如来《にょらい》はこの三界《さんがい》における大法王《だいほうおう》であって、法《ほう》をもって一《いっ》切衆生《さいしゅじょう》を教化《きょうけ》しますが、その中《なか》で凡夫《ぼんぷ》の境界《きょうがい》を離《はな》れたあなたがた（賢聖《げんじょう》）が、だんだんといろいろな魔《ま》を征服《せいふく》していって、仏法《ぶっぽう》に対《たい》する一切《いっさい》のじゃまものを打《う》ち破《やぶ》り、これならば信心《しんじん》が固《かた》くて大丈夫《だいじょうぶ》であると見通《みとお》したからこそ、はじめてこの『法華経《ほけきょう》』を説《と》くのです。この『法華経《ほけきょう》』は、衆生《しゅじょう》を仏《ほとけ》の悟《さと》りへ導《みちび》く尊《とうと》い教《おし》えです。しかし、そのためにかえって世間《せけん》のじゃまが多《おお》く、信仰《しんこう》が動揺《どうよう》するおそれがあるので、これまで説《と》いたことはなかったのですが、いまこそそれを説《と》きましょう。文殊師利《もんじゅしり》よ、この『法華《ほけ》経《きょう》』はもろもろの如来《にょらい》の説《と》かれる教《おし》えのうちで第《だい》一の教《おし》えであり、最《もっと》も深《ふか》い教《おし》えです。末《すえ》の世《よ》のためにいまこれを説《と》くのは、ちょうど大王《だいおう》がだれにも与《あた》えなかった明珠《みょうしゅ》をみんなに与《あた》えるのと同《おな》じです。」

さらに、その意味《いみ》を偈《げ》によって重《かさ》ねてお説《と》きになったのですが、そのあとのほうに、この経《きょう》を読《よ》むものの功徳《くどく》がいろいろ述《の》べてあります。

二五五・五―九
是の経を読《よ》まん者《もの》は　常《つね》に憂悩《うのう》なく　又病痛《またびょうつう》なく　顔色鮮白《げんしきせんびゃく》ならん　貧窮《びんぐ》・卑賤《ひせん》　醜陋《しゅうる》に生《う》まれじ　衆生見《しゅじょうみ》んと楽《ねが》うこと　賢聖《げんじょう》を慕《した》うが如《ごと》くならん　天《てん》の諸《もろもろ》の童子《どうじ》　以《もっ》て給使《きゅうじ》を為《な》さん　刀杖《とうじょう》も加《くわ》えず　毒《どく》も害《がい》すること能《あた》わじ　若《も》し人悪《ひとにく》み罵《ののし》らば　口則《くちすなわ》ち閉塞《へいそく》せん　遊行《ゆぎょう》するに畏《おそ》れなきこと　師子王《ししおう》の如《ごと》く　智慧《ちえ》の光明《こうみょう》　日《ひ》の照《てら》すが如《ごと》くならん

四安楽行《しあんらくぎょう》を完全《かんぜん》に行《おこ》なってこの経《きょう》を世《よ》にひろめるものは、普通世《ふつうよ》の中《なか》で心配《しんぱい》とされているものが一切《いっさい》心配《しんぱい》でなくなり、苦痛《くつう》とされているものが苦痛《くつう》でなくなるのです。その徳《とく》が自然《しぜん》と顔《かお》かたちにも現《あら》われて、りっぱな相好《そうごう》を具《そな》えるようになりますし、生活《せいかつ》に困《こま》ることもなくなるのです。

また、おおぜいの人間《にんげん》がその人《ひと》をあがめ慕《した》い、天《てん》の童子《どうじ》さえもその人《ひと》を守護《しゅご》するでしょう。刀《かたな》で斬《き》りかけても、毒《どく》を盛《も》って害《がい》しようとしても、「法華経《ほけきょう》」をひろめることをとどめることはできず、それがかえって逆《ぎゃく》の結果《けっか》になるでしょう。「法華経《ほけきょう》」の悪口《わるぐち》をいうものがあれば、その人《ひと》の口《くち》がふさがって悪《わる》口《ぐち》がいえないようになるでしょう。その人《ひと》は、どこへいっても、どんな環境《かんきょう》におかれても、いつも心《こころ》が自由自在《じゆうじざい》であることは、ちょうど師子王《ししおう》が林《はやし》の中《なか》をあるきまわるようであり、またその智慧《ちえ》の明《あか》るいことは日光《にっこう》のようで、あらゆる迷《まよ》いの暗黒《あんこく》をうち破《やぶ》ってしまうでしょう。

大体以上《だいたいいじょう》のような意味《いみ》ですが、この智慧《ちえ》を日光《にっこう》にたとえられたのは、じつに真理《しんり》をズバリといい切《き》ってあると思《おも》います。暗黒《あんこく》というものは、実質《じっしつ》のあるものではない。すなわち暗《くら》いといっても、そこに黒《くろ》い煙《けむり》のようなものがたちこめているのではない。ただ光《ひかり》がないというだけのことです。ですから、光《ひかり》さえ射《さ》せば、暗黒《あんこく》はたちまち消《き》え去《さ》るのです。仏《ほとけ》の智慧《ちえ》を悟《さと》りさえすれば、その瞬間《しゅんかん》に心《こころ》の暗《やみ》は消《き》えてなくなるのです。仏《ほとけ》の智慧《ちえ》というものは絶対《ぜったい》のものであって、暗《やみ》と対立《たいりつ》し、暗《やみ》を力《ちから》づくで押《お》しのけるような、そんな低《ひく》いものではないことを、よく悟《さと》らなければならないと思《おも》います。

二五五・一〇―二五七・五 最後に、四安楽行《ぎょう》を完全《かんぜん》に行《おこ》なって、「法華経《ほけきょう》」を説《と》く人《ひと》は、いろいろないい夢《ゆめ》を見《み》ると述《の》べられています。これを、たんなる夢《ゆめ》ものがたりとして軽《かろ》んじてはなりません。現代《げんだい》の精神医学《せいしんいがく》でも、夢《ゆめ》のことは非常《ひじょう》に重大視《じゅうだいし》されています。夢《ゆめ》はひとくちにいって「昼《ひる》のなごり」といわれ、起《お》きているときの経験《けいけん》が潜在意識《せんざいいしき》の底《そこ》にたまっていて、それが眠《ねむ》っているときに現《あら》われてくるものが大部分《だいぶぶん》ですから、夢《ゆめ》の中《なか》にまで仏《ほとけ》さまの尊《とうと》いお姿《すがた》を見《み》るということは、心《こころ》の奥《おく》の奥《おく》まで清浄《しょうじょう》になり、慈悲深《じひぶか》くなり、いつも仏《ほとけ》を念《ねん》じているからだともいえましょう。

熱《ねつ》にうかされたり、夢《ゆめ》にうなされたりして、あの人《ひと》が――と思《おも》うようなとんでもないことを口《くち》ばしることがあります。まだまだ潜在意識《せんざいいしき》までが清《きよ》まっていない証拠《しょうこ》です。たいへんむずかしいことでしょうが、夢《ゆめ》に金色《こんじき》の仏《ほとけ》さまのお姿《すがた》を見《み》たり、自分《じぶん》が仏《ほとけ》さまを拝《おが》んでいる有様《ありさま》を見《み》たり、ねがわくばそういった境地《きょうち》にまで達《たつ》したいものです。

従地《じゅうじ》涌《ゆ》出品第《じゅっほんだい》十五

この品《ほん》には、とくに大切《たいせつ》な点《てん》が二《ふた》つあります。

第《だい》一は、他《た》の国土《こくど》からこの娑婆《しゃば》へこられたもろもろの菩薩《ぼさつ》が、世尊《せそん》にむかって、わたくしどもも娑婆《しゃば》の衆生《しゅじょう》の教化《きょうけ》に協力《きょうりょく》いたしましょうと申《もう》しあげたときに、世尊《せそん》がきっぱりとおことわりになったことです。そして、地《じ》べたから涌《わ》き出《だ》してきた多《おお》くの菩薩《ぼさつ》たちにその任務《にんむ》を与《あた》えられたことです。

地涌《じゆ》の菩薩《ぼさつ》とは

地《じ》べたから涌《わ》き出《だ》した菩薩《ぼさつ》というのは、苦《くる》しみや悩《なや》みの多《おお》い現実《げんじつ》の生活《せいかつ》を経験《けいけん》し、その中《なか》で修行《しゅぎょう》を積《つ》み、そして世俗《せぞく》の生活《せいかつ》をしていながら高《たか》い悟《さと》りの境地《きょうち》に達《たつ》した人《ひと》びとのことをいうのです。こうして、自《みずか》ら苦《くる》しみや悩《なや》みを経験《けいけん》し、そこをつきぬけてきた人《ひと》は、ほんとうの力《ちから》をもっています。そんな人《ひと》こそ、人《ひと》を教化《きょうけ》する力《ちから》を具《そな》えているのです。

そういう地涌《じゆ》の菩薩《ぼさつ》にこの娑婆《しゃば》世界《せかい》を任《まか》せられたということは、つまりこの世界《せかい》はそこの住人《じゅうにん》であるわれわれ自身《じしん》の努力《どりょく》によって清浄《しょうじょう》にし、平和《へいわ》にし、われわれ自身《じしん》の手《て》で幸福《こうふく》な生活《せいかつ》をきずきあげなければならないのだ――という教《おし》えなのです。

自分《じぶん》たちの浄土《じょうど》は、自分《じぶん》たちの責任《せきにん》において築《きず》きあげなければならない。自分《じぶん》たちの幸福《こうふく》は、自分《じぶん》たちの努力《どりょく》によってつくり出《だ》さねばならない。――なんという力強《ちからづよ》い、積極的《せっきょくてき》な教《おし》えでしょう。

お釈迦《しやか》さまご自身《じしん》が、やはりそのような過程《かてい》を経《へ》て最高《さいこう》の悟《さと》りに達《たつ》せられたのです。ここが、仏教《ぶつきよう》と他《た》の教《おし》えとはっきり違《ちが》う点《てん》なのです。他《た》の教《おし》えもそれぞれりっぱな教《おし》えなのですが、教祖《きようそ》がそれを悟《さと》られた筋道《すじみち》が、どうも現代《げんだい》のわれわれにははっきりわかりません。天《てん》の神《かみ》からつかわされたものであるとか、あるときふと天《てん》の啓示《けいじ》（さとし）が降《くだ》ってきたとか、そういうように人間《にんげん》には考《かんが》えおよばない上《うえ》のほうの世界《せかい》から降《くだ》ってきたというのです。

ところが、仏教《ぶつきよう》の教《おし》えというものは、われわれと同《おな》じ人間《にんげん》にお生《う》まれになった釈尊《しやくそん》が、人生《じんせい》のいろいろな苦《くる》しみや悩《なや》みを経験《けいけん》し、発心《ほつしん》して難行苦行《なんぎようくぎよう》を積《つ》み、考《かんが》えに考《かんが》えられた結果《けつか》お悟《さと》りになった真理《しんり》でありますから、悟《さと》りまでの筋道《すじみち》がはっきりしています。それで、われわれも釈尊《しやくそん》の教《おし》えに従《したが》い、釈尊《しやくそん》の歩《あゆ》まれた道《みち》をどこまでもどこまでもたどっていけば、かならずいつかは最高《さいこう》の悟《さと》りに達《たつ》せられるという確《かく》信《しん》をもつことができます。

すなわち、地《ち》（現実生活《げんじつせいかつ》）から涌《わ》き出《だ》した教《おし》えであればこそ、現実《げんじつ》に生活《せいかつ》しているわれわれが真似《まね》ることのできるものであることが、はっきりしているのです。この品《ほん》では、そのことが強《つよ》く教《おし》えられているのです。

もうひとつの大切《たいせつ》な点《てん》は、この品《ほん》から、いよいよ「本門《ほんもん》」（本仏《ほんぶつ》の教《おし》え）にはいることです。本仏《ほんぶつ》と迹《しやく》仏《ぶつ》については、前《まえ》（三三―三六頁《ページ》）にも書《か》きましたし、つぎの品《ほん》の「如来寿量品第十六《によらいじゆりようほんだい》」のところでも解説《かいせつ》しますが、この「涌出品《ゆじゆつほん》」の前半《ぜんぱん》が「本門《ほんもん》」の序分《じよぶん》にあたり、その後半《こうはん》とつぎの「如来寿量品第十《によらいじゆりようほんだい》六」および「分別功徳品第《ふんべつくどくほんだい》十七」の前半《ぜんぱん》まで、いわゆる「一品二《いっぽんに》半《はん》」が正宗分《しょうしゅうぶん》となっていますので、じゅうぶんに心《こころ》をこめて読《よ》んでいただきたいものと思《おも》います。

二五八・一―二五九・三 世尊が「安楽行品《ほん》」の説法《せっぽう》を終《お》わられますと、他《た》の国土《こくど》から来集《らいしゅう》していた無数《むすう》の菩薩《ぼさつ》たちが起《た》ち上《あ》がって合掌礼拝《がっしょうらいはい》して仏《ほとけ》に申《もう》しあげました。

「世尊《せそん》、もしわたくしどもにも、仏《ほとけ》さまの滅後《めつご》にこの娑婆世界《しゃばせかい》にまいってますます努力《どりょく》を重《かさ》ね、この経《きょう》典《でん》を護持《ごじ》し、読誦《どくじゅ》し、書写《しょしゃ》し、供養《くよう》することをお許《ゆる》しくださいますならば、かならずこの土《ど》においてそれを説《と》きひろめましょう。」

すると、世尊《せそん》はきっぱりとおっしゃいました。

「善男子《ぜんなんし》たちよ、お志《こころざし》はありがたいが、それはおことわりしましょう。なぜならば、この娑婆世界《しゃばせかい》にはたくさんの菩薩《ぼさつ》があり、それぞれの菩薩《ぼさつ》がたくさんの眷属《けんぞく》をもっています。その人《ひと》たちが、わたしの滅後《めつご》においてこの教《おし》えを護持《ごじ》し、読誦《どくじゅ》し、説《と》きひろめる役目《やくめ》をもっているからです。」

そうおっしゃったとたんに、世界《せかい》じゅうの地面《じめん》が激《はげ》しく震《ふる》え動《うご》いたかと思《おも》うと、中《なか》から無数《むすう》の菩薩《ぼさつ》が涌《わ》くがごとく現《あら》われてまいりました。全身《ぜんしん》は金色《こんじき》に輝《かがや》き、仏《ほとけ》さまと同《おな》じような尊《とうと》い相《そう》を具《そな》えています。この菩薩《ぼさつ》たちは、ずっと前《まえ》から娑婆世界《しゃばせかい》の下《した》の虚空《こくう》にいたのですが、釈迦牟尼仏《しゃかむにぶつ》のいまお説《と》きになったお言葉《ことば》をきいて、急《いそ》いでみもとにまいったのです。

この菩薩《ぼさつ》たちがもともと地《ち》の中《なか》にいたのではなく、娑婆《しゃば》世界《せかい》の下《した》の虚空《こくう》にいたのが、地《ち》を潜《くぐ》り抜《ぬ》けて現《あら》われ、そしてまた虚空《こくう》にとどまったというのは、たいへん意味《いみ》の深《ふか》いことです。すなわち、この菩薩《ぼさつ》たちは、前《まえ》の世《よ》から仏《ほとけ》の教《おし》えによって迷《まよ》いを離《はな》れた人《ひと》たちだったのです。それで虚空《こくう》に住《じゅう》していたのです。ところが、仏《ほとけ》さまが娑婆《しゃば》世界《せかい》の教化《きょうけ》を任《まか》せるとおっしゃったので、この人《ひと》たちはいったん地中《ちちゅう》すなわちこの娑婆《しゃば》世界《せかい》にはいって、苦《くる》しみや悩《なや》みを経験《けいけん》し、そこで修行《しゅぎょう》をつんで菩薩《ぼさつ》の境地《きょうち》に達《たっ》したのです。ですから、地中《ちちゅう》を通《とお》り抜《ぬ》けてふたたび虚空《こくう》に上《あ》がったのです。

つまり、前《まえ》の世《よ》においてすでに迷《まよ》いを離《はな》れた境界《きょうがい》にいながら、この娑婆《しゃば》世界《せかい》を救《すく》うために、わざわざこの世界《せかい》の苦《くる》しみや悩《なや》みを経験《けいけん》し、真剣《しんけん》に努力《どりょく》してそこから抜《ぬ》け出《だ》して、はじめて人《ひと》に説《と》くということは、非常《ひじょう》に大切《たいせつ》な過程《かてい》であって、前《まえ》にも申《もう》したとおり、それでなければほんとうに娑婆《しゃば》の人間《にんげん》を救《すく》う神《じん》力《りき》は身《み》につかないのです。尊《とうと》い教《おし》えです。

二五九・三―二六〇・七

その菩薩たちは、みな先《さき》に立《た》って大衆《だいしゅ》をみちびく人《ひと》たちであり、それぞれ自分《じぶん》が教化《きょうけ》を受持《うけも》つ人《ひと》びとをひきいています。かぞえきれないほど多《おお》くの信者《しんじゃ》をもっている人《ひと》もあれば、あまり多《おお》くない人《ひと》もあり、まだ、一人《ひとり》で修行《しゅぎょう》している人《ひと》もあります。

そういう無数《むすう》の菩薩《ぼさつ》たちが全部《ぜんぶ》地《ち》から現《あら》われますと、七宝塔《しっぽうとう》にまします多宝如来《たほうにょらい》と釈迦牟尼如来《しゃかむににょらい》のみもとへまいってねんごろに礼拝《らいはい》し、仏《ほとけ》さまのお徳《とく》をほめたたえながら、じっと仰《あお》ぎ見《み》ます。そうして、五十小劫《しょうこう》という長《なが》いあいだ、仏《ほとけ》さまのお徳《とく》をほめたたえつづけていました。そのあいだ釈迦牟尼仏《しゃかむにぶつ》は黙然《もくねん》としておすわりになっておられ、また大衆一同《だいしゅいちどう》も黙然《もくねん》としてすわりつづけていましたが、その長《なが》いあいだがまるで半日《はんにち》のように思《おも》えたのです。

二六〇・七―一〇 そのときの大衆《だいしゅ》の目《め》には、その菩薩《ぼさつ》たちのいます無数《むすう》の国土《こくど》が虚空《こくう》にいっぱいになっているのが見《み》えましたが、中《なか》でもいちばんすぐれた四人《にん》の大導師《だいどうし》がおられました。上行菩薩《じょうぎょうぼさつ》・無辺《むへん》行菩薩《ぎょうぼさつ》・浄行菩薩《じょうぎょうぼさつ》・安立行菩薩《あんりゅうぎょうぼさつ》がそれです。

四弘誓願《しぐせいがん》

ここで、この四人《にん》の菩薩《ぼさつ》について解説《かいせつ》しておいたほうがいいと思《おも》います。前《まえ》に「願《がん》」ということについて説明《せつめい》しましたが、およそ仏道《ぶつどう》を行《ぎょう》ずる人《ひと》の根本的《こんぽんてき》な願《がん》（総願《そうがん》）として、つぎの「四弘誓願《しぐせいがん》」というものがあります。

一、衆生無辺誓願度《しゅじょうむへんせいがんど》――衆生《しゅじょう》の数《かず》は無辺《むへん》であろうとも、かならず一切《いっさい》を救《すく》おうと誓願《せいがん》する。（安立行《あんりゅうぎょう》）

二、煩悩無数誓願断《ぼんのうむしゅせいがんだん》――煩悩《ぼんのう》の数《かず》は無数《むすう》であろうとも、かならずすべてを断《た》ち切《き》ろうと誓願《せいがん》する。（浄《じょう》行《ぎょう》）

三、法門無尽誓願学《ほうもんむじんせいがんがく》――仏《ほとけ》の教《おし》えは無尽《むじん》であろうとも、かならず学《まな》びつくそうと誓願《せいがん》する。（無辺行《むへんぎょう》）

四、仏道無上誓願成《ぶつどうむじょうせいがんじょう》――仏《ほとけ》の道《みち》は無上《むじょう》であろうとも、かならず到達《とうたつ》しようと誓願《せいがん》する。（上行《じょうぎょう》）

この根本的《こんぽんてき》な四つの誓願《せいがん》を代表《だいひょう》するのがさきの四大菩薩《だいぼさつ》であり、逆《ぎゃく》にいえば、この四大菩薩《だいぼさつ》は、あらゆる仏教徒《ぶっきょうと》の根本的《こんぽんてき》な願《ねが》いの象徴《しょうちょう》であるといってもいいでしょう。

二六〇・一〇—二六一・一一 この四大菩薩が、大衆《だいしゅ》の前《まえ》に立《た》って釈迦牟尼仏《しゃかむにぶつ》に合掌《がっしょう》し、ご機嫌《きげん》はいかがでいらっしゃいますかとご挨拶《あいさつ》しますと、世尊《せそん》はそれを快《こころよ》くお受《う》けになって、

「もろもろの善男子《ぜんなんし》よ。わたしは安楽《あんらく》で、すこしの苦《くる》しみも心配《しんぱい》もありません。もろもろの衆生《しゅじょう》もかならず教化《きょうけ》されます。わたしは、その教化《きょうけ》をすこしも苦労《くろう》には思《おも》いません。なぜならば、この衆生《しゅじょう》は過去《かこ》において諸仏《しょぶつ》のみもとで仏《ほとけ》を供養《くよう》し、敬《うやま》い、もろもろの善根《ぜんごん》を植《う》えてきたものです。いまここではじめてわたしを見《み》、わたしの教《おし》えをきいたのに、そういう過去《かこ》の因縁《いんねん》があるために、みな教《おし》えを信受《しんじゅ》して、如来《にょらい》の悟《さと》りの道《みち》に入《はい》ったのです。ただ、初《はじ》めに小乗《しょうじょう》の教《おし》えを学《まな》んで、それでじゅうぶんであると思《おも》いこんでいる人《ひと》びとは、なかなかその根性《こんじょう》が治《なお》りにくいのですが、そのような人《ひと》びとをも、この『法華経《ほけきょう》』を聞《き》いて仏《ほとけ》の悟《さと》りに入《はい》るように導《みちび》いてあげましょう。」

と、おっしゃいました。

釈尊《しゃくそん》は、すでにお年《とし》をめしておられたのですし、衆生教化《しゅじょうきょうけ》という大事業《だいじぎょう》はなかなか困難《こんなん》なものであったにもかかわらず、すこしもそれを苦《くる》しいとも、むずかしいともお考《かんが》えにならないところに、そのかぎりない大慈悲《だいじひ》がまざまざとうかがわれます。

二六一・一一—二六二・四 そのとき、もろもろの大菩薩《だいぼさつ》は偈《げ》を説《と》いて、「ありがたいことでございます。仏《ほとけ》さまがそういう広大《こうだい》なお心《こころ》で衆生《しゅじょう》を教化《きょうけ》してくださいますならば、みんなかならず救《すく》われることでございましょう。仏《ほとけ》さま

のきわめて深《ふか》い智慧《ちえ》について教《おし》えを受《う》けたものは、みんなそれを深《ふか》く信《しん》じます。わたくしどもも、ほんとうに嬉《うれ》しゅうございます。」

と、申《もう》しあげますと、世尊《せそん》も、

「善哉《ぜんざい》、善哉《ぜんざい》、あなたがたはよく仏《ほとけ》に対《たい》して、ありがたいという心《こころ》を起《お》こしてくれました。」

と、もろもろの大菩薩《だいぼさつ》をおほめになります。

二六二・五—二六三・一 そのとき、弥勒《ろく》菩薩《ぼさつ》をはじめ多《おお》くの菩薩《ぼさつ》たちは、地《ち》の中《なか》から涌《わ》いて出《で》た菩薩《ぼさつ》たちが非常《ひじょう》に徳《とく》の高《たか》いすぐれた人《ひと》たちであることを目《め》の前《まえ》に見《み》て、いままでにこんなことを経験《けいけん》したことはないので、おどろきあやしんで、世尊《せそん》にそのわけをおうかがいします。

「この無数《むすう》の大菩薩《だいぼさつ》は、むかしからいままで見《み》たことのない方々《かたがた》です。世尊《せそん》よ、どうぞお教《おし》えください。この方々《かたがた》はどこからこられたのでしょうか。どういうわけでここに集《あつ》まられたのでしょうか。みんな、みるからにりっぱな方々《かたがた》で、大神通力《だいじんづうりき》をもっておられます。智慧《ちえ》もはかりしれないほどですし、志《こころざし》も固《かた》く、大《おお》きな忍辱《にんにく》の力《ちから》を具《そな》えておられます。だれでも、こういう方々《かたがた》に会《あ》いたいと思《おも》わないものはありません。いったい、どこからこられたのでしょうか。」

と、おたずねいたします。

二六四・九—二六六・九 そのとき釈迦牟《む》尼《に》仏《ぶつ》の分身《ふんじん》の諸仏《しょぶつ》も無数《むすう》に来集《らいしゅう》され、弥勒菩薩《みろくぼさつ》の問《とい》に対《たい》する釈迦牟尼仏《しゃかむにぶつ》のお答《こた》えを待《ま》ちもうけておられます。すると、釈迦牟尼仏《しゃかむにぶつ》は、弥勒菩薩《みろくぼさつ》にむかって、

「よろしい、阿逸多《あいった》よ。よくこのような大事《だいじ》を聞《き》いてくれました。では、いま説《と》いてきかせますから、心《こころ》をしっかりともって聞《き》くのですよ。これから、仏《ほとけ》の本体《ほんたい》をはじめて明《あき》らかにするのです。仏《ほとけ》の智慧《ちえ》がいかに大《おお》きいものであるか、仏《ほとけ》がどのような神通力《じんづうりき》をもっておられるか、そういう力《ちから》のある仏《ほとけ》がどんなに全力《ぜんりょく》をうちこんで教《おし》えを説《と》いておられるか、その感化力《かんかりょく》のいかに偉大《いだい》であるかを、説《と》いてきかせましょう。」

そして、さらに偈《げ》によって、いまだかつて説《と》いたことのないことをいま説《と》くから、心《こころ》をしっかり持《も》って聞《き》くようにと念《ねん》をおされてから、

「阿逸多《あいった》よ、いま地《ち》の底《そこ》から出《で》てきたこのもろもろの大菩薩《だいぼさつ》は、わたしがこの娑婆世界《しゃばせかい》において仏《ほとけ》の悟《さと》りを得《え》てから、教《おし》えを説《と》いてその乱《みだ》れた心《こころ》を調《ととの》え、よくない心《こころ》を消滅《しょうめつ》させ、仏《ほとけ》の道《みち》を実行《じっこう》する志《こころざし》を起《お》こさせたものです。」

と、おっしゃって、二六六・九―二六八・一 その菩薩たちの修行《しゅぎょう》の深《ふか》いこと、徳《とく》の高《たか》いことを、いろいろとご説明《せつめい》になりました。

二六八・二―二六九・四 それをうかがった弥勒菩薩《みろくぼさつ》をはじめ多《おお》くの菩薩《ぼさつ》たちは、どうして世尊《せそん》は、ほんのしばらくのあいだにこんなに多《おお》くの菩薩《ぼさつ》たちに仏《ほとけ》の智慧《ちえ》をお悟《さと》らせになったのだろうかと、たいへん不思議《ふしぎ》に思《おも》います。そして、こうおたずねします。

「世尊《せそん》は、太子《たいし》でいらっしゃったときご殿《てん》をお出《で》になり、伽耶城《がやじょう》の近《ちか》くの道場《どうじょう》に坐《ざ》して仏《ほとけ》の智慧《ちえ》をお悟《さと》

りになりました。それからいままでわずか四十いく年《ねん》しか経《た》っておりません。どうしてこの短《みじ》かいあいだに、このように多《おお》くの菩薩《ぼさつ》に仏《ほとけ》の智慧《ちえ》をお悟《さと》らせになったのでしょうか。仏《ほとけ》さまの勢力《せいりょく》をもってしても、仏《ほとけ》さまの功徳《くどく》をもってしても、これはなんとも不思議《ふしぎ》なことでございます。

この大菩薩衆《だいぼさつしゅ》は数《かぞ》えきれないほどの数《かず》です。しかも、久遠《くおん》のむかしから無数《むすう》の諸仏《しょぶつ》のみもとにおいて善《よ》い行《おこ》ないをつづけて菩薩《ぼさつ》としての道《みち》を成就《じょうじゅ》し、迷《まよ》いを離《はな》れて清《きよ》らかな行《おこ》ないをつづけてきた人《ひと》でなければ、とうていこのようにりっぱになれるはずはないと思《おも》われますのに……、どうしてもわたくしどもにはわかりません。たとえば、色《いろ》が白《しろ》く髪《かみ》の黒《くろ》い二十五歳《さい》の人《ひと》が、百歳《ひゃくさい》の人《ひと》をさして、これはわたしの子《こ》ですといい、百歳《ひゃくさい》の人《ひと》がその若《わか》い人《ひと》をさしてわたしの父《ちち》ですといっても、とうてい信《しん》じられないのと同様《どうよう》でございます。

二六九・四―二七〇・三

仏さまは得道なさってからまだ四十いく年《ねん》しか経《た》っていらっしゃいません。それなのに、この菩薩衆《ぼさつしゅ》は無量百千万億劫《むりょうひゃくせんまんのくこう》の長《なが》いあいだ仏《ほとけ》の道《みち》を学《まな》んで、仏《ほとけ》の道《みち》のすべてに通達《つうだつ》しているように思《おも》えます。まことに人《ひと》のうちの宝《たから》ともいうべき希《まれ》な人《ひと》たちです。

いま世尊《せそん》は、このような人《ひと》びとを、世尊《せそん》が得道《とくどう》なさったとき初《はじ》めて発心《ほっしん》させてお導《みちび》きになり、そして無上《むじょう》の悟《さと》りにいたらしめたとおおせになりました。世尊《せそん》が仏《ほとけ》におなりになってから、まだ長《なが》くたちませんのにこんな大《おお》きな功徳《くどく》を施《ほどこ》されました。わたくしどもは、仏《ほとけ》さまの教《おし》えをずいぶん長《なが》くうかがっておりまして、相手《あいて》の機根《きこん》に応《おう》じて適切《てきせつ》な教《おし》えをお説《と》きになりますことも、仏《ほとけ》さまのお言葉《ことば》はすべて真実《しんじつ》でありますこともよく存《ぞん》じておりますし、不思議《ふしぎ》なようなお言葉《ことば》のうらには、必《かなら》ずわたくしどもを導《みちび》いてくださる深《ふか》い意味《いみ》が用意《ようい》されていることも、よく承知《しょうち》いたしております。

しかし、菩薩《ぼさつ》の道《みち》にはいったばかりの初心《しょしん》の人《ひと》びとが、仏《ほとけ》さまの滅後《めつご》においてこのお言葉《ことば》をききますと、あるいは矛盾《むじゅん》していると考《かんが》えて、信《しん》ずることができず、法《ほう》を破《やぶ》る罪業《ざいごう》をつくるかもしれません。世尊《せそん》よ、どうぞくわしくお説《と》きになって、わたくしどもの疑問《ぎもん》を解決《かいけつ》してくださいませ。未来世《みらいせ》のもろもろの善男子《ぜんなんし》も、それをうかがえば、疑問《ぎもん》を生《しょう》ずることはございますまい。」

そうして、弥勒菩薩《みろくぼさつ》は重《かさ》ねて偈《げ》を説《と》いて、世尊《せそん》にお願《ねが》いいたします。そこで、世尊《せそん》は、いよいよつぎの「如来寿量品第十六《にょらいじゅりょうほんだい》」においてそれにくわしくお答《こた》えになり、仏《ほとけ》の本体《ほんたい》を明《あき》らかにされることになるのです。

なお、この偈《げ》の中《なか》に「世間《せけん》の法《ほう》に染《そ》まざること　蓮華《れんげ》の水《みず》に在《あ》るが如《ごと》し」という一句《いっく》があります。これこそ、「法華経《ほけきょう》」に教《おし》えられている人間《にんげん》の理想的《りそうてき》なありかたです。世間《せけん》から離《はな》れるのではない、世間《せけん》にいながら美《うつく》しく清《きよ》らかに生活《せいかつ》するのです。そして、社会《しゃかい》のすべてをこのように清《きよ》らかに、美《うつく》しくしたいというのが「法華経《ほけきょう》」の理想《りそう》なのです。「妙法蓮華経《みょうほうれんげきょう》」という名前《なまえ》は、そこから出《で》ているのです。

如《にょ》来《らい》寿量品《じゅりょうほん》第《だい》十六

哲学《てつがく》か・倫理《りんり》か・宗教《しゅうきょう》か

イギリスの有数《ゆうすう》な法律家《ほうりつか》で、熱心《ねっしん》な仏教徒《ぶっきょうと》である、C・ハンフレーズという人《ひと》があらわした「ブッディズム」という本《ほん》は、西洋《せいよう》で非常《ひじょう》によく読《よ》まれているもので、日本語訳《にっぽんごやく》（「仏教《ぶっきょう》――その新《あたら》しい理解《りかい》のために――」）も出版《しゅっぱん》されていますが、その本《ほん》のはしがきに、つぎのように書《か》いてあります。

「……一応《いちおう》の吟味《ぎんみ》によれば、仏教《ぶっきょう》は宗教《しゅうきょう》というよりもむしろ精神《せいしん》の哲学《てつがく》であり、生命《せいめい》に対《たい》する態度《たいど》は近《きん》代科《だいか》学《がく》のように冷静《れいせい》で客観的《きゃっかんてき》である。だがそれにも拘《かかわ》らず仏教《ぶっきょう》は生《い》きている。驚《おどろ》くほどの生命《せいめい》にみちている。……」と。

西洋《せいよう》の人《ひと》が、これほどピタリと仏教《ぶっきょう》の本質《ほんしつ》をとらえていることには、感嘆《かんたん》のほかありません。いや、仏教《ぶっきょう》の伝統《でんとう》のない国《くに》に育《そだ》っただけに、かえってまじりもののないほんとうの仏教《ぶっきょう》が理解《りかい》されたのかもしれません。

じっさい、わたしどもがこれまでに学《まな》んできた「法華経《ほけきょう》」迹門《しゃくもん》の教《おし》えを思《おも》い返《かえ》してみますと、――むろん厳密《げんみつ》にいえば、三二八頁《ページ》以降《いこう》で述《の》べる一《ひと》つの点《てん》において「宗教《しゅうきょう》」にちがいないのであって、だからこそハンフレーズ氏《し》も「一応《いちおう》の吟味《ぎんみ》によれば」とことわっているわけですけれども――それは、どちらかといえば、偉大《いだい》な「哲学《てつがく》」であり、「倫理《りんり》」の教《おし》えであるということができます。

哲学《てつがく》というのは、この世界《せかい》や、その中《なか》でいとなまれている人生《じんせい》や、その中《なか》に起《お》こってくるものごとの根本原理《こんぽんげんり》を考《かんが》えきわめる学問《がくもん》です。倫理《りんり》というのは、人《ひと》のふみ行《おこ》なうべき道《みち》ということです。道徳《どうとく》というのとおんなじだと思《おも》えばいいでしょう。とすれば、いままで読《よ》んできた「法華経《ほけきょう》」の教《おし》えは、一応《いちおう》その二《ふた》つに尽《つ》きているように思《おも》われます。

仏教《ぶっきょう》の窮極《きゅうきょく》は やはり宗教《しゅうきょう》

ところが、「法華経《ほけきょう》」の教《おし》え（すなわち仏《ほとけ》の教《おし》え）は、その奥《おく》の奥《おく》をつきつめていけば、やはり「宗教《しゅうきょう》」なのであって、学問《がくもん》ではどうすることもできない心《こころ》の悩《なや》みを救《すく》い、人生《じんせい》を明《あか》るくし、世界《せかい》を平和《へいわ》にみちびく尊《とうと》い教《おし》えなのです。

その「宗教《しゅうきょう》」である教《おし》えの奥《おく》の奥《おく》が、この「如来寿量品《にょらいじゅりょうほん》」においてはじめて明《あき》らかにされるわけです。さればこそ、この品《ほん》は、「方便品第二《ほうべんぽんだい》」が迹門《しゃくもん》の柱《はしら》であるのとならんで、本門《ほんもん》の柱《はしら》であり、かつ「法華経《ほけきょう》」全体《ぜんたい》の中心《ちゅうしん》であるとされているのであります。

むかしから「寿量品《じゅりょうほん》」には三つの大切《たいせつ》な意味《いみ》があるとされています。それは「開近顕遠《かいごんけんのん》」「開迹顕本《かいしゃくけんぽん》」「開権顕実《かいごんけんじつ》」の三つです。

開近顕遠《かいごんけんのん》

「開近顕遠《かいごんけんのん》」というのは「近《ちか》きを開《ひら》き、遠《とお》きを顕《あら》わす」で、われわれにとって近《ちか》くにある事実《じじつ》を出発点《しゅつぱつてん》として、その事実《じじつ》の起《お》こりをだんだんとたどっていって、いちばん遠《とお》くにあるものを現《あら》わすということです。

「近《ちか》くにある事実《じじつ》」というのは、釈尊《しやくそん》がこの世《よ》に出《で》られて、悟《さと》りをおひらきになり、その悟《さと》りの道《みち》を多《おお》くの人《ひと》にお説《と》きになったという事実《じじつ》です。この事実《じじつ》は、いったいどんなところから起《お》こったのでしょうか。

釈尊《しやくそん》というお方《かた》は、過去《かこ》の人間《にんげん》の歴史《れきし》とはなんの関係《かんけい》もなしに、突如《とつじよ》としてこのような尊《とうと》い「法《ほう》」をお悟《さと》りになったのでしょうか。

そういうことがありうるはずはありません。「法《ほう》」というものは釈尊《しやくそん》がお生《う》まれになる以前《いぜん》から、地《ち》球上《きゆうじよう》に人類《じんるい》が発生《はつせい》したときから、いやこの宇宙《うちゆう》が生成《せいせい》したときから存在《そんざい》していたはずです。存在《そんざい》していたからこそ、釈尊《しやくそん》がお悟《さと》りになったのです。

人類《じんるい》が発生《はつせい》して以来《いらい》、時《とき》がたつにつれて人間《にんげん》はだんだんと進化《しんか》しつつはあったけれども、ほんとうの「法《ほう》」というものを知《し》らないで、ただ本能《ほんのう》の命《めい》ずるままに、あるいはまちがった「法《ほう》」によって生《い》きてきた。それでは、人類《じんるい》の真《しん》の進歩《しんぽ》というものはありえない。どうしても正《ただ》しいほんとうの「法《ほう》」を悟《さと》って、それを世《よ》に伝《つた》える人《ひと》が出《で》てこなければならない。そういう機運《きうん》がだんだん熟《じゆく》してきて、ついに釈尊《しやくそん》の出世《しゆつせ》となったわけです。

こうして、釈尊《しやくそん》の出世《しゆつせ》・成道《じようどう》によって、遠《とお》いむかしから確固《かつこ》として存在《そんざい》しながら、人間《にんげん》のだれもがつかむことのできなかった「法《ほう》」というものがはじめて明《あき》らかになったのです。「寿量品《じゆりようほん》」においては、まずそのことがはっきりするわけで、釈尊《しやくそん》の出世《しゆつせ》・成道《じようどう》という近《ちか》い事実《じじつ》によって、永遠《えいえん》の過去《かこ》から存在《そんざい》する「法《ほう》」を知《し》ることができるのですから、「開近顕遠《かいごんけんのん》」という大事《だいじ》な意味《いみ》があるというのです。

第《だい》二は「開迹顕本《かいしゃくけんぽん》」、すなわち、「迹《しゃく》を開《ひら》き、本《ほん》を顕《あら》わす」ということです。「本《ほん》」というのは、もちろん「本仏《ほんぶつ》」のことです。「迹《しゃく》」というのは、形《かたち》に現《あら》われた仏《ほとけ》のことです。

開迹顕本《かいしゃくけんぽん》

人間《にんげん》としてこの世《よ》にお出《で》になった釈尊《しゃくそん》や、遠《とお》い未来《みらい》に現《あら》われるといわれている弥勒仏《みろくぶつ》などは迹仏《しゃくぶつ》です。こういう迹仏《しゃくぶつ》が現《あら》われてこられるその奥《おく》の奥《おく》を探《たず》ねていけば、かならずその大本《おおもと》になる仏《ほとけ》さまがおられるはずです。すなわち、真理《しんり》はただ一《ひと》つですから、その現《あら》われはいろいろちがった形《かたち》をとっていても、かならずその根本《こんぽん》というものがあるはずです。

こうして、迹仏《しゃくぶつ》としてこの世《よ》に出現《しゅつげん》された仏《ほとけ》さまの、その奥《おく》の奥《おく》をよくよく考《かんが》えていくと、そこにはただひとつの久遠実成《くおんじつじょう》の本仏《ほんぶつ》がいらっしゃるのだということが、確固《かっこ》として自覚《じかく》されるのです。それが「開迹顕本《かいしゃくけんぽん》」であって、「寿量品《じゅりょうほん》」ではこのことが明《あき》らかにされているわけです。

開権顕実《かいごんけんじつ》

第《だい》三は「開権顕実《かいごんけんじつ》」、すなわち「権《ごん》を開《ひら》き、実《じつ》を顕《あら》わす」です。「権《ごん》」というのは、仏《ほとけ》が仮《かり》に神《かみ》の形《かたち》をして出現《しゅつげん》されたのを権現《ごんげん》というように「仮《かり》の」という意味《いみ》と、僧正《そうじょう》の次《つぎ》の位《くらい》を権《ごんの》僧正《そうじょう》というように「正《せい》」に対《たい》して「副《ふく》」という意味《いみ》があります。

ところで、この「権《ごん》」というのは何《なに》を指《さ》すのかといえば、方便《ほうべん》の教《おし》えを指《さ》すのです。方便《ほうべん》の教《おし》えも非《ひ》常《じょう》に尊《とうと》いのではあるけれども、それは「真実《しんじつ》」を説《と》くための「仮《かり》の」教《おし》えであり、また「副《ふく》」の教《おし》えだったわけです。その方便《ほうべん》の教《おし》えによって、衆生《しゅじょう》の信仰《しんこう》はずいぶんと高《たか》いところまで引《ひ》き上《あ》げられはした真実最高《しんじつさいこう》の境地《きょうち》までいっていない。そこで、いままでは方便《ほうべん》でこう教《おし》えていたが、これである——ということを示《しめ》されたのが「寿量品《じゅりょうほん》」の教《おし》えであって、「権《ごん》」を開《ひら》いて、いよいよ「実《じつ》」を明《あき》らかにされたのです。

このような大事《だいじ》な教《おし》えでありますから、ここでもう一度《いちど》迹門《しゃくもん》の教《おし》えをふりかえり、われわれ信仰者《しんこうしゃ》が迹門《しゃくもん》の教《おし》えからどうしても本門《ほんもん》の教《おし》えへとはいっていかざるをえない必然性《ひつぜんせい》をはっきりと会得《えとく》し、「宗教《しゅうきょう》」というものの本質《ほんしつ》をしっかりつかんでから、本文《ほんもん》の解説《かいせつ》にはいることにしたいと思《おも》います。

仏教《ぶっきょう》の教《おし》えが、いわゆる「宗教《しゅうきょう》」らしく見《み》えない最大《さいだい》の理由《りゆう》として、釈尊《しゃくそん》は、人間《にんげん》の外《そと》にあって人間《にんげん》の運命《うんめい》を支配《しはい》しているような「神《かみ》」の存在《そんざい》を認《みと》めていらっしゃいません。この世界《せかい》をつくり、そして自然《しぜん》の運行《うんこう》をつかさどっているというような「神《かみ》」……したがって人間《にんげん》がそれに祈《いの》り、それを拝《おが》むことによって救《すく》われるというような、人間以外《にんげんいがい》の絶対力《ぜったいりょく》を信《しん》ぜよというようなことは、すこしもおっしゃっておられないのです。

理性《りせい》の教《おし》え

ブッダ（仏陀《ぶっだ》）という梵語《ぼんご》は、「知《し》る」とか「悟《さと》る」という意味《いみ》のボディということばからつくられたものだそうですが、たしかに釈尊《しゃくそん》のお説《と》きになる教《おし》えは、人間《にんげん》の理性《りせい》をもってすればだれにも理解《りかい》できうるものであって、神《かみ》がかりになった者《もの》だけが感得《かんとく》できるとか、ただ信《しん》ずるほかはないというような、雲《くも》をつかむようなものではありません。

縁《えん》起《ぎ》観《かん》

すなわち、釈尊《しやくそん》は、人間《にんげん》を中心《ちゆうしん》としたこの宇宙《うちゆう》というものを、神《かみ》がつくったとか、神《かみ》が支配《しはい》しているとかいうのでなく、すべて縁起《えんぎ》の関係《かんけい》によって観《かん》じておられるのです。縁起《えんぎ》とは因《いん》縁《ねん》であり、もっとくわしくいえば因《いん》・縁《えん》・果《か》・報《ほう》です。

この世《よ》の中《なか》には、いつも変《か》わらず定《さだ》まった形《かたち》で存在《そんざい》するものは一《ひと》つもない。すべてのものはある原因《げんいん》（因《いん》）があって、それがある条件《じようけん》（縁《えん》）に会《あ》ったとき、その結果《けつか》がある現象《げんしよう》（果《か》）として現《あら》われるのである。そして、その「果《か》」は、かならずあとあとまで尾《お》を引《ひ》くはたらき（報《ほう》）を残《のこ》すものである。

――釈尊《しやくそん》は世《よ》の中《なか》のすべてのものごとを、こう断《だん》じておられるのです。

諸行無常《しよぎようむじよう》

因《いん》があり、縁《えん》があってこそ、果《か》も、報《ほう》もあるのです。因《いん》が滅《めつ》すれば、あるいは因《いん》はあっても、それが縁《えん》に会《あ》わなければ、果《か》も、報《ほう》もありえません。ですから、この世《よ》の中《なか》に「いつも、ここに、このとおりある」というような固定《こてい》した存在《そんざい》は一《ひと》つもない――というのです。これが「諸《しよ》行無常《ぎようむじよう》」の教《おし》えでした。

それでは、この世《よ》の中《なか》には不変《ふへん》のものはないのでしょうか？　あります。それは、すべてのものの存《そん》在《ざい》と、そのはたらきと、その変化《へんか》をつかさどっている真理《しんり》です。その真理《しんり》だけが、常《つね》に、変《か》わりなく存《そん》在《ざい》するのです。

諸法無我《しよほうむが》

その真理《しんり》の一《ひと》つとして、釈尊《しやくそん》は、この世《よ》の中《なか》のすべてのものごとには、他《た》と関係《かんけい》なしにポツンと離《はな》れて存在《そんざい》するものはありえない、すべてのものはお互《たが》いに関連《かんれん》しあい、相依《あいよ》りあって存在《そんざい》しているのだということを教《おし》えられました。これが「諸法無我《しょほうむが》」の教《おし》えでした。

たとえば、われわれが立《た》っている大地《だいち》と、そのむこうにひろがっている海原《うなばら》と、空《そら》を流《なが》れている雲《くも》とは、ちょっと見《み》るとなんの関係《かんけい》もないようです。ところが、雲《くも》はどうしてできたものか、海《うみ》の水《みず》はなぜ塩《しお》からいのか、大地《だいち》の湿《しめ》りけはどうして与《あた》えられるものかというようなことを考《かんが》えてみると、その三者《さんしゃ》の密接《みっせつ》なつながりあいがすぐ解《わか》ってくるでしょう。説明《せつめい》するまでもありますまいが、雲《くも》は大地《だいち》や海《うみ》や川《かわ》から蒸発《じょうはつ》した水蒸気《すいじょうき》で出来《でき》たものであり、その雲《くも》が雨《あめ》や雪《ゆき》になって降《ふ》ってきてふたたび大地《だいち》に湿《しめ》りけを与《あた》え、また、海《うみ》の水《みず》の塩《しお》からいのは、川《かわ》の水《みず》が土《つち》の中《なか》にある塩分《えんぶん》を溶《と》かして海《うみ》に運《はこ》び、そこで水分《すいぶん》が蒸《じょう》発《はつ》して塩分《えんぶん》が濃《こ》くなるからです。このように、この宇宙上《うちゅうじょう》にまったくひとりだけ孤立《こりつ》しているというものは、一《ひと》つもないのであります。

もとより釈尊《しゃくそん》がこうして宇宙《うちゅう》の成《な》り立《た》ちをお説《と》きになったのは、科学《かがく》として、あるいは哲学《てつがく》として説《と》かれたのではありません。あくまでも「人間《にんげん》はいかに生《い》きねばならぬか」ということを悟《さと》らせるために、その前提《ぜんてい》としてお説《と》きになったものです。釈尊《しゃくそん》の教《おし》えはつねに人間中心《にんげんちゅうしん》であり、人間主義《にんげんしゅぎ》の教《おし》えだったのです。

涅槃寂静《ねはんじゃくじょう》

それでは、この「諸行無常《しょぎょうむじょう》」「諸法無我《しょほうむが》」の教《おし》えを人生《じんせい》の上《うえ》にどう生《い》かせばいいか？　それを一口《ひとくち》にズバリとお説《と》きになったのが「涅槃寂静《ねはんじゃくじょう》」の教《おし》えです。

われわれがさまざまな人生苦《じんせいく》に悩《なや》むのは、目《め》の前《まえ》の現象《げんしょう》の変化《へんか》にとらわれ、目《め》の前《まえ》の利害得失《りがいとくしつ》に心《こころ》をかきまわされるからであって、そういうものにひっかからない自由自在《じゆうじざい》な精神《せいしん》を持《も》つことができるようになれば、傍《はた》から見《み》ればさぞ苦《くる》しいだろうと思《おも》われるような立場《たちば》にあっても、本人《ほんにん》はじつに安《やす》らかな、平静《へいせい》な精神状態《せいしんじょうたい》でいられるのです。これが、「諸行無常《しょぎょうむじょう》」の教《おし》えからみちびかれた「涅槃寂静《ねはんじやくじょう》」の境地《きょうち》です。

また、ものごとがうまくいかなかったり、衝突《しょうとつ》や争《あらそ》いが起《お》こったり、不快《ふかい》を感《かん》じたりするのは、人《ひと》と物《もの》との関係《かんけい》や人《ひと》と人《ひと》との関係《かんけい》に調和《ちょうわ》がとれていないからです。地球《ちきゅう》は太陽《たいよう》のまわりを規則正《きそくただ》しく回《まわ》っている。月《つき》は地球《ちきゅう》のまわりを規則正《きそくただ》しく回《まわ》っている。夜空《よぞら》に輝《かがや》く無数《むすう》の星《ほし》も、おなじような関係《かんけい》にあります。太陽《たいよう》も、地球《ちきゅう》も、月《つき》も、その他《た》の星《ほし》も、お互《たが》いに引力《いんりょく》で引《ひ》きあっているのですが、その引力《いんりょく》の調和《ちょうわ》がとれているから、お互《たが》いに衝突《しょうとつ》することもなく、静《しず》かに運行《うんこう》しているのです。もしこの調和《ちょうわ》が崩《くず》れたらたいへんです。太陽《たいよう》と地球《ちきゅう》がぶつかる、それに月《つき》も巻《ま》きこまれる……という具合《ぐあい》に、宇宙《うちゅう》はメチャメチャになってしまうことでしょう。

人生《じんせい》もそのとおりです。人間《にんげん》もやはり宇宙《うちゅう》の一員《いちいん》でありますから、太陽《たいよう》や地球《ちきゅう》や月《つき》などの関係《かんけい》のように、人間《にんげん》どうしが整然《せいぜん》とした調和《ちょうわ》を保《たも》っていけば、この世《よ》に争《あらそ》いやゴタゴタはなくなるはずです。

ところが、それがなかなかできない。なぜできないかといえば、人間《にんげん》には小《ち》さな「我《が》」があるからです。自分本位《じぶんほんい》にものを考《かんが》え、自分《じぶん》さえよければよいといったような行《おこ》ないをする人《ひと》があまりにも多《おお》いために、利害《りがい》や感情《かんじょう》がくいちがって、お互《たが》いの調和《ちょうわ》がとれないのです。

もしこの小《ちい》さな「我《が》」をすてて、人類全体《じんるいぜんたい》がお互《たが》いを立《た》て合《あ》い、助《たす》け合《あ》っていこうという気持《きもち》に徹《てっ》することができたとき、はじめて大《おお》きな調和《ちょうわ》が生《う》まれ、われわれの生活《せいかつ》にほんとうの安《やす》らぎが生《しょう》じるのです。これが、「諸法無我《しょほうむが》」の教《おし》えからみちびかれた「涅槃寂静《ねはんじゃくじょう》」の境地《きょうち》です。

三法印《さんぽういん》

この「諸行無常《しょぎょうむじょう》」「諸法無我《しょほうむが》」「涅槃寂静《ねはんじゃくじょう》」は、仏教《ぶっきょう》の三つの大《おお》きな根本原理《こんぽんげんり》として、三法印《さんぽういん》と称《しょう》されており、すべての教《おし》えはこの三法印《さんぽういん》から発《はっ》しているといっても、いい過《す》ぎではないでしょう。

では、その三法印《さんぽういん》をわれわれの生活《せいかつ》にどう実践《じっせん》したらいいか? それについて教《おし》えられたのが、「四諦《したい》」「八正道《はっしょうどう》」「十二因縁《じゅうにいんねん》」「六波羅蜜《ろくはらみつ》」の教《おし》えです。

四諦《したい》

すなわち「四諦《したい》」では、まず「人間《にんげん》の存在《そんざい》はすべて苦《く》であるということを悟《さと》り、しかもそれから逃《に》げかくれしないで、その苦《く》の実態《じったい》を見《み》つめよ（苦諦《くたい》）」と教《おし》えられました。

しかし、苦《く》の実態《じったい》を見《み》つめただけでは、解決《かいけつ》の道《みち》は開《ひら》けない。もう一歩《いっぽ》進《すす》んで、「苦《く》の起《お》こった原因《げんいん》を探求《たんきゅう》し、反省《はんせい》し、それをはっきりと見究《みきわ》めよ（集諦《しったい》）」と教《おし》えられました。もちろん、その苦《く》の原因《げんいん》というものは、「十二因縁《じゅうにいんねん》」の法門《ほうもん》で教《おし》えられた、「根本《こんぽん》の無明《むみょう》（無智《むち》）」です。

こうして苦《く》の原因《げんいん》をつきとめることができたら、「縁起《えんぎ》の法則《ほうそく》に従《したが》って、苦《く》の大本《おおもと》の原因《げんいん》である無智《むち》と煩悩《ぼんのう》を滅《めっ》すれば、苦《く》はかならず滅《めっ》せずにはいられないのである（滅諦《めったい》）」と、お説《と》きになりました。

そして、最後《さいご》に、「その滅諦《めったい》にいたる道《みち》は、八正道《はっしょうどう》・六波羅蜜《ろくはらみつ》を行《ぎょう》ずることである（道諦《どうたい》）」と、生活《せいかつ》実践《じっせん》の道《みち》を示《しめ》されたのです。

八《はっ》正《しょう》道《どう》

その「八正道《はっしょうどう》」とは、どういう教《おし》えであったかを、もう一度《いちど》学《まな》びかえしてみましょう。すなわち、正見《しょうけん》・正思《しょうし》・正語《しょうご》・正行《しょうぎょう》・正命《しょうみょう》・正精進《しょうしょうじん》・正念《しょうねん》・正定《しょうじょう》という八つの聖《せい》なる道《みち》でした。

ただし、この「正《しょう》」ということ、「正《ただ》しい」ということを、現在《げんざい》の道徳《どうとく》の尺度《しゃくど》で考《かんが》えると、理解《りかい》にズレの生《しょう》ずるおそれがありますから、ここでさらに深《ふか》く説明《せつめい》しておく必要《ひつよう》があると思《おも》います。

真理《しんり》に合《あ》った見《み》かた

ひっくるめていえば、この「正《ただ》しい」という意味《いみ》は「真理《しんり》に合《あ》った」という意味《いみ》です。たとえば、正見《しょうけん》というのは、ものごとを見《み》るのに、人間《にんげん》の我《が》のまじった見《み》かたをすれば、どうしても真相《しんそう》がおおいかくされたり、ゆがめられたりして見《み》えます。そういう我《が》とか先入観《せんにゅうかん》というようなものを払《はら》いのけた、澄《す》みきった心《こころ》でものごとを見《み》れば、ものごとの実相《じっそう》が見《み》えるわけです。「仏知見《ぶっちけん》」というのがそれです。

自分本位《じぶんほんい》にものを見《み》ない

また、ものを考《かんが》えるのにも、自分中心《じぶんちゅうしん》や自分本位《じぶんほんい》で考《かんが》えると、真理《しんり》に合《あ》わない考《かんが》えかたや、あるいは真理《しんり》とまるっきり反対《はんたい》の考《かんが》えかたにおちいります。たとえば、「自分《じぶん》の国《くに》が栄《さか》えるためには、他国《たこく》の人民《じんみん》を犠牲《ぎせい》にしてもよい」とか「生《い》きるためには、人《ひと》を欺《だま》したり、おとしいれたりするのも仕方《しかた》はない」というような考《かんが》えは、第三者《だいさんしゃ》から見《み》れば、まちがっていることはまったく明《めい》明白々《めいはくはく》なのですが、自分《じぶん》の国《くに》のことだけ、あるいは自分《じぶん》ないし自分《じぶん》の家族《かぞく》のことだけを本位《ほんい》として考《かんが》えるときは、案外平気《あんがいへいき》でこういう思想《しそう》をおし立《た》てるもので、その実例《じつれい》は歴史《れきし》の上《うえ》にも、いや現在《げんざい》でも、無数《むすう》にあります。

こういった、自分中心《じぶんちゅうしん》・自分本位《じぶんほんい》の考《かんが》えかたでなく、大《おお》きな立場《たちば》から――すなわち仏《ほとけ》のような立場《たちば》から――ものを見《み》ますと、すべてのものを平等《びょうどう》に生《い》かすような見《み》かたができます。そんなものの見《み》かたを、「正《ただ》しい」というのです。

かたよった見《み》かたをしない

また、一方《いっぽう》にかたよった思想《しそう》を尺度《しゃくど》にしてものを見《み》ますと、これまた真理《しんり》に合《あ》った見《み》かたをすることができません。赤《あか》い色《いろ》の眼鏡《めがね》をかけると、景色全体《けしきぜんたい》が赤《あか》く見《み》えます。緑色《みどりいろ》の眼鏡《めがね》をかけると、なにもかも緑《みどり》っぽく見《み》えます。ですから、そういう固定《こてい》した色《いろ》の眼鏡《めがね》をかけずにものを見《み》たとき、はじめて、ものが正《ただ》しく見《み》えるのです。

仮《け》と空《くう》

また、この世《よ》のあらゆるものごとがわれわれの五官《ごかん》に感《かん》じられたり、心《こころ》に考《かんが》えられるときは、すべて異《こと》なった相《すがた》をしているように見《み》えます。その、表面《ひょうめん》に現《あら》われた差別《さべつ》の相《すがた》（仮《け》）だけを見《み》て、根本《こんぽん》にある平等《びょうどう》の相《すがた》（空《くう》）を見《み》ないのは、あさはかな凡夫《ぼんぷ》のものの見《み》かたです。

ところが、この世《よ》のあらゆるものはすべて空《くう》（平等《びょうどう》）であるということは、仏《ほとけ》の教《おし》えの大切《たいせつ》な中心《ちゅうしん》ではありますけれども、それにとらわれて根本《こんぽん》の平等《びょうどう》の相《すがた》だけを観《かん》じ、形《かたち》に現《あら》われた差別《さべつ》の相《すがた》を無視《むし》するのも、これまたかたよった見《み》かたです。ものごとの根本原理《こんぽんげんり》だけを考《かんが》えている哲学者《てつがくしゃ》が、実生活《じっせいかつ》のうえでえてして不幸《ふこう》に陥《おちい》ったり、失敗《しっぱい》を演《えん》じたりするのも、そういった偏向《へんこう》の結果《けっか》だといえましょう。

中諦《ちゅうたい》

こういう「空《くう》」の見《み》かたにも「仮《け》」の見《み》かたにもかたよらず、その両方《りょうほう》を総合《そうごう》した見《み》かたをするのがほんとうに正《ただ》しいものの見《み》かたであって、これを「中諦《ちゅうたい》」といいます。「中道《ちゅうどう》」というのも、ほぼおんなじことです。

中道《ちゅうどう》

中道《ちゅうどう》というのは、「一方《いっぽう》にかたよらない」ということですが、しかしそれは「右《みぎ》にも左《ひだり》にもかたよらない、ちょうどまん中《なか》」という意味《いみ》ではありません。釈尊《しゃくそん》のお説《と》きになった「中道《ちゅうどう》」は、「ちょうどまん中《なか》」というような固定《こてい》したものではないのです。これは、大切《たいせつ》な教《おし》えのひとつですから、ついでにその成《な》り立《た》ちから述《の》べておきましょう。

釈尊《しゃくそん》ご在世《ざいせ》のころのインドには、さまざまな教《おし》えがありました。たとえば、いろいろな欲望《よくぼう》は、人間《にんげん》として自然《しぜん》なものだから、欲望《よくぼう》のおもむくままに快楽《かいらく》にはしることが解脱《げだつ》の道《みち》だとする一派《いっぱ》もあり、また反対《はんたい》に、いろいろな欲望《よくぼう》を厳重《げんじゅう》に抑《おさ》える生活《せいかつ》こそ解脱《げだつ》にいたる道《みち》であるとする教《おし》えもありました。

この禁欲主義《きんよくしゅぎ》は、じつに徹底《てってい》したものでした。性欲《せいよく》はもちろん絶対《ぜったい》に抑《おさ》える。楽《らく》な暮《く》らしをしたいという気持《きもち》も絶対《ぜったい》に抑《おさ》える。そればかりか、ものを着《き》るということもいけないとして、裸《はだか》で暮《く》らす修行者《しゅぎょうしゃ》の一派《いっぱ》もありました。木《き》の上《うえ》で何十日《なんじゅうにち》も生活《せいかつ》したり、皮膚《ひふ》を火《ひ》で焼《や》いたり、刃物《はもの》で傷《きず》をつけたり、地《じ》べたにうち込《こ》んだ尖《とが》った杭《くい》の上《うえ》に幾日《いくにち》もすわっていたり、ありとあらゆることをして、自分《じぶん》の身《み》を苦《くる》しめるのです。いちばん極端《きょくたん》なのは、解脱《げだつ》した者《もの》は食物《しょくもつ》をとってはいけないとして、何《なに》も食《た》べずに餓死《がし》してしまうことを喜《よろこ》びとする一派《いっぱ》もあったのです。

釈尊《しゃくそん》は、もちろん快楽主義《かいらくしゅぎ》をとるお方《かた》ではなかったので、はじめは後者《こうしゃ》の道《みち》によって悟《さと》りを開《ひら》こうとされました。つぎつぎに二人《ふたり》の高名《こうめい》な聖者《せいじゃ》のもとに行《い》かれて修行《しゅぎょう》され、師《し》の教《おし》えのすべてを会得《えとく》されました。そして、師範代《しはんだい》としてとどまるようにとまで懇望《こんもう》されたこともあったのですが、その教《おし》えではどうしてもほんとうの悟《さと》りが開《ひら》けないので、師《し》の許《もと》を去《さ》り、こんどはご自分《じぶん》ひとりで苦行《くぎょう》の道《みち》にはいられたのです。「一麻《ま》一米《まい》」といって、一日《いちにち》に胡麻《ごま》一粒《ひとつぶ》と米一粒《こめひとつぶ》しか食《た》べないという行《ぎょう》までなさいました。

この苦行《くぎょう》が全然《ぜんぜん》ムダであったというわけではありますまいが、しかし、それも正《ただ》しい悟《さと》りにいたる道《みち》ではないことを悟《さと》られた釈尊《しゃくそん》は、突然苦行《とつぜんくぎょう》を中止《ちゅうし》されました。そして、尼連禅河《にれんぜんが》の水《みず》で身《み》を清《きよ》め、村《むら》のむすめのささげる乳粥《ちちがゆ》を飲《の》んで体力《たいりょく》を回復《かいふく》され、前正覚山《ぜんしょうがくさん》を経《へ》て、仏陀伽耶《ぶっだがや》の菩提樹《ぼだいじゅ》のもとにおすわりになり、最終的《さいしゅうてき》な禅定《ぜんじょう》にはいられました。そして、そこでついに成道《じょうどう》されたことは、ご承知《しょうち》のとおりです。

成道後《じょうどうご》、鹿野苑《ろくやおん》にいる苦行時代《くぎょうじだい》の友人《ゆうじん》たちのところへ行《い》かれて、最初《さいしょ》に説《と》かれた教《おし》えが、四諦《したい》の法門《ほうもん》であり、中道《ちゅうどう》の教《おし》えであり、八正道《はっしょうどう》の教《おし》えだったのです。

釈尊《しゃくそん》はまずこうおっしゃいました。

「比丘《びく》たちよ。この世《よ》には、比丘《びく》の親近《しんごん》してはならない二《ふた》つの辺《へん》がある。」

辺《へん》とは極端《きょくたん》という意味《いみ》です。一《ひと》つの極端《きょくたん》は快楽主義《かいらくしゅぎ》であり、もう一《ひと》つの極端《きょくたん》は苦行主義《くぎょうしゅぎ》です。その二《ふた》

つとも道理《どうり》にかなわぬものであることを説《と》かれた釈尊《しゃくそん》は、

「比丘《びく》たちよ、如来《にょらい》はこの二辺《にへん》を捨《す》てて、中道《ちゅうどう》を現等覚《げんとうがく》したのである。」

と、宣言《せんげん》されたのです。釈尊《しゃくそん》が、四十数年《すうねん》にわたってなさった八万《まん》四千《せん》という数多《かずおお》いご説法《せっぽう》の最初《さいしょ》に、この「中道《ちゅうどう》」を説《と》かれたことは、じつに意味深《いみぶか》いことだといわねばなりません。釈尊《しゃくそん》はつづいて、

「それならば、何《なに》をもって中道《ちゅうどう》とするのか。それはすなわち八つの正道《しょうどう》である。正見《しょうけん》・正思《しょうし》・正語《しょうご》・正行《しょうぎょう》・正命《しょうみょう》・正精進《しょうしょうじん》・正念《しょうねん》・正定《しょうじょう》である。これが如来《にょらい》の悟《さと》った中道《ちゅうどう》であって、人間《にんげん》の眼《め》を開《ひら》き、正《ただ》しい智《ち》慧《え》を起《お》こし、寂静《じゃくじょう》の境地《きょうち》にいたらしめ、涅槃《ねはん》へ導《みちび》くものである。」

と、お説《と》きになったのでした。


これによっても明《あき》らかなように、釈尊《しゃくそん》がお悟《さと》りになった中道《ちゅうどう》というものは、快楽主義《かいらくしゅぎ》という固定《こてい》した考《かんが》えで世《よ》に生《い》きるのも、苦行主義《くぎょうしゅぎ》という固定《こてい》した考《かんが》えで修行《しゅぎょう》するのも、赤《あか》や緑《みどり》の眼鏡《めがね》をかけてものを見《み》るのとおんなじで、世《よ》のすべてのものごとを正《ただ》しく見《み》る見《み》かたではない。迷《まよ》いの雲《くも》のかかった見《み》かたである。それはけっして涅槃《ねはん》にいたる道《みち》ではない。そういうかたよった、固定《こてい》した立場《たちば》をとらないで、真《しん》理《り》に従《したが》ってものを見《み》、真理《しんり》に従《したが》って行動《こうどう》しなければならない。――こういう意味《いみ》のものだったわけです。

よく調和《ちょうわ》のとれたですから、「八正道《はっしょうどう》」の「正《しょう》」ということは、「中道《ちゅうどう》」の「中《ちゅう》」ということとおんなじでありますす。そして、それには、まえに述《の》べた「真理《しんり》に合《あ》った」という意味《いみ》のほかに、もうひとつ

「よく調和のとれた」という意味もあります。このことについて、解りやすく説かれたつぎのような教えがあります。

弾琴《だんきん》の教《おし》え

釈尊《しゃくそん》が王舎城《おうしゃじょう》のほとりの霊鷲山《りょうじゅせん》におとどまりになっておられたときの話《はなし》です。

その近《ちか》くの林《はやし》の中《なか》できびしい精進《しょうじん》の修行《しゅぎょう》をつづけている守籠那《ソーナ》という比丘《びく》がありました。守籠那《ソーナ》の精進《しょうじん》ぶりは、釈尊《しゃくそん》の数《かず》あるお弟子《でし》たちのうちでも第一《だい》といわれているほどでしたが、あまりにもそれにとらわれて、かたよった修行《しゅぎょう》をしているために、どうしても解脱《げだつ》の境地《きょうち》に達《たつ》することができませんでした。

ついに守籠那《ソーナ》の心《こころ》の中《なか》には、迷《まよ》いが生《しょう》じてきました。――自分《じぶん》は、精進《しょうじん》では随一《ずいいち》といわれるほどなのに、いっこうに悟《さと》りを開《ひら》くことができない。こんなことなら、いっそ修行《しゅぎょう》をやめて家《いえ》へ帰《かえ》ったほうがいいのではなかろうか。家《いえ》へ帰《かえ》れば財宝《ざいほう》もある。その財宝《ざいほう》によって幸福《こうふく》な生活《せいかつ》を送《おく》ることができる。そのほうがましではないだろうか――こういう考《かんが》えが起《お》こって、苦《くる》しみ悩《なや》んでいました。

この弟子《でし》が大《おお》きな危機《きき》に立《た》っていることを見抜《みぬ》かれた釈尊《しゃくそん》は、みずから林《はやし》の中《なか》の守籠那《ソーナ》のもとへおとずれられ、いつものように慈愛《じあい》に満《み》ちた口調《くちょう》で、その心境《しんきょう》をお聞《き》きになりました。守籠那《ソーナ》は思《おも》うところをかくさずに申《もう》し上《あ》げました。

そのとき、釈尊《しゃくそん》はふと思《おも》い出《だ》されて、こうお聞《き》きになりました。

「守籠那《ソーナ》よ。あなたは家《いえ》にいたころ、たいへん琴《こと》を弾《ひ》くのが上手《じょうず》であったそうだが、そうですか。」

守籠那《ソーナ》が、そのとおりでございますとお答《こた》えしますと、釈尊《しゃくそん》は、

「それならば、よく知《し》っているでしょう。琴《こと》の糸《いと》の張《は》りかたが強過《つよす》ぎたら、いい音《ね》が出《で》ますか。」

と、おたずねになります。守籠那《ソーナ》は、いいえとお答《こた》えします。すると、釈尊《しゃくそん》は重《かさ》ねてお聞《き》きになります。

「では、琴《こと》の糸《いと》があまりにも弱《よわ》く張《は》られていたら、いい音《ね》が出《で》ますか。」

守籠那《ソーナ》は、やはりいいえとお答《こた》えしました。釈尊《しゃくそん》はつぎに、

「それでは、琴《こと》の糸《いと》がちょうどほどよく張《は》られていたら、どうです。いい音《ね》が出《で》ますか。」

と、お聞《き》きになりましたので、守籠那《ソーナ》は、はい、いい音《ね》が出《で》ます——とお答《こた》えしました。

そこで釈尊《しゃくそん》は、つぎのようにお教《おし》えになりました。

「守籠那《ソーナ》よ。修行《しゅぎょう》もそれとおんなじことです。精進《しょうじん》にかたよると、心《こころ》が緊張《きんちょう》しすぎて静《しず》かでありません。精進《しょうじん》が緩《ゆる》やかすぎると、懈怠《けだい》におもむくのです。ですから、守籠那《ソーナ》よ。平等《びょうどう》の精進《しょうじん》に住《じゅう》し、諸根《しょこん》の平等《びょうどう》を守《まも》りなさい。そして、『中《ちゅう》』の相《すがた》をとるように心《こころ》がけることです。」

と、お教《おし》えになりました。まことに、噛《か》んで含《ふく》めるような、愛情《あいじょう》に満《み》ちた教《おし》えかたであり、この短《みじ》かいお話《はなし》の中《なか》にも、釈尊《しゃくそん》というお方《かた》の測《はか》りしれない人間的《にんげんてき》な大《おお》きさを、身近《みぢか》に暖《あたた》かく感《かん》ぜずにはいられません。

「四十二章経《しじゅうにしょうきょう》」というお経《きょう》では、釈尊《しゃくそん》のおことばはつぎのようになっています。

絃急《げんきゅう》ならば声絶《こえた》え

絃緩《げんかん》ならば鳴《な》らず
緩急宜《かんきゅうよろ》しきを得《え》て
楽譜《がくふ》皆諧《みなととの》う

これを浅《あさ》く解釈《かいしゃく》すれば、「きつすぎもしない、ゆるすぎもしない、ちょうど中《なか》ほど」という意味《いみ》にとれます。ところが、それを修行《しゅぎょう》の道《みち》におきかえてみますと、「快楽主義《かいらくしゅぎ》と苦行主義《くぎょうしゅぎ》のちょうど中《なか》ほど」ということになり、その両方《りょうほう》をも認《みと》めていることになります。快楽主義《かいらくしゅぎ》もすこしはよい、苦行主義《くぎょうしゅぎ》もすこしはよい、ちょうどその中《なか》ごろのところがいちばん適当《てきとう》な道《みち》である――ということになります。もっとわかりやすくいえば、快楽主義《かいらくしゅぎ》を0《ゼロ》とし、苦行主義《くぎょうしゅぎ》を10とすれば、5ぐらいのところがちょうどいいということになります。

これもやっぱりまちがいであって、楽譜《がくふ》を正《ただ》しく演奏《えんそう》するためには、琴《こと》の絃《げん》が緩《ゆる》すぎても0《ゼロ》ですし、きつすぎてもやはり0《ゼロ》です。その中間《ちゅうかん》でも、調子《ちょうし》の合《あ》う締《し》めぐあいというのは、ほんとうに微妙《びみょう》な一点《いってん》だけであり、その一点以外《いってんいがい》は調子外《ちょうしはず》れであって、やっぱり0《ゼロ》です。ところが、糸《いと》の締《し》めぐあいをその一点《いってん》に合《あ》わせれば、すべてのメロディーが調《ととの》ってくるのです。すなわち0《ゼロ》がたちまち満点《まんてん》になるわけです。そういう状態《じょうたい》を「よく調和《ちょうわ》のとれた」状態《じょうたい》というわけです。

目的《もくてき》に合《あ》った

また、「よく調和《ちょうわ》のとれた」締《し》めぐあいは、弾《ひ》こうとする調《しら》べにぴったり合《あ》っているわけで、つまり「目的《もくてき》」にぴったり合《あ》っているのです。ですから、「真理《しんり》に合《あ》った」ということは、「目的《もくてき》に合《あ》った」ということになります。これも大切《たいせつ》なことです。人生《じんせい》もそれとおんなじであって、ほんとうに悟《さと》った人《ひと》というのは、つねに「真理《しんり》に合《あ》った生《い》きかた」のできる人《ひと》です。したがって、思《おも》うことなすことがひとりでに「目的《もくてき》に合《あ》って」くる人《ひと》です。そして、そういう人《ひと》は、つねに「世《よ》の中《なか》のすべてのものと調和《ちょうわ》した生《い》きかた」のできる人《ひと》である、ということができます。

こういうわけで、「正《ただ》しい」とか「中道《ちゅうどう》」というものを、まちがった二《ふた》つの道《みち》のまん中《なか》あたりでいくら探《さが》してみても、みつかるはずがないのです。根本《こんぽん》の考《かんが》えかたのちがいなのです。そういう固定《こてい》した考《かんが》えにとらわれないで、縁起観《えんぎかん》（三〇九頁《ページ》参照《さんしょう》）という真理《しんり》に基《もと》づいて考《かんが》え、行動《こうどう》すれば、つねに「目的《もくてき》にぴったり合《あ》った」「よく調和《ちょうわ》のとれた」生活《せいかつ》ができるというのが、「中道《ちゅうどう》」の教《おし》えです。

では、そういう境地《きょうち》には、どうすれば達《たっ》することができるのか。それを、生活実践《せいかつじっせん》のうえに具体的《ぐたいてき》に示《しめ》されたのが、「八正道《はっしょうどう》」にほかならないのです。

すなわち、きわめて解《わか》りやすくいえば、「ものごとは正《ただ》しく見《み》なさい（正見《しょうけん》）」、「ものごとは正《ただ》しく考《かんが》えなさい（正思《しょうし》）」、「正《ただ》しいことばをつかいなさい（正語《しょうご》）」、「正《ただ》しい行為《こうい》をしなさい（正行《しょうぎょう》）」、「正《ただ》しい人間生活《にんげんせいかつ》をいとなみなさい（正命《しょうみょう》）」、それらのことを成就《じょうじゅ》するために「正《ただ》しい努力《どりょく》をしなさい（正精《しょうしょう》進《じん》）」、「心《こころ》をいつも正《ただ》しいほうに向《む》けていなさい（正念《しょうねん》）」、「つねに心《こころ》を正《ただ》しくおいてグラグラ動《うご》かないようにしなさい（正定《しょうじょう》）」という教《おし》えです。この「正《ただ》しい」というのは「中《ちゅう》」と同《おな》じ意味《いみ》であることはくりかえすまでもありません。

六波羅蜜《ろくはらみつ》　つぎは「六波羅蜜《ろくはらみつ》」の教《おし》えですが、「八正道《はっしょうどう》」が主《しゅ》として迷《まよ》いを離《はな》れるための修行《しゅぎょう》の道《みち》だったのに対《たい》して、これはもう一歩《いっぽ》進《すす》んで、人《ひと》のため世《よ》のためにつくす菩薩行《ぼさつぎょう》の標準《ひょうじゅん》を示《しめ》されたものでした。すなわち、「布施《ふせ》」、「持戒《じかい》」、「忍辱《にんにく》」、「精進《しょうじん》」、「禅定《ぜんじょう》」、「智慧《ちえ》」の六つです。

精神的《せいしんてき》・物質的《ぶっしつてき》・肉体的《にくたいてき》のあらゆる面《めん》から人《ひと》のためにつくす「布施《ふせ》」、仏《ほとけ》さまから与《あた》えられた戒《いまし》めを守《まも》って心《こころ》の迷《まよ》いを去《さ》り、正《ただ》しい生活《せいかつ》をし、自分自身《じぶんじしん》の完成《かんせい》に努力《どりょく》することによって人《ひと》を救《すく》う力《ちから》を得《え》るという「持戒《じかい》」、他《た》に対《たい》してつねに寛容《かんよう》であり、どんな困難《こんなん》をも耐《た》え忍《しの》ぶと同時《どうじ》に、どんなに得意《とくい》な状態《じょうたい》にあってもおごりたかぶらない平静《へいせい》な心《こころ》を持《も》つという「忍辱《にんにく》」、余計《よけい》なつまらぬことにわき目《め》をふることなく、大切《たいせつ》な目的《もくてき》に対《たい》して一心不乱《いっしんふらん》に努力《どりょく》するという「精進《しょうじん》」、どんなことが起《お》こっても動揺《どうよう》しない静《しず》かに落着《おちつ》いた心《こころ》すなわち「禅定《ぜんじょう》」、それに、諸法《しょほう》の実相《じっそう》を見《み》とおすほんとうの「智慧《ちえ》」――この六つのはたらきによって、正《ただ》しく人《ひと》を救《すく》い、世《よ》を救《すく》う行《おこ》ないをすることが、六波羅蜜《ろくはらみつ》でした。

ところが、前《まえ》にこれの説明《せつめい》をしたときは（九〇頁《ページ》）、深入《ふかい》りしないでおいたのですが、この中《なか》の「禅《ぜん》定《じょう》」というのは、じつはこう一口《ひとくち》に片付《かたづ》けられるようなものではないのです。

禅《ぜん》定《じょう》

「禅定《ぜんじょう》」ということは、結果《けっか》からいえば、先《さき》に述《の》べたように「どんなことが起《お》こっても動揺《どうよう》することのない、静《しず》かに落着《おちつ》いた心《こころ》」という意味《いみ》ですが、その結果《けっか》に達《たっ》するための行《ぎょう》のことをも「禅定《ぜんじょう》」というのです。すなわち、現代《げんだい》のことばでいえば、「瞑想《めいそう》」であり、「精神統一《せいしんとういつ》」です。静《しず》かにすわって、精神《せいしん》を一《ひと》つのことにじっと集中《しゅうちゅう》させることです。

では、どんなことに精神《せいしん》を集中《しゅうちゅう》すればいいのか――これが問題《もんだい》です。「宗教《しゅうきょう》」が、「哲学《てつがく》」や「道徳《どうとく》」とちがう点《てん》は、じつにここにあるのです。

瞑想《めいそう》でない瞑想《めいそう》

どんなに精神《せいしん》を統一《とういつ》してみたところで、目《め》の前《まえ》の現象的《げんしょうてき》なことがらについて、しかも自分本《じぶんほん》位《い》の考《かんが》えに精神《せいしん》を集中《しゅうちゅう》したのでは、けっして苦悩《くのう》から解脱《げだつ》することはできません。たとえば、「事業経営《じぎょうけいえい》の不安《ふあん》や焦燥《しょうそう》からのがれたい」とか、「病気《びょうき》を治《なお》したい」というようなことを一心不乱《いっしんふらん》に思《おも》ってみたところで、心《こころ》はかえって事業《じぎょう》なり病気《びょうき》なりにとらわれているのですから、その悩《なや》みから一歩《いっぽ》も離《はな》れることのできないのは明白《めいはく》なことです。こんなのは、煩悩《ぼんのう》のあがきに過《す》ぎないのであって、瞑想《めいそう》ではありません。

道徳的《どうとくてき》な瞑想《めいそう》

あるいは、自分《じぶん》の過去《かこ》の行《おこ》ないを反省《はんせい》し、悪《わる》かったと思《おも》われることがらについては自分《じぶん》をきびしく責《せ》め、それを改《あらた》めることを決意《けつい》する――という瞑想《めいそう》もあります。道徳的《どうとくてき》な瞑《めい》想《そう》といっていいでしょう。たいへんりっぱなことであり、その人《ひと》の人格《じんかく》を高《たか》めるのには、大《おお》いに役立《やくだ》ちます。

それよりもう一歩《いっぽ》進《すす》んだのが、自分中心《じぶんちゅうしん》でない瞑想《めいそう》です。この世《よ》の成《な》り立《た》ちや、人間《にんげん》の生《い》きかた、社会《しゃかい》のありかたについて、静《しず》かに深《ふか》く掘《ほ》り下《さ》げて考《かんが》える――こういうのは哲《てつ》学的《がくてき》な瞑想《めいそう》であって、その人《ひと》の人間《にんげん》としての値《ね》うちを高《たか》め、思想《しそう》に深《ふか》みを加《くわ》え、ひいては世《よ》の中《なか》のためにもなるりっぱな行《ぎょう》にちがいありません。

哲学的《てつがくてき》な瞑想《めいそう》

しかし、じつをいえば、いま述《の》べたいずれによっても、残念《ざんねん》ながらほんとうの安《やす》らぎ（涅槃《ねはん》）は得《え》られないのです。なぜならば、いくら強《つよ》く自己《じこ》を反省《はんせい》し、あるいは世界《せかい》や人生《じんせい》のありかたを思想的《しそうてき》に深《ふか》く掘《ほ》り下《さ》げて考《かんが》えてみたところで、しょせんは人間《にんげん》の普通《ふつう》の知恵《ちえ》の及《およ》ぶ範囲《はんい》にしか達《たっ》しられないからです。これは非常《ひじょう》に大切《たいせつ》なことですから、ここでうんと突《つ》っこんで探求《たんきゅう》していってみましょう。

「自分《じぶん》の行《おこ》ないを反省《はんせい》し、さんげし、善《よ》い行《おこ》ないに進《すす》もうと決意《けつい》しても、涅槃《ねはん》にはいたらない」といえば、当然起《とうぜんお》こってくる疑問《ぎもん》として、――それは人間社会《にんげんしゃかい》の道徳《どうとく》をものさしにした反省《はんせい》であり、決意《けつい》だからであろう。だが、仏《ほとけ》の教《おし》え（迹門《しゃくもん》の教《おし》え）に照《て》らして自分《じぶん》の行《おこ》ないをかえりみ、これから仏《ほとけ》の教《おし》えのとおりに進《すす》んでいこうと決意《けつい》するのは、涅槃《ねはん》へ達《たっ》する道《みち》ではないのか――と考《かんが》えられることでしょう。

それは、たしかに涅槃《ねはん》に達《たっ》する一《ひと》つの過程《かてい》にはちがいありませんけれども、涅槃《ねはん》への道《みち》というものはその程度《ていど》のやさしい道《みち》ばかりではないのです。

心《こころ》というものが、自分《じぶん》でわかっている自分《じぶん》の心《こころ》といいますか、自分《じぶん》でつかまえることのできる自分《じぶん》の心《こころ》といいますか、それだけのものでしたら問題《もんだい》は割合《わりあい》に簡単《かんたん》です。そういう「表面《ひょうめん》の心《こころ》」を仏《ほとけ》の教《おし》えによって調御《ちょうぎょ》する（手綱《たづな》をとる）ことは、修行次第《しゅぎょうしだい》でたいていの人《ひと》にできることです。

意識下《いしきか》の自己《じこ》をどうするか

ところが、われわれ人間《にんげん》には、自分《じぶん》では気《き》のつかない自分《じぶん》の心《こころ》というものがあります。気《き》がつかないから、とらえることもできないのです。とらえることができないから、手《た》綱《づな》をとって調御《ちょうぎょ》することもできません。仏教《ぶっきょう》のことばでいう阿頼耶《アーラヤ》とか末那《マナ》というのがこれであり、現《げん》代《だい》の学問《がくもん》でいう「潜在意識《せんざいいしき》」とか「意識下《いしきか》の自己《じこ》」というのがこれです。

「潜在意識《せんざいいしき》」というのは、過去《かこ》に経験《けいけん》した（心《こころ》に思《おも》ったり、感《かん》じたりした）ことが、心《こころ》の奥深《おくふか》く沈《しず》んでいるものです。それがその人《ひと》の性格《せいかく》や精神作用《せいしんさよう》に大《おお》きく影響《えいきょう》するばかりでなく、いろいろな病気《びょうき》までひき起《お》こしたりすることは、現代《げんだい》の学問《がくもん》でもはっきり認《みと》めています。また、まえにも述《の》べたように、われわれの祖先《そせん》の経験《けいけん》までも現在《げんざい》のわれわれの心《こころ》の奥底《おくそこ》に沈《しず》んでいるのであって、長《なが》い虫《むし》などを見《み》ると、それが無害《むがい》のものであるということは解《わか》っていても、恐《おそ》ろしく感《かん》じたり、気味悪《きみわる》く感《かん》じたりするものです。

まえにトカゲやアオダイショウの例《れい》を挙《あ》げましたが、いくら科学《かがく》の知識《ちしき》（人間《にんげん》の知恵《ちえ》）で、アオダイショウやトカゲに毒《どく》はないのだ、こちらからなんにもしかけなければ、嚙《か》みつきもしないのだ——ということがわかっていても、恐《おそ》ろしく感《かん》ずる気持《きもち》はどうすることもできません。もっとはっきりした例《れい》は、ミミズです。ミミズこそ、まったく無抵抗《むていこう》な動物《どうぶつ》です。嚙《か》みつく歯《は》もなければ、刺《さ》す針《はり》もありません。それなのに、なんとなく気味悪《きみわる》く感《かん》ずるのは、どうしたわけでしょう。これらは、すべて潜在意識《せんざいいしき》のはたらきです。

こういう潜在意識《せんざいいしき》のはたらきを、たんなる道徳的《どうとくてき》な反省《はんせい》とか、瞑想《めいそう》とかで左右《さゆう》できるでしょうか。もちろん、それは不可能《ふかのう》なことです。自分《じぶん》の心《こころ》の手《て》の届《とど》かないところに沈《しず》んでいる心《こころ》ですから、どうすることもできないのです。

ここで、前《まえ》に述《の》べた「業《ごう》」の問題《もんだい》（一九一—一九六頁《ページ》）を思《おも》い起《お》こしてみてください。

負《お》った「宿業《しゅくごう》」をどうするか

現在《げんざい》われわれが背負《せお》っている業《ごう》というものは、じつに根深《ねぶか》くて、複雑《ふくざつ》なものです。人類《じんるい》が始《はじ》まって以来《いらい》の「宿業《しゅくごう》」をも背負《せお》っています。自分自身《じぶんじしん》が過去《かこ》の世《よ》でつくった「宿業《しゅくごう》」をも背負《せお》っています。父母《ふぼ》その他《た》の先祖《せんぞ》のつくった「宿業《しゅくごう》」をもある程度《ていど》背負《せお》っています。もちろん、自分自身《じぶんじしん》がこの世《よ》でつくった「現業《げんごう》」をも大《おお》きく背負《せお》っています。

これらの「業《ごう》」から離《はな》れて自由自在《じゆうじざい》の境地《きょうち》に入《はい》る（出離《しゅつり》する）ことが、人間《にんげん》の普通《ふつう》の知恵《ちえ》でできることと考《かんが》えられますか？　まったく及《およ》びもつかないことは明《あき》らかでしょう。では、どうしたらいいのでしょうか？

自然《しぜん》に浮《うか》ぶ「念《ねん》」をどうするか

また、「一念三千《いちねんさんぜん》」の法門《ほうもん》（二〇〇—二〇九頁《ページ》）を思《おも》い出《だ》してみてください。なんの前《まえ》ぶれもなしにフッと心《こころ》に浮《う》かんできた念《ねん》、その一念《いちねん》の中《なか》にも三千《さんぜん》の縦横《たてよこ》の関係《かんけい》がすっかり含《ふく》まれている、そしてその中《なか》には地獄道《じごくどう》へ落《お》ちる心《こころ》もあれば、仏界《ぶっかい》へ上《あ》がれる心《こころ》もあるというのですが、さて実際問題《じっさいもんだい》として、そのフッと湧《わ》く心《こころ》の手綱《たづな》をどうとったらいいのでしょうか？　これまた、とうてい人間《にんげん》の知恵《ちえ》で解決《かいけつ》のつくものではありません。

数《かず》かぎりない種類《しゅるい》のある「念《ねん》」、そして何《なん》の原因《げんいん》かわからずにフッと湧《わ》いてくる「念《ねん》」、その一《ひと》つ一《ひと》つに対《たい》して、こういう念《ねん》が湧《わ》いたらこう対処《たいしょ》せよということは、どんなえらい学者《がくしゃ》でも教《おし》えることはできますまい。——それなら、それをどうしたらいいのか？

こういう問題《もんだい》になると、もはや哲学《てつがく》のおよぶところでもなく、道徳《どうとく》の律《りつ》しうるところでもありません。では、なにがその問題《もんだい》を解決《かいけつ》することができるのでしょうか？——宗教《しゅうきょう》です。宗教《しゅうきょう》よりほかに、それを解決《かいけつ》できるものはひとつもないのです。

ここにいたって、わたしどもは、宗教《しゅうきょう》のほんとうの価値《かち》をはっきりとらえることができるのです。自《じ》分《ぶん》がほんとうに救《すく》われるのは、最後的《さいごてき》には宗教《しゅうきょう》でなくてはならないということが解《わか》るのです。

宗教《しゅうきょう》……ことに最高《さいこう》の宗教《しゅうきょう》である仏教《ぶっきょう》には、「哲学《てつがく》」も含《ふく》まれておりますし、「道徳《どうとく》」も含《ふく》まれております。いや、その見《み》かけのほとんど全部《ぜんぶ》が「哲学《てつがく》」と「道徳《どうとく》」の教《おし》えであるということができます。しかし、その奥底《おくそこ》のギリギリのところまでいくと、それらを飛《と》び越《こ》えて、われわれを生《い》かすなにものかがあります。われわれの生命《いのち》をジカに生《い》かしているなにものかに触《ふ》れることができます。

それは、われわれを暖《あたた》かく包《つつ》み、われわれのゆくてを明《あか》るく照《て》らし出《だ》している光《ひかり》のようなものです。その光《ひかり》に力《ちから》づけられて、生《い》きとし生《い》けるものが生《い》き生《い》きした歩《あゆ》みをつづけるのです。これがとりもなおさず「信仰《しんこう》」にほかならないのです。

ハンフレーズ氏《し》が「だがそれにも拘《かかわ》らず仏教《ぶっきょう》は生《い》きている。驚《おどろ》くほどの生命《せいめい》にみちている」と書《か》かれたのも、そこを指《さ》しておられることは明《あき》らかであり、またわたしがさきに、仏教《ぶっきょう》は「あとで述《の》べる一《ひと》つの点《てん》において『宗教《しゅうきょう》』にちがいない——」と述《の》べたのも、じつにこの一点《いってん》を指《さ》しているのです。

宗教《しゅうきょう》とはどんなものか

では、宗教《しゅうきょう》とはいったいどんなものでしょうか？　そのそもそもの発生《はっせい》から考《かんが》えていってみましょう。

人間《にんげん》は、いつの時代《じだい》でも、自分《じぶん》にない力《ちから》をもったものに対《たい》して、恐《おそ》れを抱《いだ》いていました。「恐《おそ》れ」というものは、自然《しぜん》の成行《なりゆ》きとして、「畏《おそ》れ」すなわち「恐《おそ》れながら敬《うやま》う」という気持《きもち》に移《うつ》っていくものです。

天然崇拝《てんねんすうはい》

ですから、原始人《げんしじん》たちは、空高《そらたか》くあって光《ひかり》と熱《ねつ》を地上《ちじょう》に投《な》げかけている太陽《たいよう》はもちろんのこと、月《つき》にも、星《ほし》にも畏《おそ》れの念《ねん》を抱《いだ》いていました。雪《ゆき》をいただいてそびえ立《た》っている山々《やまやま》、あるときは静《しず》かに流《なが》れ、あるときは怒《いか》り狂《くる》う洪水《こうずい》となってすべてを呑《の》み込《こ》んでしまう大河《たいが》、どこまで広《ひろ》いのかわからない茫々《ぼうぼう》たる海原《うなばら》、そんなものにも同《おな》じような感《かん》じをもっていたのです。

また、自分《じぶん》たちにはできない、空《そら》を飛《と》ぶという不思議《ふしぎ》な力《ちから》をもった鳥《とり》に対《たい》しても、敬《うやま》いの気持《きもち》を起《お》こしました。巨大《きょだい》な力《ちから》を持《も》つ象《ぞう》とか獅子《しし》のような獣《けもの》に対《たい》しても、畏《おそ》れの念《ねん》をもちました。

こういう自然物《しぜんぶつ》に対《たい》して、「恐《おそ》れ」を感《かん》じ、それが「畏《おそ》れ」とかわり、ついにそのようなものを神《かみ》として拝《おが》むようになったのです。そのような信仰《しんこう》を「天然崇拝《てんねんすうはい》」といいます。

つぎに、人間《にんげん》は、天《てん》の上《うえ》や空中《くうちゅう》に、自分《じぶん》たちのどうすることもできない超自然《ちょうしぜん》の力《ちから》をもった魂《たましい》とか、霊《れい》というようなものが存在《そんざい》すると考《かんが》えるようになりました。

精霊崇拝《せいれいすうはい》

この魂《たましい》とか霊《れい》とかは、「愛《あい》」や「慈悲《じひ》」にもとづいたものでなく、ただ「力《ちから》」だけをもったものです。だから、それを拝《おが》み、それに祈《いの》らないと、どんな災《わざわ》いを及《およ》ぼされるかわからないと考《かんが》えられたのです。病気《びょうき》になるのも、穀物《こくもつ》が不作《ふさく》になるのも、暴風雨《ぼうふうう》がくるのも、海《うみ》が荒《あ》れるのも、その霊《れい》のしわざと考《かんが》え、その前《まえ》に恐《おそ》れおののいて、——災《わざわい》をお降《くだ》しになりませんように、もろもろの福《ふく》を授《さず》けられますように——と拝《おが》んだのです。このような信仰《しんこう》を「精霊崇拝《せいれいすうはい》」といいます。

呪物崇拝《じゅぶつすうはい》

また、そういう霊《れい》が一時的《いちじてき》に、あるいは永久《えいきゅう》に、あるものの中《なか》に宿《やど》るということを、原始人《げんしじん》たちは信《しん》ずるようになりました。あるものといっても、石《いし》や鳥《とり》の羽《はね》や器物《きぶつ》のような無生物《むせいぶつ》の場合《ばあい》もあり、大木《たいぼく》のような植物《しょくぶつ》の場合《ばあい》もあり、鳥獣《とりけもの》のような動物《どうぶつ》の場合《ばあい》もあり、また人間《にんげん》の場合《ばあい》もありました。こういったものが、自分《じぶん》や、家族《かぞく》や、または部族《ぶぞく》を守《まも》ってくれるものとして、それを拝《おが》んだのです。このような信仰《しんこう》を「呪物崇拝《じゅぶつすうはい》」といいます。

トーテム崇拝《すうはい》

また、ある特定《とくてい》の動物《どうぶつ》や植物《しょくぶつ》や無生物《むせいぶつ》を自分《じぶん》たちの祖先《そせん》だと信《しん》じこみ、その霊《れい》を拝《おが》むことによって禍《わざわ》いを防《ふせ》ぎ、幸《さいわ》いを得《え》ようとした信仰《しんこう》もありました。これを「トーテム崇拝《すうはい》」といいます。

そういう段階《だんかい》からすこし進《すす》んだものに、この宇宙《うちゅう》のすべてのものを神《かみ》として信仰《しんこう》する「原始的万有神《げんしてきばんゆうしん》教《きょう》」があり、また、この世《よ》にはただ一《ひと》つの神《かみ》があって、その神《かみ》がよくも悪《あ》しくもこの世《よ》のすべてのものを動《うご》かしているとする「原始的唯一神教《げんしてきゆいいつしんきょう》」もあります。

相対《そうたい》を絶対《ぜったい》と見《み》る誤《あやま》り

これらは、宗教《しゅうきょう》としてはまだ低《ひく》い段階《だんかい》にあるといえます。なぜかといえば、それらはすべて人間《にんげん》と相対的《そうたいてき》な関係《かんけい》にあるものなのに、それを絶対的《ぜったいてき》なものと考《かんが》えて、拝《おが》んだり、頼《たの》んだりしているからです。

動植物《どうしょくぶつ》や無生物《むせいぶつ》のような「物《もの》」を拝《おが》み、それに頼《たの》みごとをする信仰《しんこう》は、まだ一人前《いちにんまえ》の宗教信仰《しゅうきょうしんこう》とはいえません。そういうものは、拝《おが》んだり頼《たの》んだりする対象《たいしょう》となるものではないからです。

たとえば、太陽《たいよう》は人間《にんげん》にとってたいへんありがたい、なくてはならぬ存在《そんざい》ですけれど、「物《もの》」であることに変《か》わりはありません。人間《にんげん》の知恵《ちえ》が発達《はったつ》すれば、それの代《か》わりになるものが人間《にんげん》の手《て》でつくられる可能性《かのうせい》さえあります。いや、それに似《に》たもの、または小型《こがた》のものはすでにつくられているといっていいのです。月《つき》だって、やはり「物《もの》」に過《す》ぎません。大《おお》むかしは神《かみ》として拝《おが》んでいたその月《つき》に、しばらくしたら人間《にんげん》が飛《と》んで行《い》こうとしています。そして、人間《にんげん》の生活《せいかつ》にそれを役立《やくだ》てようとしています。

川《かわ》だって、海《うみ》だって、山《やま》だって、人間《にんげん》の知恵《ちえ》でその力《ちから》を活用《かつよう》して、人間《にんげん》の生活《せいかつ》を豊《ゆた》かにする「物《もの》」なのですし、いろいろな動物《どうぶつ》や植物《しょくぶつ》でもやはりおんなじです。「活用《かつよう》」ということばが人間本位《にんげんほんい》すぎるようなら、そういう自然物《しぜんぶつ》の生命《せいめい》を生《い》かして、「共存共栄《きょうぞんきょうえい》する」といってもいいでしょう。

こういうことは、すべて大《おお》きな意味《いみ》の「科学《かがく》」の領分《りょうぶん》であるといえましょう。そして宗教《しゅうきょう》とは、そうした科学《かがく》に正《ただ》しい方向《ほうこう》を与《あた》えるものなのです。

科学《かがく》で解決《かいけつ》できることは科学《かがく》に依《よ》る

ですから、科学《かがく》で解決《かいけつ》できることは、あくまでもそれによるべきです。わたしどもの会《かい》で現代医学《げんだいいがく》の粋《すい》を集《あつ》めた総合病院《そうごうびょういん》を建《た》て、診療《しんりょう》を実施《じっし》しているのも、やはりその精神《せいしん》によるものです。

これは、けっしてわたしどもが考《かんが》え出《だ》したことではなく、古今《ここん》を通《つう》じて変《か》わりない真理《しんり》であって、釈尊《しゃくそん》もちゃんとそのことを教《おし》えてくださっているのです。

たとえば、「六方礼経《ろっぽうらいきょう》」という経典《きょうでん》の中《なか》の、王舎城《おうしゃじょう》の町《まち》に住《す》む一青年《いちせいねん》に対《たい》して、父母《ふぼ》にはどう仕《つか》えなければならないかということを教《おし》えられたところで、「父母《ふぼ》がもし病気《びょうき》になったら、すみやかに医師《いし》を迎《むか》えて介抱《かいほう》せよ」とおっしゃっておられます。

また、「法華経《ほけきょう》」の「分別功徳品第《ふんべつくどくほんだい》十七」には、「……百千《ひゃくせん》の比丘《びく》其《そ》の中《なか》に於《お》て止《す》み、園林《おんりん》・浴池《よくち》・経行《きょうぎょう》・禅窟《ぜんくつ》・衣服《えぶく》・飲食《おんじき》・牀蓐《じょうにく》・湯薬《とうやく》・一切《いっさい》の楽具《らくぐ》其《そ》の中《なか》に充満《じゅうまん》せん」とお説《と》きになっておられますが、その中《なか》の湯薬《とうやく》というのは文字《もじ》どおり煎《せん》じ薬《ぐすり》であって、出家《しゅっけ》した僧侶《そうりょ》でさえ、病気《びょうき》のときは、祈禱《きとう》とかなんとかによらず、薬《くすり》を用《もち》いることが自然《しぜん》の行為《こうい》であったことが察《さつ》せられます。

病気《びょうき》のことだけではありません。経済上《けいざいじょう》のことでも、たとえば、貧乏《びんぼう》をのがれるために何《なに》かを拝《おが》めというようなことを、釈尊《しゃくそん》はすこしも教《おし》えてはいらっしゃいません。「雑阿含経《ぞうあごんきょう》」の中《なか》のつぎの一節《いっせつ》を読《よ》むと、そのことがはっきり解《わか》ります。すなわち——

「始《はじ》めに功業《こうぎょう》を学《まな》び、方便《ほうべん》して財物《ざいもつ》を集《あつ》めよ。彼《か》の財物《ざいもつ》を得已《えおわ》らば、当《まさ》に四分《ぶん》を作《な》し応《おう》ずべし。一分《ぶん》もて、自《みずか》ら食《しょく》に用《もち》い、二分《ぶん》もて生業《せいぎょう》を営《いとな》み、余《よ》の一分《ぶん》は蔵密《ぞうみつ》し、以《もっ》て貧乏《びんぼう》を擬《ぎ》せよ。」

と、あります。

やさしくいえば、——まず技能《ぎのう》をしっかり学《まな》んで、それを方便《ほうべん》（正《ただ》しい手段《しゅだん》）として収入《しゅうにゅう》を得《え》なさい。そして、収入《しゅうにゅう》を得《え》たら、むやみに使《つか》ってしまわないで、それを四《よっ》つに分《わ》け、四分《ぶん》の一を生活費《せいかつひ》にあて、四分《ぶん》の二を営業費《えいぎょうひ》に使《つか》い、残《のこ》った四分《ぶん》の一は貯蓄《ちょちく》して、収入《しゅうにゅう》がと絶《だ》えたりする非常《ひじょう》のときに備《そな》えなさい——と教《おし》えられているのです。

さらにつづけて、——そうして正《ただ》しく働《はたら》き、正《ただ》しい智慧《ちえ》で財《ざい》を求《もと》めれば、財《ざい》は日々《ひび》に集《あつ》まってくるけれども、そのうちから分《ぶん》に応《おう》じて社会公共《しゃかいこうきょう》のことに寄附《きふ》し、また友人《ゆうじん》とか親戚《しんせき》などにもよくしてやらなくてはならない——と諭《さと》されてあります。

なんという現実的《げんじつてき》な、そして道徳的《どうとくてき》な教《おし》えでしょう。

こうして釈尊《しゃくそん》は、人間《にんげん》の知恵《ちえ》で解決《かいけつ》できることは、あくまでも、人間《にんげん》の知恵《ちえ》で解決《かいけつ》するように努力《どりょく》することを教《おし》えておられるのです。

草《くさ》や木《き》や石《いし》は、「どうぞ病気《びょうき》を治《なお》してください」といって拝《おが》む対象《たいしょう》ではなく、その中《なか》から薬《くすり》として効《き》くものを人間《にんげん》の知恵《ちえ》と努力《どりょく》でみつけ出《だ》して、煎《せん》じたり粉《こな》にして飲《の》むべきものなのです。また、たいていの人生苦《じんせいく》は、キツネやヘビのような動物《どうぶつ》の霊《れい》などに頼《たの》んで退治《たいじ》してもらうものではなく、人間《にんげん》の知恵《ちえ》と、技術《ぎじゅつ》と、努力《どりょく》とで克服《こくふく》すべきものなのです。

死《し》の苦《くる》しみ

ところが、人生《じんせい》には、人間《にんげん》の知恵《ちえ》や努力《どりょく》だけではどうしても解決《かいけつ》できないことがあります。早《はや》い話《はなし》が、「死《し》」という問題《もんだい》がそれです。

医学《いがく》の発達《はったつ》によって、人間《にんげん》の寿命《じゅみょう》はずいぶん延《の》びてきましたし、今後《こんご》もうんと延《の》びていくでしょう。しかし、それでも「死《し》」はかならずやってくるのです。そして、生物《せいぶつ》であるかぎり、死《し》ぬということは本能的《ほんのうてき》にいやなことであり、恐《おそ》ろしいことです。

若《わか》い人《ひと》は、あまり死《し》というものに対《たい》する恐《おそ》れをもっていません。それは、若《わか》いうちは生活力《せいかつりょく》が豊《ゆた》かで、生《い》き生《い》きした気持《きもち》に満《み》ちているために、死《し》というものを如実《にょじつ》に考《かんが》えないからです。考《かんが》えないから恐《おそ》れないというだけであって、真剣《しんけん》に死《し》ということを考《かんが》えたら、たいてい震《ふる》えあがってしまうでしょう。

わたしの知《し》っているある人《ひと》が、十二歳《さい》になる潑剌《はつらつ》とした女《おんな》の子《こ》どもさんに、「どうかすると、日本《にっぽん》の国《くに》に水素爆弾《すいそばくだん》が雨《あめ》のように降《ふ》ってくることになるかもしれない」といったところ、その子《こ》どもさんは無《む》邪気に「そうしたら、どうなるの?」と聞き返したそうです。そこで、「みんないっしょに死《し》んでしまうんだよ。あっというまに死《し》んでしまうんだから、楽《らく》なもんだろう」と冗談《じょうだん》まじりにいったところ、にわかに真青《まつさお》になって「死《し》ぬのはいや、いや」と叫《さけ》んだそうです。その顔《かお》といったら、十二歳《さい》になるまでかつて見《み》たこともなかった、真剣《しんけん》な、恐怖《きょうふ》に満《み》ちた顔《かお》だった、と語《かた》っていました。

子《こ》どもでさえも、真剣《しんけん》に死《し》を思《おも》ったらこうですから、中年以後《ちゅうねんいご》の人《ひと》はなおさらです。どんな健康《けんこう》な人《ひと》でも、中年《ちゅうねん》を過《す》ぎると、ときどき死《し》のことを思《おも》うものです。思《おも》うというより、折《おり》にふれてふとその黒《くろ》い影《かげ》が心《こころ》をかすめるのです。その瞬間《しゅんかん》、なんともいえないゾッとするようなものを覚《おぼ》えます。冷《つめ》たい風《かぜ》が衿元《えりもと》から吹《ふ》き込《こ》んだような感《かん》じです。

まして、重《おも》い病《やまい》の床《とこ》に臥《ふ》している人《ひと》はどうでしょう。死《し》はもうそのへんまでやってきている、いつ訪《おとず》れてくるかわからない、そう思《おも》うと、たとえようのない恐怖《きょうふ》と、寂《さび》しさが胸《むね》をえぐるのです。しかも、病《やまい》の苦《くる》しさは、身《み》をさいなみます。死《し》は二重《にじゅう》の苦《くる》しみをもって訪《おとず》れてくるのです。

ある人《ひと》は、死《し》ぬ前《まえ》の苦《くる》しみさえなければ、死《し》ぬことなんか別《べつ》に恐《こわ》くないといいます。それは、死《し》に直《ちょく》面《めん》していないときの考《かんが》えであって、いざ死《し》が確実《かくじつ》にしのびよってきているとなったら、けっして平然《へいぜん》としておられるものではありません。

病《やまい》の苦《くる》しさが、かえってほんとうの死《し》の苦《くる》しみを忘《わす》れさせるということも考《かんが》えられます。骨《ほね》が砕《くだ》けるような痛《いた》み、胸《むね》を締《し》めつけられるような苦《くる》しさ、こういった現実的《げんじつてき》な苦痛《くつう》があると、それから逃《のが》れようということだけで心《こころ》がいっぱいで、ほんとうの死《し》の恐怖《きょうふ》というものを忘《わす》れる時間《じかん》が多《おお》いのではないかとも考《かんが》えられるのです。

身体《からだ》の健康《けんこう》な死刑囚《しけいしゅう》の心中《しんちゅう》を思《おも》い浮《う》かべてみると、その苦《くる》しみがどんなであるかが想像《そうぞう》されます。健康《けんこう》な死刑囚《しけいしゅう》には、死《し》を忘《わす》れさせるような苦《くる》しみも、楽《たの》しみもないのです。四六時中《じちゅう》、壁《かべ》と向《む》かいあってジッと死《し》を待《ま》っているのです。これこそ、ほんとうに死《し》に直面《ちょくめん》しているのであって、その苦悩《くのう》はたとえようもなく深刻《しんこく》なものだと思《おも》います。

ところが、考《かんが》えようによっては、人間《にんげん》はすべて死刑囚《しけいしゅう》のようなものです。いつかは、確実《かくじつ》に死《し》ぬのです。今後《こんご》の医学《いがく》の発達《はったつ》によって、死《し》ぬときの肉体的《にくたいてき》な苦《くる》しみは非常《ひじょう》に少《すく》なくなるかもしれません。しかし、そうなっても、死《し》ぬことそれ自体《じたい》に対《たい》する恐《おそ》れと不安《ふあん》と苦悩《くのう》は解消《かいしょう》しません。

それを解消《かいしょう》するものは、ただ一《ひと》つしかありません。宗教《しゅうきょう》です。永遠《えいえん》の生命《せいめい》を信《しん》ずる宗教《しゅうきょう》です。死《し》ぬのではない、自分《じぶん》の生命《せいめい》が形《かたち》を変《か》えるだけのことである——という自覚《じかく》が、信仰《しんこう》によって完全《かんぜん》に成就《じょうじゅ》されたとき、人間《にんげん》ははじめて死《し》に対《たい》する恐怖《きょうふ》や苦悩《くのう》から解放《かいほう》されるのです。

生《せい》の苦《くる》しみ

死《し》が苦《くる》しいだけではありません。生《い》きていること自体《じたい》に、苦《くる》しみはいつもつきまといます。物質的《ぶっしつてき》な苦《くる》しみ、肉体的《にくたいてき》な苦《くる》しみ、精神的《せいしんてき》な苦《くる》しみ……そういったさまざまな苦《くる》しみが、日《にち》夜《や》われわれをおそってきます。

そのうちの物質的《ぶっしつてき》な苦《くる》しみ、肉体的《にくたいてき》な苦《くる》しみの二《ふた》つは、人間《にんげん》の知恵《ちえ》や努力《どりょく》でなんとか解決《かいけつ》できるはずのものです。現在《げんざい》においては、ある程度《ていど》しか解決《かいけつ》できていない状態《じょうたい》ですけれども、人類《じんるい》の知的《ちてき》な発達《はったつ》・向上《こうじょう》によって、一歩《いっぽ》一歩《いっぽ》解決《かいけつ》されつつあります。何千年《なんぜんねん》か何万年《なんまんねん》かののちには、こういう苦《くる》しみはほとんどなくなるかもしれません。

また、精神的《せいしんてき》な苦《くる》しみも、その原因《げんいん》をつかむことのできるもの——すなわち、心《こころ》の表面《ひょうめん》における苦《くる》しみは、その原因《げんいん》をなくしてしまうことにより、あるいは道徳的《どうとくてき》な修養《しゅうよう》によって、解決《かいけつ》できないこともありますまい。

ところが、どう努力《どりょく》してみても、修養《しゅうよう》してみても、人間《にんげん》の力《ちから》ではどうにもならぬ精神的《せいしんてき》な苦《くる》しみや悩《なや》みというものが、ギリギリ決着《けっちゃく》のところに残《のこ》ります。たとえば、前《まえ》にも述《の》べたような「意識下《いしきか》の自己《じこ》」がうごめいたり、暴《あば》れ出《だ》したりすると、表面《ひょうめん》の心《こころ》でどんなにその手綱《たづな》を引《ひ》き締《し》めてみても、どうにもならないのです。

人《ひと》を憎《にく》むまいと思《おも》っても思《おも》っても、憎《にく》しみの心《こころ》がつのってくる。怒《いか》ってはならないと自分《じぶん》に強《つよ》くいいきかせても、怒《いか》りがムラムラと湧《わ》いてくる。怖《こわ》がる必要《ひつよう》はないのだと自覚《じかく》していながらも、恐怖《きょうふ》と不安《ふあん》の念《ねん》がつきまとって離《はな》れない……こういうことは、凡夫《ぼんぷ》の身《み》としてはしょっちゅう経験《けいけん》することです。

生《い》きる苦《くる》しみでさえこうですから、まえにも述《の》べたように、死《し》に対《たい》する恐怖《きょうふ》や不安《ふあん》は、人間《にんげん》が生《い》きものであるかぎり、どうすることもできないのです。

絶対力《ぜったいりょく》を求《もと》める

こうして、いかに努力《どりょく》してみてもどうにもならぬギリギリの苦悩《くのう》につきあたったとき、人間《にんげん》は、なにものでもよい、絶対的《ぜったいてき》な力《ちから》を持ったものにすがりついて、救《すく》いを求《もと》めたい気持《きもち》になります。自分《じぶん》の身《み》も心《こころ》もその絶対力《ぜったいりょく》の前《まえ》に投《な》げ出《だ》して、「どうにでもしてください。お任《まか》せします」といいたい気持《きもち》になります。

それでは、何《なに》にすがりついたらいいのでしょう。何《なに》に対《たい》して身《み》も心《こころ》も任《まか》せたらいいのでしょう。まえにも述《の》べたように、原始人《げんしじん》たちは、太陽《たいよう》とか、山《やま》とか、動植物《どうしょくぶつ》とか、ある特定《とくてい》の人間《にんげん》とか、それらに宿《やど》っている霊《れい》といったようなものの前《まえ》にひれ伏《ふ》したのですが、これはもう問題《もんだい》になりません。

もっと進《すす》んだ宗教《しゅうきょう》においては、その「絶対的《ぜったいてき》な力《ちから》」を「神《かみ》」に求《もと》めました。天地《てんち》のすべてのものをつくり、すべてのものを支配《しはい》している万能者《ばんのうしゃ》と考《かんが》えられる「神《かみ》」です。その「神《かみ》」に祈《いの》り、救《すく》いを求《もと》めることによって、ようやくある程度《ていど》心《こころ》の安《やす》らぎを得《え》ることができました。

救《すく》いは外側《そとがわ》にはない

しかし、それも「ある程度《ていど》」に過《す》ぎないのであって、絶対的《ぜったいてき》な安心立命《あんじんりゅうめい》というものは、そういう神《かみ》からは求《もと》められないのです。なぜかといえば、そういう神《かみ》は自分《じぶん》の外側《そとがわ》にあるからです。自分《じぶん》の外側《そとがわ》に、たとえば天《てん》の上《うえ》などにいると考《かんが》えられる存在《そんざい》だからです。

天《てん》の上《うえ》から厳然《げんぜん》としてこの世界《せかい》を見下《みお》ろしておられる神《かみ》、そして悪《わる》いものは容赦《ようしゃ》なく罰《ばっ》し、よいものにはよい報《むく》いを与《あた》えてくださる神《かみ》……そういう神《かみ》はどんなに絶対力《ぜったいりょく》をもっていても、いや大《おお》きな力《ちから》をもっていればいるほど、頼《たよ》りになると同時《どうじ》に、恐《おそ》れを感《かん》ぜずにはおられません。いつ見《み》放《はな》されるかしれない、いつ罰《ばつ》を与《あた》えられるかわからないからです。それで、一心《いっしん》にすがりついていながらも、心《こころ》の片隅《かたすみ》ではビクビクしていなければなりません。

そういうわけで、自分《じぶん》の心《こころ》のよりどころとするものが自分《じぶん》の外側《そとがわ》にあるのでは、ほんとうの安《やす》らぎ（涅槃《ねはん》）にいたることはできません。

救《すく》いは内側《うちがわ》だけにもない

それならば、自分《じぶん》の内側《うちがわ》にあるものがよりどころになるかといえば、内側《うちがわ》にあるものばかりでも、これまたまことに頼《たよ》りないものです。自分《じぶん》の内側《うちがわ》にあるもの、すなわち自分《じぶん》の心《こころ》というものは、煩悩《ぼんのう》にまどわされている凡夫《ぼんぷ》の心《こころ》だからです。自分《じぶん》の身体《からだ》も、いつかは消《き》え失《う》せるものであって、頼《たよ》りになりません。

もし、自分《じぶん》の内側《うちがわ》にあるものだけが頼《たよ》りになるのであったら、宗教《しゅうきょう》も何《なに》もいりません。自分《じぶん》の力《ちから》で自《じ》分《ぶん》が救《すく》えるはずです。

自燈明《じとうみょう》 法燈明《ほうとうみょう》

それでは、いったいわれわれは何《なに》をよりどころにし、何《なに》に救《すく》いを求《もと》めたらいいのでしょうか。

ここで、われわれが強《つよ》く強《つよ》く思《おも》い出《だ》さなければならないのは、釈尊《しゃくそん》が入滅《にゅうめつ》を前《まえ》にして阿難《あなん》にいい残《のこ》された「自燈明《じとうみょう》、法燈明《ほうとうみょう》」の教《おし》えです。

「またとない大導師《だいどうし》であられる世尊《せそん》がなくなられたら、いったいわれわれはだれを頼《たよ》りにして修行《しゅぎょう》し、生《い》きていけばいいのだろうか」——という阿難《あなん》の不安《ふあん》に対《たい》して、釈尊《しゃくそん》はこうお教《おし》えになったのです。

「阿難《あなん》よ。あなた方《がた》は、ただ自《みずか》らを燈明《とうみよう》とし、自《みずか》らをよりどころとするのです。他人《たにん》をよりどころとしてはいけません。また、法《ほう》を燈明《とうみよう》とし、法《ほう》をよりどころとするのです。他《た》をよりどころとしてはなりません。」

この教《おし》えほど、正《ただ》しい宗教《しゆうきよう》の神髄《しんずい》を短《みじ》かいことばのうちにいい尽《つ》くしたものはないと思《おも》います。「頼《たよ》りになるのは自分《じぶん》であるぞ」と、まず教《おし》えられました。他人《たにん》をよりどころにしたのでは、その他人《たにん》から見放《みはな》されれば、あるいは、その人《ひと》がいなくなってしまえば、途方《とほう》にくれるよりほかはありません。だから、あくまでも自分《じぶん》で立《た》ち、自分《じぶん》で歩《あゆ》まなければいけないよ、とさとされたのです。

それでは、その自分《じぶん》は何《なに》をよりどころとして生《い》きればよいのか。「法《ほう》」よりほかにはない。「真理《しんり》」よりほかにはない。まちがっても、他《た》をよりどころにしてはならないよ——と、お教《おし》えになったのです。

この「他《た》」というのは何《なに》を指《さ》すのかといえば、とりもなおさず「神《かみ》」を指《さ》すのです。自分《じぶん》の外側《そとがわ》にあって、自分《じぶん》を支配《しはい》していると考《かんが》えられるような「神《かみ》」、そういうものを頼《たよ》りにしてはいけない。よりどころとするものは、ただ「法《ほう》」だけである、「真理《しんり》」だけであるぞ——と、力強《ちからづよ》く教《おし》えられたのです。

まことに千鈞《せんきん》も万鈞《ばんきん》もの重《おも》みのあるおことばであって、後世《こうせい》のいろいろなえらい人《ひと》たちが、数《かず》かぎりもないほど人生論《じんせいろん》や宗教論《しゆうきようろん》を述《の》べているそのすべてを合《あ》わせても、この「自燈明《じとうみよう》、法燈明《ほうとうみよう》」の一語《いちご》の重《おも》みには比《くら》べられないと思《おも》います。

法《ほう》は内側《うちがわ》にも外《そと》側《がわ》にもあるもの

これによって、われわれの頼《たの》みとするもの、よりどころとするものは、われわれの内側《うちがわ》にもあり、外側《そとがわ》にもあるもの、すなわち「法《ほう》」であることがわかります。「法《ほう》」はこの宇宙《うちゆう》に通《つう》ずる真理《しんり》ですから、内外《うちそと》の区別《くべつ》など全然《ぜんぜん》ありません。

自分《じぶん》の身体《からだ》も、この真理《しんり》によってつくられ、この真理《しんり》によって生《い》きている。自分《じぶん》の心《こころ》も、この真理《しんり》によってつくられ、この真理《しんり》によって動《うご》いている。まわりの社会《しやかい》も、天《てん》も、地《ち》も、草木《くさき》も、鳥《とり》も、けものも、ありとあらゆるものがこの真理《しんり》によってつくられ、この真理《しんり》によって生《い》きている。

「法《ほう》」すなわち「大生命《だいせいめい》」

「真理《しんり》」ということばがなんとなく冷《つめ》たく感《かん》じられる人《ひと》は、それを「大生命《だいせいめい》」ということばにおきかえて考《かんが》えてもいいでしょう。この世《よ》のすべてのものを「存在《そんざい》させ」「生《い》かしている」大生命《だいせいめい》です。この宇宙《うちゆう》をつらぬいている大生命《だいせいめい》に、われわれも生《い》かされているのだということを、精神《せいしん》の奥《おく》の奥《おく》でしっかりと自覚《じかく》できたとき、はじめてわれわれはほんとうにゆるぎない安《やす》らぎを得《え》るのです。

宗教的瞑想《しゆうきようてきめいそう》

それでは、どういう方法《ほうほう》でその自覚《じかく》を得《え》ることができるのでしょうか。

いうまでもなく、仏《ほとけ》の教《おし》えをくりかえしくりかえし学《まな》ぶことです。そして、その教《おし》えを「瞑想《めいそう》」することによって、心《こころ》の奥《おく》にしっかりと植《う》えつけることです。すなわち、自分《じぶん》の生命《いのち》(仏性《ぶつしよう》)と宇宙《うちゆう》の生命《いのち》(仏《ほとけ》)がひとつであることを、心《こころ》の中《なか》で強《つよ》く念《ねん》じるのです。それが、宗教的瞑想《しゆうきようてきめいそう》にほかなりません。

そうすることによって、はじめて自分《じぶん》でつかまえられない自分《じぶん》の心《こころ》（意《い》識下《しきか》の自己《じこ》）をも清《きよ》めることができ、思《おも》うことなすことがひとりでに周囲《しゅうい》のすべてと調和《ちょうわ》するようになってくるのです。思《おも》うことなすことが周囲《しゅうい》のすべてと調和《ちょうわ》すれば、苦《くる》しみも悩《なや》みも起《お》こるはずがありません。それが、ほんとうの安《やす》らぎであり、涅槃寂静《ねはんじゃくじょう》の境地《きょうち》なのです。

生《い》かされているという自覚《じかく》　しかも、その心境《しんきょう》は「精神《せいしん》の安《やす》らぎ」という静《しず》かな、消極的《しょうきょくてき》な状態《じょうたい》にとどまるものではありません。この「生《い》かされている」という自覚《じかく》は、われわれに大《おお》きな希望《きぼう》と勇気《ゆうき》を与《あた》えます。日々《ひび》のくらしに、職業《しょくぎょう》に、そして他《た》を救《すく》い世《よ》のためにつくす菩薩行《ぼさつぎょう》に、勇躍《ゆうやく》してつき進《すす》んでいく力《ちから》が、そこからこんこんと湧《わ》き出《だ》してくるのです。

まことに、この「生《い》かされている」という自覚《じかく》こそ、ほんとうの救《すく》いです。そして、その「われわれを生《い》かしている真理《しんり》」に対《たい》して、「南無《なむ》」とひたすらに帰依《きえ》することこそ、信仰《しんこう》の極致《きょくち》といわなければなりません。

南《な》無《む》　「南無《なむ》」というのは、梵語《ぼんご》そのままの音《おん》を漢字《かんじ》で表《あら》わしたもので、その意味《いみ》は「帰命《きみょう》」ということです。「帰命《きみょう》」というのは、全身全霊《ぜんしんぜんれい》を投《な》げ出《だ》して、「お任《まか》せします」と「法《ほう》」の中《なか》へ溶《と》けこんでいくことです。そして、その瞬間身《しゅんかんみ》が震《ふる》えるほどに感《かん》ずる「ありがたい」という法悦感《ほうえつかん》も、この二音《におん》の中《なか》に籠《こ》められています。

物《もの》を拝《おが》むのでもない、人《ひと》を拝《おが》むのでもない、霊魂《れいこん》を拝《おが》むのでもない、外部《がいぶ》にある神《かみ》を拝《おが》むのでもない、ただわれわれを生《い》かしている「法《ほう》」に対《たい》して、まっしぐらに「南無《なむ》」といって溶《と》けこんでいく、そしてそれと一体《いったい》になる——これが、純粋最高《じゅんすいさいこう》の信仰《しんこう》であります。

南無妙法蓮華経《なむみょうほうれんげきょう》

ですから、われわれが「南無妙法蓮華経《なむみょうほうれんげきょう》」とお題目《だいもく》を唱《とな》えるのは、この経典《きょうてん》に教《おし》えられている「法《ほう》（すべてのものを生《い》かしている真理《しんり》）」に対《たい》して「南無《なむ》」と帰命《きみょう》する行《ぎょう》なのですから、これほど純粋《じゅんすい》な信仰《しんこう》の形態《けいたい》はないわけです。すなわち宗教《しゅうきょう》の極致《きょくち》なのです。

科学《かがく》の目《め》で見《み》れば

ところが、時代《じだい》の相違《そうい》と、個人個人《こじんこじん》の機根《きこん》のちがいによって、この「法《ほう》」というものの理解《りかい》のしかたがちがってくるのは当然《とうぜん》のことです。現代《げんだい》の人間《にんげん》は、たいてい科学的《かがくてき》な教育《きょういく》を受《う》けていますので、目《め》の前《まえ》にハッキリ見《み》えるもの、あるいは科学的《かがくてき》に証明《しょうめい》されるものでなくては承知《しょうち》しない傾向《けいこう》があります。「法《ほう》」といい、「すべてを生《い》かしているもの」といっても、それは宗教家《しゅうきょうか》があたまの中《なか》でつくり出《だ》した考《かん》えに過《す》ぎないのではないか——という疑《うたが》いを持《も》ちやすいのです。

そういう人《ひと》たちは、現代《げんだい》の科学《かがく》の最頂点《さいちょうてん》である原子物理学《げんしぶつりがく》がつきとめている、この宇宙《うちゅう》のすべての物質《ぶっしつ》の成《な》り立《た》ちを考《かんが》えてみるといいでしょう。だれしもご承知《しょうち》のように、この宇宙《うちゅう》のすべての物質《ぶっしつ》は、電子《でんし》・陽子《ようし》・中性子《ちゅうせいし》その他《た》の素粒子《そりゅうし》からできているとされています。そして、その数種類《すうしゅるい》の素粒子《そりゅうし》の組合《くみあ》わせのちがいで、いろいろな物質《ぶっしつ》のちがいが生《しょう》じているのだというのです。

ところが、これ以上細《いじょうこま》かく分《わ》けることはできないというギリギリまで考《かんが》えたのが、そういう素粒子《そりゅうし》だとしても、そこに素粒子《そりゅうし》という「物《もの》」が「在《あ》る」かぎり、それをもっと細《こま》かく分《わ》けることができるはずです。しかし、いまの科学《かがく》ではそれ以上細《いじょうこま》かに分《わ》けることができないので、学者《がくしゃ》たちは「素粒子《そりゅうし》をつくっているのはエネルギーである」といっているのです。

エネルギーというのは、普通《ふつう》「物《もの》があるはたらきをする力《ちから》」ということになっていますが、こうなると、「物《もの》」があるはたらきをする以前《いぜん》に、すでにエネルギーというものがあって、それが「物《もの》」をつくっているということになります。これは山本洋一工学博士《やまもとよういちこうがくはくし》の説《せつ》です。

そのエネルギー（力《ちから》）といえば、もちろん目《め》にも見《み》えないし、これがエネルギーだと取《と》り出《だ》すこともできないものです。ですから、結局《けっきょく》、エネルギーというものは、一見《いっけん》「無《な》い」ようであるが、しかしたしかに「在《あ》る」ものです。そして、これこそ完全《かんぜん》に一種《ひといろ》のものです。その一種《ひといろ》のものの寄《よ》り集《あつ》まりぐあいによって電子《でんし》とか陽子《ようし》とか中性子《ちゅうせいし》というような素粒子《そりゅうし》ができており、その素粒子《そりゅうし》の寄《よ》り集《あつ》まりぐあいによっていろいろな原子《げんし》ができており、その原子《げんし》の寄《よ》り集《あつ》まりぐあいによって水素《すいそ》とか、酸素《さんそ》とか、金《きん》とか、鉄《てつ》といったような元素《げんそ》ができており、その元素《げんそ》の寄《よ》り集《あつ》まりぐあいによって空気《くうき》とか、水《みず》とか、石《いし》とか、草木《くさき》とか、人間《にんげん》の身体《しんたい》とかができているのですから、これらすべてのものは、すべて大本《おおもと》は一種《ひといろ》のエネルギー（力《ちから》）からできていることになります。さきごろの新聞《しんぶん》によれば、ソ連《れん》のある学者《がくしゃ》が、「時間《じかん》もエネルギーである」という新説《しんせつ》を出《だ》しています。そして、太陽《たいよう》その他《た》の恒星《こうせい》がいつまでも燃《も》え尽《つ》きないのは、時間《じかん》というエネルギーを燃料《ねんりょう》にしているからだというのです。

ここいらあたりが、現代科学《げんだいかがく》がつきとめうるギリギリの頂点《ちょうてん》であります。

ところが、釈尊《しゃくそん》は、二千年以上前《せんねんいじょうまえ》に、このことをちゃんといっておられるのです。すなわち「色即是《しきそくぜ》空《くう》」「空即是色《くうそくぜしき》」と喝破《かっぱ》しておられます。

色即是空《しきそくぜくう》

「空《くう》」というのは、「なんにも無《な》い」というのではありません。永遠不変《えいえんふへん》な実体《じったい》というものは無《な》いということです。つまり、ものごとの本質《ほんしつ》は「平等《びょうどう》」であるということです。「色《しき》」というのは「現象《げんしょう》」ということです。

ですから、「色即是空《しきそくぜくう》」というのは、あらゆる「物質《ぶっしつ》」も、人間《にんげん》の「心《こころ》」も、世《よ》の中《なか》の「できごと」も、すべてそのものごとの本質《ほんしつ》のありようはおんなじであるという意味《いみ》です。あらゆる「物質《ぶっしつ》」も、「心《こころ》」も、「できごと」も人間《にんげん》の目《め》で見《み》ればばちがったように見《み》えるけれども、その本質《ほんしつ》はすべて「平等《びょうどう》」であるというのです。ギリギリのところまで分解《ぶんかい》していってみると、すべてがエネルギー(力《ちから》)という一種《ひといろ》のものになってしまうから、「平等《びょうどう》」なのだと考《かんが》えてもいいでしょう。

空即是色《くうそくぜしき》

同時《どうじ》に、「空即是色《くうそくぜしき》」という原理《げんり》も成《な》り立《た》つわけです。すなわち、あらゆる「物質《ぶっしつ》」も、「心《こころ》」も、「できごと」も、すべて「空《くう》」なのですから、「空《くう》」が即《すなわ》ち「色《しき》」なのです。つまり、あらゆる現象《げんしょう》は、平等《びょうどう》であると同時《どうじ》に、それぞれの現象《げんしょう》となってあらわれているということです。

そのもともと空《くう》であるものが、ある因《いん》(原因《げんいん》)とある条件《じょうけん》(縁《えん》)が合《がっ》することによって、ある現象《げんしょう》となってあらわれているのであって、その条件《じょうけん》のちがいによって、水《みず》となったり、空気《くうき》となったり、石《いし》となったり、人間《にんげん》となったりしているわけです。

そうして、その因《いん》と縁《えん》の和合《わごう》のしかたが変化《へんか》すれば、その物質《ぶっしつ》も分解《ぶんかい》して、ほかの形《かたち》に変化《へんか》します。水《みず》は、高《たか》い熱《ねつ》という条件《じょうけん》に会《あ》えば水蒸気《すいじょうき》となって蒸発《じょうはつ》し、その水蒸気《すいじょうき》が冷《つめ》たい空気《くうき》という条件《じょうけん》に触《ふ》れれば、雲《くも》となるのです。

世《よ》の中《なか》のできごとも、心《こころ》のはたらきも、やはりそのとおりであって、ひとつとしてこの法則《ほうそく》にはずれるものはないわけです。

この法則《ほうそく》を、釈尊《しゃくそん》は「縁起《えんぎ》」ということばでお説《と》きになりました。「縁《よ》りて生《しょう》じ、縁《よ》りて滅《めつ》する」というのは、「あることがらが起《お》こるのも、ある物《もの》ができるのも、そのような条件《じょうけん》（縁《えん》）があってこそ生《しょう》ずるのである。その条件《じょうけん》（縁《えん》）がなくなれば、そのことがらも、その物《もの》も分解《ぶんかい》してしまうのである」という意味《いみ》です。これこそ、宇宙《うちゅう》のあらゆる存在《そんざい》と現象《げんしょう》をつらぬく真理《しんり》であって、じつに、科学《かがく》がこれ以《い》上深《じょうふか》くはいっていけないところまで、釈尊《しゃくそん》は直観《ちょつかん》によって見《み》とどけておられるのです。

そう考《かんが》えてくると、われわれの生命《せいめい》というものは、なんとなく頼《たよ》りないものに思《おも》われます。「空《くう》」であり、因《いん》と縁《えん》の和合《わごう》によって生《しょう》じたもの……なんのことはない、大自然《だいしぜん》の気《き》まぐれの産物《さんぶつ》だというような気《き》がしてきます。

ところが、そうではありません。われわれの周囲《しゅうい》をつくづく見渡《みわた》してみると、水《みず》は水《みず》、石《いし》は石《いし》、人間《にんげん》は人間《にんげん》と、ある秩序《ちつじょ》をもってつくられています。このように一糸《いっし》乱《みだ》れずいろいろな物《もの》ができるその条件《じょうけん》というものは、いったいなにものの力《ちから》により、なにもののさしずによるものなのか——と考《かんが》えてくると、われわれはそこにある法則《ほうそく》があることを認《みと》めずにはおられません。すべてのものを存在《そんざい》させている法則《ほうそく》です。これが、釈尊《しゃくそん》の説《と》かれる「法《ほう》」にほかなりません。

われわれは偶然《ぐうぜん》に生《い》きているのではなくて、この「法《ほう》」によって存在《そんざい》し、その「法《ほう》」によって生《い》きているのです。それがわかると、われわれには確固《かっこ》としたよりどころがあることが自覚《じかく》されて、はじめて安心《あんじん》できるのです。自然《しぜん》の気《き》まぐれの産物《さんぶつ》というような、頼《たよ》りないものではない。それどころか、これ以上確固《いじょうかっこ》たるものはない「法《ほう》」の上《うえ》に立《た》っているのですから、その安心《あんじん》というものは不動《ふどう》の大安心《だいあんじん》だということになります。

しかも、その「法《ほう》」というものは、われわれすべてを生かしている、、、「法《ほう》」ですから、けっして冷《つめ》たい感《かん》じの法則《ほうそく》というのでなしに、いわゆる生命感《せいめいかん》の溢《あふ》れた、生々溌剌《せいせいはつらつ》たる「法《ほう》」です。

考《かんが》えてもごらんなさい。何十億年《なんおくねん》も前《まえ》には、地球《ちきゅう》が溶岩《ようがん》の火《ひ》の塊《かたまり》であり、空《そら》には水蒸気《すいじょうき》やガスがたちこめて、生物《せいぶつ》というものはひとつも存在《そんざい》していなかったのです。約《やく》二十億年前《おくねんまえ》ごろ、地球《ちきゅう》がだんだん冷《ひ》えはじめたとき、顕微鏡《けんびきょう》で見《み》なければわからぬほど微細《びさい》な単細胞《たんさいぼう》の生命体《せいめいたい》が生《しょう》じてきた。これをバチビウスというのだそうですが、とにかく生命《せいめい》というものがはじめて生《う》まれた。

これももちろん「法《ほう》」によって生《しょう》じたものです。溶岩《ようがん》とか、ガスとか、水蒸気《すいじょうき》とか、そういったもののみが存在《そんざい》していた地球上《ちきゅうじょう》に、生命《せいめい》の源《みなもと》となる原因《げんいん》（因《いん》）がそれにふさわしいある条件《じょうけん》（縁《えん》）に会《あ》って、この生命体《せいめいたい》が生《しょう》じたのです。その条件《じょうけん》を与《あた》えたのは「法《ほう》」なのですから、「法《ほう》」というものは、われわれ人間《にんげん》の目《め》から見《み》れば、たんなる法則《ほうそく》というような冷《つめ》たいものでなく、やはりものを「存在《そんざい》させる力《ちから》」「生《い》かす力《ちから》」という生々《せいせい》潑剌《はつらつ》たるものとして感《かん》ぜざるをえません。

生《い》きたいという力《ちから》

ということを、逆《ぎゃく》にいえば、すべてのものは、「存在《そんざい》したい」、「生《い》きたい」という力《ちから》をもっているのです。二十億年前《おくねんまえ》の溶岩《ようがん》やガスや水蒸気《すいじょうき》のみが存在《そんざい》していた地球上《ちきゅうじょう》にも、どこかに「生《い》きたい」という力《ちから》というか、心《こころ》というか、そういうものがあった。だからこそ、ある条件《じょうけん》がととのったときに、その中《なか》からバチビウスという生命体《せいめいたい》が生《う》まれたのだといえないでしょうか。

そして、その小《ちい》さな生命体《せいめいたい》が約《やく》二十億年《おくねん》のあいだ、何百度《なんびゃくど》という暑《あつ》さにも、零下《れいか》何百度《なんびゃくど》という寒《さむ》さにも、大洪水《だいこうずい》にも、大暴風雨《だいぼうふうう》にも、とにかくありとあらゆる苦難《くなん》に耐《た》えながら生《い》きつづけ、しかも生《い》きるのに都合《つごう》がよいように次第《しだい》に進化《しんか》して、今日《こんにち》のような人間《にんげん》にまでなってしまった――それも、バチビウスという微細《びさい》なものにも「生《い》きたい」という心《こころ》があったからだといえないでしょうか。

こう考《かんが》えてくると、「生命《せいめい》」というものが地球上《ちきゅうじょう》になかったときから「生《い》きたい」という心《こころ》はあったのだといえます。つまり、生《い》きたいという力《ちから》というか、心《こころ》というか、そういうものが宇宙《うちゅう》のすべてのものの中《なか》に存在《そんざい》していたのです。

それは、もちろん現在《げんざい》の人間《にんげん》まで不断《ふだん》に持《も》ちつづけられているのです。われわれ人間《にんげん》も、科学的《かがくてき》に見《み》れば、バチビウスと同《おな》じく、いく種類《しゅるい》かの素粒子《そりゅうし》の組合《くみあ》わせである（もっとつっこんでいえば、つまりエネルギーの寄《よ》り集《あつ》まりである）わけですから、現在《げんざい》のわれわれ人間《にんげん》にも、やはりその「生《い》きたい心《こころ》」が変《か》わることなく実在《じつざい》しているはずです。

その心《こころ》は、心《こころ》といっても、われわれがとらえることもできない、抜《ぬ》き出《だ》すこともできない、どうすることもできない奥底《おくそこ》にある心《こころ》です。「潜在意識《せんざいいしき》」などというものよりもっともっと奥底《おくそこ》の、生命《せいめい》の根本《こんぽん》にある心《こころ》です。

では、われわれを生《い》かしている根本《こんぽん》である、この「生《い》きたい心《こころ》」とは、いったい何《なん》であるか。科学《かがく》でそれをとり出《だ》して、これだと説明《せつめい》することができるでしょうか。不可能《ふかのう》です。どんなえらい科学者《かがくしゃ》も、これはもはや人間《にんげん》の理解《りかい》を越《こ》えた問題《もんだい》だとしています。

ある哲学者《てつがくしゃ》は、これを「生《せい》への盲目《もうもく》の意志《いし》」といっているそうですが、いいかたはいくらでもありましょう。「宇宙《うちゅう》の意志《いし》」ともいえますし、「宇宙《うちゅう》の生命《せいめい》」ともいえます。「すべてのものを生《い》かす力《ちから》」ともいえましょう。あるいは「すべてのものを存在《そんざい》させている法則《ほうそく》」ともいえましょう。

釈尊《しゃくそん》が、宇宙《うちゅう》のすべてのものは「空《くう》」であり、「縁《えん》」によって生滅《しょうめつ》するものであるから、すべてのものごとには永遠《えいえん》に定《さだ》まった状態《じょうたい》というものはない、しかし、それらをつらぬいている「法《ほう》」だけが永遠《えいえん》に変《か》わらぬ実在《じつざい》である——と説《と》かれたのは、このことにほかならないのです。

しかし、凡夫《ぼんぷ》である人間《にんげん》にとっては、目《め》にも見《み》えず、形《かたち》もないこの「法《ほう》」というものを、しっかり自《じ》覚《かく》するということは、なかなかむずかしい問題《もんだい》です。釈尊《しゃくそん》のご在世《ざいせ》当時《とうじ》の人《ひと》びとにとっても、それを頭《あたま》にえがいてみることは、よほどすぐれた能力《のうりょく》の持主《もちぬし》でなければできなかったことでしょう。

「法《ほう》」の人格《じんかく》化《か》が「仏《ほとけ》」

そこで釈尊《しゃくそん》は、その「法《ほう》」なり「真理《しんり》」なりを、人間《にんげん》のあたまで考《かんが》えることのできる「仏《ほとけ》」という形《かたち》をとっていい現《あら》わされたわけです。「仏《ほとけ》」という絶対力《ぜったいりょく》をもった永遠不滅《えいえんふめつ》の存在《そんざい》があって、それはあらゆるものの中《なか》に遍在《へんざい》し、あらゆるものを生《い》かしておられるのである――と、説《と》かれたのです。これがいうまでもなく久遠実成《くおんじつじょう》の本仏《ほんぶつ》です。

本仏《ほんぶつ》はありとあらゆるものを生《い》かしている力《ちから》なのですから、この宇宙《うちゅう》のありとあらゆる場所《ばしょ》に遍満《へんまん》しておられます。空間《くうかん》（前後《ぜんご》・左右《さゆう》・上下《じょうげ》に無限《むげん》にひろがっている場所《ばしょ》）的《てき》に見《み》た場合《ばあい》、どこといって仏《ほとけ》のおられない場所《ばしょ》というものは考《かんが》えられないのです。

また、本仏《ほんぶつ》はすべてのものを生《い》かす力《ちから》なのですから、その生《い》かす対象《たいしょう》によってそれにふさわしい形《かたち》をとって現《あら》われるのは当然《とうぜん》のことです。ですから、人間《にんげん》の世界《せかい》に現《あら》われるときには、人間《にんげん》の世界《せかい》にふさわしい形《かたち》をとって現《あら》われるのです。

「現《あら》われる」とは「自覚《じかく》する」こと

現《あら》われるということばを、浅《あさ》く解釈《かいしゃく》すれば、「現《あら》われれば、だれでもそれを見《み》ることができるではないか」という疑問《ぎもん》が起《お》こるでしょうが、そうではなく、もともとちゃんと存在《そんざい》するものを「自覚《じかく》」するということを「現《あら》われる」といったまでにすぎません。すべての人間《にんげん》を生《い》かしている真理《しんり》であり、すべての人間《にんげん》を生《い》かしている力《ちから》であるかぎり、われわれの内側《うちがわ》にもつねに存在《そんざい》するものでありますから、われわれがなんらかの方法《ほうほう》でその存在《そんざい》を自覚《じかく》できないはずはないのです。その自覚《じかく》が、とりもなおさず「仏《ほとけ》」を見《み》たてまつることです。

釈尊《しゃくそん》は、人類《じんるい》の中《なか》ではじめてそれをはっきりと自覚《じかく》されたお方《かた》なのですが、普通《ふつう》の凡夫《ぼんぷ》の身《み》には、ただ「法《ほう》」とか「真理《しんり》」とかいわれても、なかなか理解《りかい》することができない。ところが、われわれの心《こころ》にも通《つう》ずるような心《こころ》を持《も》っておられ、その心《こころ》でわれわれすべてを生《い》かしていてくださる「仏《ほとけ》」という相《すがた》として考《かんが》えるとき、はじめて、われわれの心《こころ》としっかり結《むす》びつくことのできる、そして温《あたた》かみのある「生《い》かす力《ちから》」を自覚《じかく》することができるわけです。その「生《い》かす力《ちから》」が、とりもなおさず「慈悲《じひ》」であり、その「慈悲《じひ》」のみなもとが「仏《ほとけ》」なのです。

さて、仏《ほとけ》が空間的《くうかんてき》にありとあらゆる所《ところ》におられること、また救済《きゅうさい》する（そのものの生命《せいめい》をほんとうに生《い》かす）相手《あいて》にふさわしいいろいろな形《かたち》をとって現《あら》われてこられることは、「法華経《ほけきょう》」のこれまで学《まな》んだところにも、あちこちに出《で》てきました。また、時間的《じかんてき》にも、仏《ほとけ》は永遠《えいえん》の過去《かこ》からずっとおられるものだということも、あちこちでそれとなく説《と》いておられます。

ところが、これまではまだ真実《しんじつ》のすべてを尽《つ》くして説《と》いてはおられないのです。法《ほう》の真実《しんじつ》のすべてを理解《りかい》させる前提《ぜんてい》として、弟子《でし》たちの心《こころ》をすこしずつ切換《きりか》え、向《む》きを変《か》えさせてこられたのです。そうしないで、いきなり深遠《しんえん》な実相《じっそう》を説《と》かれたのでは、理解《りかい》もできなければ、信《しん》ずることもできず、かえって混乱《こんらん》におちいってしまうからです。

こうして、機《き》がすっかり熟《じゅく》したことをごらんになって、いよいよ説《と》きいだされたのが、ほかならぬこの「如来寿量品《にょらいじゅりょうほん》」なのです。ここではじめて、仏《ほとけ》の本体《ほんたい》およびその寿命《じゅみょう》を明《あき》らかにされるのです。すなわち、仏《ほとけ》の本体《ほんたい》はみんなの目《め》の前《まえ》に立《た》っているこの釈迦牟尼《しゃかむに》ではなく、久遠実成《くおんじつじょう》の本仏《ほんぶつ》であるぞ――ということを明《あき》らかにされるのです。そして、その本仏《ほんぶつ》は、時間的《じかんてき》には無限《むげん》の過去《かこ》から無限《むげん》の未来《みらい》までつねに存在《そんざい》するものであること、また空間的《くうかんてき》にはこの世《よ》のいたるところにあまねく存在《そんざい》するものであることを、はじめてはっきりとお説《と》き明《あ》かしになるのです。

ことばを換《か》えていえば、万物《ばんぶつ》を生《い》かす力《ちから》は、「どこにも」「いつでも」変《か》わりなく存在《そんざい》するのだということを、ここで力強《ちからづよ》く教《おし》えられるのです。

ところで、表面《ひょうめん》には、仏《ほとけ》の寿命《じゅみょう》は無限《むげん》であることが説《と》いてあるのですが、仏《ほとけ》の寿命《じゅみょう》が無限《むげん》であるということは、とりもなおさずわれわれの本質《ほんしつ》である仏性《ぶっしょう》が無限《むげん》であるということにほかなりません。ですから、仏《ほとけ》の寿命《じゅみょう》の無限《むげん》を知《し》ることによって、われわれは自分《じぶん》たちの仏性《ぶっしょう》の無限《むげん》を知《し》ることができて、かぎりない希望《きぼう》と、光明《こうみょう》と、勇気《ゆうき》とを得《え》ることができるのです。

さればこそ、「如来寿量品《にょらいじゅりょうほん》」は、「本門《ほんもん》」の柱《はしら》であるばかりでなく、「法華経《ほけきょう》」全体《ぜんたい》のたましいであるとされているのです。

「如来寿量品《にょらいじゅりょうほん》」に盛《も》られている思想《しそう》はあまりにも深遠《しんえん》であり、ただ字義《じぎ》どおり解釈《かいしゃく》していったのでは、現代《げんだい》の人間《にんげん》にはとうていその神髄《しんずい》がつかみにくいと思《おも》われましたので、この解説《かいせつ》においても、迹門《しゃくもん》の教《おし》えをふりかえってみることから入《はい》って、宗教《しゅうきょう》というものの本質《ほんしつ》を明《あき》らかにし、そして仏《ほとけ》（本仏《ほんぶつ》）というものを現代《げんだい》の考《かんが》えかたでも理解《りかい》できるようにあらかじめ説明《せつめい》してきたわけですが、ここでいよいよ本文《ほんもん》にはいることにいたしましょう。

「従地涌出品第十五《じゅうじゆじゅつほんだい》」において、地下《ちか》から涌出《ゆじゅつ》した無数《むすう》の大徳《だいとく》の菩薩《ぼさつ》はみんな釈尊《しゃくそん》が成道《じょうどう》なさってから教化《きょうけ》された人《ひと》たちであることをうかがって、一同《いちどう》はたいへん不思議《ふしぎ》に思《おも》い、弥勒菩薩《みろくぼさつ》が、代表《だいひょう》となって、ぜひぜひその真相《しんそう》を教《おし》えていただきたいと、お願《ねが》いしました。そこから「如来寿量品《にょらいじゅりょうほん》」がはじまります。

二七二・一—四 爾の時に仏《ほとけ》、諸《もろもろ》の菩薩《ぼさつ》及《およ》び一切《いっさい》の大衆《だいしゅ》に告《つ》げたまわく、諸《もろもろ》の善男子《ぜんなんし》、汝等当《なんだちまさ》に如来《にょらい》の誠諦《じょうたい》の語《ことば》を信解《しんげ》すべし。復大衆《またたいしゅ》に告《つ》げたまわく、汝等当《なんだちまさ》に如来《にょらい》の誠諦《じょうたい》の語《ことば》を信解《しんげ》すべし。又復諸《またまたもろもろ》の大衆《だいしゅ》に告《つ》げたまわく、汝等当《なんだちまさ》に如来《にょらい》の誠諦《じょうたい》の語《ことば》を信解《しんげ》すべし。

「汝等当《なんだちまさ》に如来《にょらい》の誠諦《じょうたい》の語《ことば》を信解《しんげ》すべし」ということを、三度《ど》も重《かさ》ねておっしゃっておられますが、これによって、これからお説《と》きになることが、どんなに重大《じゅうだい》な教《おし》えであるかがわかります。

誠《じょう》諦《たい》

「誠《じょう》」というのは「誠《まこと》（本心《ほんしん》）から出《で》た」という意味《いみ》であり、「諦《たい》」というのは実相《じっそう》とか真《しん》実《じつ》という意味《いみ》です。ですから、「誠諦《じょうたい》」というのは、「仏《ほとけ》の心《こころ》そのまま」というわけです。

そして、この「誠諦《じょうたい》」というのは「方便《ほうべん》」に相対《あいたい》していることばです。「方便《ほうべん》」というのは、迹門《しゃくもん》の教《おし》えの中《なか》でくりかえしくりかえしその大切《たいせつ》さが示《しめ》されているように、真実《しんじつ》をいろいろな形《かたち》で、すなわち、教《おし》えをきく人《ひと》の機根《きこん》に応《おう》じて解《わか》りやすく説《と》かれたものです。凡夫《ぼんぷ》はその方便《ほうべん》を通《つう》じてでないと、真《しん》実《じつ》を悟《さと》ることができないのです。

ところが、「誠諦《じょうたい》」というのは「仏《ほとけ》の心《こころ》そのまま」です。砂糖《さとう》をかぶせて呑《の》みこみやすくした真実《しんじつ》でもなければ、苦《にが》い味《あじ》をつけてその苦味《にがみ》で目《め》を覚《さ》まさせて悟《さと》らせようとした真実《しんじつ》でもなく、まったく、「生地《きじ》のままの真実《しんじつ》すべて」なのです。

どうして、ここではじめて「生地《きじ》のままの真実《しんじつ》すべて」を明《あき》らかにされるのかといえば、ひとつには弟子《でし》たちの法《ほう》に対《たい》する理解《りかい》が進《すす》んできたので、もう大丈夫《だいじょうぶ》とお考《かんが》えになったためでもあり、ひとつには、釈尊《しゃくそん》はもうすぐこの世《よ》を去《さ》られるので、ここで深遠《しんえん》な「真実《しんじつ》」すべてを説《と》いておかなければ、その教《おし》えがほんとうに完成《かんせい》しないからです。この「誠諦《じょうたい》」ということばの内容《ないよう》がいかに大切《たいせつ》なものであるかが、これでおわかりになることと思《おも》います。

それから、「信《しん》ずべし」でなく、「信解《しんげ》すべし」とおっしゃっておられることも、大切《たいせつ》なことです。

釈尊《しゃくそん》はけっしてご自分《じぶん》のお考《かんが》えをお弟子《でし》たちや世間《せけん》の人《ひと》たちに押《お》しつけようとはなさいませんでした。ご自分《じぶん》のお悟《さと》りになった真理《しんり》をそのままお説《と》きになって「なんじらも見《み》よ」とおすすめになっただけです。そして、真理《しんり》の道《みち》をご自分《じぶん》が先《さき》に立《た》ってお進《すす》みになり、「なんじらも来《きた》れ」とお誘《さそ》いになるだけです。

見《み》よ　最初《さいしょ》から「信《しん》ぜよ」とおっしゃらないで、ただ「見《み》よ」とおすすめになったのは、重大《じゅうだい》なことです。この一語《いちご》が仏法《ぶっぽう》の性格《せいかく》をよく表《あら》わしています。「見《み》よ」というのは、いまのことばでいえば、実証精神《じっしょうせいしん》であり、科学精神《かがくせいしん》です。よく観察《かんさつ》し、研究《けんきゅう》し、分別《ふんべつ》していけば、かならず「なるほど」と納得《なっとく》のできる道《みち》であることが、ここに明《あき》らかにされているのです。

来《きた》れ　「来《きた》れ」というのも、やはりそうです。「わたしとおんなじように法《ほう》を実践《じっせん》してごらんなさい。そうすれば、きっとその価値《かち》が解《わか》ってくるでしょう」と、おっしゃっておられるのです。自《じ》分《ぶん》のゆく道《みち》に対《たい》して絶対《ぜったい》の自信《じしん》をもっていなければ、とうていいい出《だ》すことのできないことばであります。

釈尊《しゃくそん》は、そのような理性的《りせいてき》なお方《かた》でしたから、修行《しゅぎょう》の積《つ》んだ弟子《でし》に対《たい》しても、ただ「信《しん》ぜよ」とはおっしゃらないで、「信解《しんげ》せよ」、すなわち理解《りかい》したうえで信《しん》ぜよとおっしゃっておられるのです。仏教《ぶっきょう》が、頭《あたま》ごなしの教《おし》えとまるっきりちがうところは、ここにもあるのです。

二七二・四—七 是の時に菩薩大衆《ぼさつだいしゅ》、弥勒《みろく》を首《はじめ》として、合掌《がっしょう》して仏《ほとけ》に白《もう》して言《もう》さく、世尊唯願《せそんただねが》わくは之《これ》を説《と》きたまえ。我等《われら》当《まさ》に仏《ほとけ》の語《みこと》を信受《しんじゅ》したてまつるべし。是《かく》の如《ごと》く三《み》たび白《もう》し已《おわ》って復《また》言《もう》さく、唯願《ただねが》わくは之《これ》を説《と》きたまえ。我等《われら》当《まさ》に仏《ほとけ》の語《みこと》を信受《しんじゅ》したてまつるべし。

このときに、弥勒菩薩《みろくぼさつ》をはじめとする一同《いちどう》は、合掌《がっしょう》して仏《ほとけ》にむかって申《もう》しあげるには「世尊《せそん》、どうぞそれをお説《と》きください。わたくしどもはかならず仏《ほとけ》さまのおことばを、信受《しんじゅ》いたします。」そのように三《さん》べんくりかえして申《もう》しあげ、さらにもう一度《いちど》くりかえしてお願《ねが》いいたしました。

このようにくりかえして申《もう》しあげるのは、ぜひ法《ほう》を聞《き》きたいという熱烈《ねつれつ》な願《ねが》いと、聞《き》いたうえはかならず実行《じっこう》せずにはおかぬという固《かた》い決心《けっしん》を表《あら》わしているのです。「信受《しんじゅ》」ということばにも、その気持《きもち》が籠《こも》っているのであって、「信受《しんじゅ》」というのは、ただ信《しん》ずるだけでなく、それをしっかりと胸《むね》に刻《きざ》みつけて忘《わす》れません——という意味《いみ》です。

「智《ち》」「慈《じ》」「行《ぎょう》」が揃《そろ》わねばならない

もう一《ひと》つここで見落《みお》としてならないことは、弥勒菩薩《みろくぼさつ》が大《おお》ぜいの代表《だいひょう》として世尊《せそん》に教《おし》えを請《こ》うていることです。

「法華経《ほけきょう》」のいちばんはじめの「序品第一《じょほんだいい》」において、世尊《せそん》が白毫相《びゃくごうそう》の光《ひかり》を放《はな》たれ、この宇宙《うちゅう》のあらゆる国土《こくど》が照《て》らし出《だ》されたとき、弥勒菩薩《みろくぼさつ》は、これはどういうわけであろうと考《かんが》えて、文殊菩薩《もんじゅぼさつ》に説明《せつめい》を求《もと》めました。そこで、文殊菩薩《もんじゅぼさつ》は、過去《かこ》の経験《けいけん》に照《て》らして、「世尊《せそん》はこれから、法華経《ほけきょう》の教《おし》えをお説《と》きになるだろう」と語《かた》っています。

これによって、文殊菩薩《もんじゅぼさつ》が菩薩《ぼさつ》のうちで一番上席《いちばんじょうせき》というか、大先輩《だいせんぱい》であることがわかります。そのあとの、「提婆達多品第十二《だいばだったほんだい》」や「安楽行品第十四《あんらくぎょうほんだい》」においても、文殊菩薩《もんじゅぼさつ》が一同《いちどう》を代表《だいひょう》して、世尊《せそん》に教《おし》えを請《こ》うています。

ところが、「従地涌出品第十五《じゅうじゆじゅっほんだい》」の後半以後《こうはんいご》になると、弥勒菩薩《みろくぼさつ》が一同《いちどう》の代表《だいひょう》になっていて、文殊菩薩《もんじゅぼさつ》は主役《しゅやく》としては登場《とうじょう》しません。そして、この「寿量品《じゅりょうほん》」においても弥勒菩薩《みろくぼさつ》が代表《だいひょう》となっています。

これは、偶然《ぐうぜん》そうなったのではありません。深《ふか》い意味《いみ》があるのです。

どういう意味《いみ》があるかというと、文殊菩薩《もんじゅぼさつ》は「文殊《もんじゅ》の智慧《ちえ》」といわれるように、智慧《ちえ》を代表《だいひょう》する菩薩《ぼさつ》です。ですから、智慧《ちえ》の教《おし》えである迹門《しゃくもん》においては、たいていの場合《ばあい》、文殊菩薩《もんじゅぼさつ》が一同《いちどう》の代表《だいひょう》となっているのです。

それに対《たい》して、弥勒菩薩《みろくぼさつ》は「慈悲《じひ》」を代表《だいひょう》する菩薩《ぼさつ》です。ですから、「従地涌出品第十五《じゅうじゆじゅっほんだい》」の後半以後《こうはんいご》の本門《ほんもん》すなわち「慈悲《じひ》」の教《おし》えにはいると、弥勒菩薩《みろくぼさつ》が代表《だいひょう》となっているわけです。

そうして、最後《さいご》の「普賢菩薩勧発品第二十八《ふげんぼさつかんぼっぽんだい》」にいくと、普賢菩薩《ふげんぼさつ》が代表《だいひょう》を務《つと》めています。それは、普賢菩薩《ふげんぼさつ》が「行《ぎょう》」を代表《だいひょう》する菩薩《ぼさつ》であるからです。（普賢菩薩《ふげんぼさつ》は「理《り》」「行《ぎょう》」「証《しょう》」をつかさどる菩薩《ぼさつ》とされていますが、「法華経《ほけきょう》」においては「行《ぎょう》」のはたらきが強《つよ》く現《あら》われています。）

文殊菩薩《もんじゅぼさつ》……智《ち》
弥勒菩薩《みろくぼさつ》……慈《じ》
普賢菩薩《ふげんぼさつ》……行《ぎょう》

こう並《なら》べてみますと、「法華経《ほけきょう》」の成《な》り立《た》ちがよくわかります。

人間《にんげん》が正《ただ》しい、よい人間《にんげん》になるには、何《なに》よりもまず、智慧《ちえ》が必要《ひつよう》です。「無知《むち》は罪悪《ざいあく》である」といわれるように、悪《わる》いことというものは、ほんとうの智慧《ちえ》がないから起《お》こるものです。この智慧《ちえ》というのは、人間《にんげん》の小《ちい》さな知恵《ちえ》ではありません。たとえば、官庁《かんちょう》や会社《かいしゃ》などの裏道《うらみち》をよく知《し》っていて、うまうまと儲《もう》けごとをしたり、あるいはたくみに法網《ほうもう》を潜《くぐ》ってよくないことをするような人《ひと》を知恵者《ちえしゃ》などといいますが、そんなのはほんとうの智慧《ちえ》ではないのです。

ほんとうの智慧《ちえ》というのは、この世《よ》の中《なか》のすべてのものごとの本質《ほんしつ》をよく見通《みとお》し、ものごとが起《お》こったり、移《うつ》り変《か》わったりする理法《りほう》を正《ただ》しく知《し》っていることです。こういう智慧《ちえ》が具《そな》わると、することなすことが自然《しぜん》と正《ただ》しくりっぱにならざるをえません。頼《たの》まれても、わるいことなどできるものではありません。欺《だま》されたり誘惑《ゆうわく》されたりして、わるいことをするような破目《はめ》にもおちいらないのです。

世《よ》の中《なか》の人《ひと》のすべてがこういう智慧《ちえ》を身《み》につけるようになれば、それだけで世《よ》の中《なか》はどんなに明《あか》るく平和《へいわ》に、そして豊《ゆた》かになるかわかりません。それで、釈尊《しゃくそん》は、何《なに》よりもまずほんとうの智慧《ちえ》を身《み》につけることを教《おし》えられたわけです。

ところが、ほんとうの智慧《ちえ》を身《み》につけると、世《よ》の中《なか》というものはあくまでも持《も》ちつ持《も》たれつで立《た》っているもの（諸法無我《しょほうむが》）であって、自分《じぶん》ひとりが智慧《ちえ》を具《そな》えていても、または自分《じぶん》ひとりが正《ただ》しくても、世《よ》の中全体《なかぜんたい》はよくならないことがわかります。それで、智慧《ちえ》を身《み》につけていない、したがって道《みち》をふみはずしている人《ひと》びとを見《み》ると、どうしてもそれを救《すく》ってあげねばならない気持《きもち》になります。すなわち、「慈悲《じひ》」の心《こころ》が湧《わ》いてくるのです。

「慈悲《じひ》」の心《こころ》が湧《わ》いてくれば、おのずからそれを「行為《こうい》」に表《あら》わさずにはおられなくなります。法《ほう》を知《し》らない人《ひと》には法《ほう》を説《と》いてやり、道《みち》をふみはずしている人《ひと》は正《ただ》しい道《みち》へ引《ひ》きもどしてやり、法《ほう》を修行《しゅぎょう》している人《ひと》に対《たい》してはそれをよく守《まも》り育《そだ》ててやらねばおられない気持《きもち》になります。

こうして、「智慧《ちえ》」と「慈悲《じひ》」と「実践《じっせん》」との三《み》つが揃《そろ》って完全《かんぜん》に行《おこ》なわれるようになったときに、仏《ほとけ》の教《おし》えは完成《かんせい》したことになります。そして、この世《よ》がそのまま浄土《じょうど》となるのです。「法華経《ほけきょう》」の教《おし》えは、このように水《みず》も洩《も》らさぬ成《な》り立《た》ちになっているのであって、この経典《きょうでん》を飛《と》び読《よ》みにしてはほんとうの会得《えとく》ができないというわけは、こういうところにあるのです。

二七二・七—九　爾の時に世尊《せそん》、諸《もろもろ》の菩薩《ぼさつ》の三《み》たび請《しょう》じて止《や》まざることを知《しろ》しめして、之《これ》に告《つ》げて言《のたま》わく、汝等《なんだち》諦《あきら》かに聴《き》け、如来《にょらい》の秘密神通《ひみつじんづう》の力《ちから》を。

そのとき世尊《せそん》は、もろもろの菩薩《ぼさつ》が三度《さんど》もお願《ねが》いしたことによって、心の底《こころそこ》から教《おし》えをうかがいたいと熱望《ねつぼう》していることを認《みと》められましたので、おごそかにおおせいだされました。

「みんな心《こころ》を澄《す》まして、しっかりと聞《き》きなさい。これから、きわめて奥深《おくふか》い如来《にょらい》の本体《ほんたい》と、自由自在《じゆうじざい》なそのはたらきについて、説《と》き明《あ》かすことにしましょう。」

この秘密《ひみつ》というのは、現代語《げんだいご》の「かくしていること」という意味《いみ》とちがって、「きわめて深遠《しんえん》であって、容易《ようい》に知《し》ることのできないもの」という意味《いみ》です。

そのような如来《にょらい》の本体《ほんたい》にそなわっている広大無辺《こうだいむへん》な「生《い》かす力《ちから》」が、ありとあらゆる衆生《しゅじょう》にはたらきかけるとき、そのはたらきを妨《さまた》げるものはまったくなく、まことに自由自在《じゆうじざい》な力《ちから》を及《およ》ぼされるということを、「神通《じんづう》」というのです。すなわち、秘密《ひみつ》というのは如来《にょらい》の本体《ほんたい》であり、神通《じんづう》というのは如来《にょらい》の慈悲《じひ》のはたらきのことです。

ここに、「本体《ほんたい》」とその「はたらき」の二《ふた》つに分《わ》けて説《と》かれていることには、大切《たいせつ》な意義《いぎ》があります。「本体《ほんたい》」というのは根本《こんぽん》の「力《ちから》」であり、「はたらき」というのはその力《ちから》の「表現《ひょうげん》」です。なにごとをするにしても、根本《こんぽん》の「力《ちから》」とその「表現《ひょうげん》」がりっぱに揃《そろ》わなければ、ものごとは満足《まんぞく》に成就《じょうじゅ》できません。

「表現《ひょうげん》」すなわち表面《ひょうめん》の仕事《しごと》ぶりばかりが、いかにも派手《はで》な人《ひと》があります。そういう会社《かいしゃ》や団体《だんたい》もあります。そんな派手《はで》さは、けっして真《しん》に価値《かち》ある実《み》を結《むす》ぶものではありません。なぜならば、その「はたらき」は実力《じつりょく》から出《で》たものではない「虚《きょ》」の活動《かつどう》だからです。それゆえ、浅《あさ》い井戸《いど》のように、すぐ涸《か》れてしまうのです。

また、根本《こんぽん》の力《ちから》がいかに充実《じゅうじつ》していても、表現《ひょうげん》がそれに伴《ともな》わなければ、結果《けっか》となって実《みの》ることがありません。無限《むげん》の量《りょう》をたたえた地下水《ちかすい》でも、それが泉《いずみ》となって噴《ふ》き出《だ》さないかぎり、あるいはわれわれがポンプなどで汲《く》みあげないかぎり、生活《せいかつ》の用《よう》にはならないのです。

ところが、如来《にょらい》の本体《ほんたい》すなわちその「生《い》かす力《ちから》」は無限《むげん》であり、そのはたらきすなわち「生《い》かす力《ちから》の表現《ひょうげん》」は自由自在《じゆうじざい》なのですから、その救《すく》いはまったく完全無欠《かんぜんむけつ》な、絶対《ぜったい》なものであることが、はっきりしてくるわけです。

真《しん》如《にょ》

なお、ここで如来《にょらい》とおっしゃっておられるのは、もちろん迹仏《しゃくぶつ》であるご自身《じしん》のことではなく、久遠実成《くおんじつじょう》の本仏《ほんぶつ》を指《さ》しておられるのです。「如《にょ》」というのは「真如《しんにょ》（この宇宙《うちゅう》における窮《きゅう》極的《きょくてき》な至上《しじょう》の真理《しんり》であり、決《けっ》して変化《へんか》することのない、ギリギリの真実《しんじつ》）」という意味《いみ》です。窮極的《きゅうきょくてき》な至上《しじょう》の真理《しんり》であって、ギリギリの真実《しんじつ》といっても、いったいどんなものなのか、凡夫《ぼんぷ》の頭《あたま》ではとうてい考《かんが》え及《およ》ぶことができません。その真如《しんにょ》がわれわれすべてを生《い》かしているのだといっても、何《なに》か空々漠々《くうくうばくばく》たるものに生《い》かされているようで、なかなかピンとこないのです。

ところが、その真如《しんにょ》は、この世《よ》に実在《じつざい》するただ一《ひと》つのものですから、それはどんな形《かたち》をもとることができるものです。そこで、われわれ人間《にんげん》の心《こころ》で考《かんが》えるときどんな形《かたち》をとるかといえば、やはり人間《にんげん》のような形《かたち》をした絶対力《ぜったいりょく》をもったお方《かた》を思《おも》い浮《う》かべずにはおられません。そういうお方《かた》が、限《かぎ》りない過去《かこ》から限《かぎ》りない未来《みらい》まで、いつもこの世界《せかい》におられて、われわれすべてを生《い》かしていてくださるのだと思《おも》うとき、われわれは、はじめて温《あたた》かみのある大《おお》きな慈悲《じひ》の手《て》をしみじみと実感《じっかん》することができるのです。

人間以外《にんげんいがい》のものに対《たい》して「真如《しんにょ》」がどういう現《あら》われかたをしているかは、知《し》るよしもありませんが、われわれ人間《にんげん》にとっては、なんといっても人間《にんげん》の形《かたち》として現《あら》われることが、ほんとうに「救《すく》い」の力《ちから》となるわけです。

如来《にょらい》

ですから、「真如《しんにょ》」のわれわれ人間《にんげん》の世界《せかい》への現《あら》われは、人格化《じんかくか》した相《すがた》をとられるのは必然《ひつぜん》のことです。それを、「真如《しんにょ》から来《こ》られた」というので、「如来《にょらい》」と申《もう》しあげるのです。

「仏《ほとけ》」というのも、やはりそれとおんなじです。仏陀《ぶっだ》の本体《ほんたい》は「真如《しんにょ》」なのですが、われわれにとっては、その「真如《しんにょ》を覚《さと》った方《かた》」というように、やはり人格化《じんかくか》して考《かんが》えたとき、はじめてわれわれを生《い》かし、われわれを導《みちび》いてくださる「慈悲《じひ》」の本体《ほんたい》として、ありありと心《こころ》に思《おも》い浮《う》かべることができるのです。

法身《ほっしん》　いま述《の》べた「真如《しんにょ》」そのものである仏《ほとけ》を仏《ほとけ》の「法身《ほっしん》」といいます。仏《ほとけ》の本体《ほんたい》であります。

報身《ほうしん》　その本体《ほんたい》がわれわれの理解《りかい》できるような相《すがた》をとられた仏《ほとけ》をその「報身《ほうしん》」といいます。なぜ、「報身《ほうしん》」というかといえば、ながいあいだ修行《しゅぎょう》した報《むく》いによって完全《かんぜん》な智慧《ちえ》を具《そな》えるにいたった仏《ほとけ》という意味《いみ》によるものです。

応《おう》身《じん》

また、人間《にんげん》としてこの世《よ》に出《で》てこられて、われわれを教《おし》え導《みちび》いてくださる仏《ほとけ》を、その「応《おう》身《じん》」といいます。「応《おう》」というのは必要《ひつよう》に応《おう》ずるという意味《いみ》で、衆生《しゅじょう》を救《すく》わねばならぬというやむにやまれぬ必要《ひつよう》に応《おう》じて、この世《よ》に出現《しゅつげん》されるわけです。

そこで、いま菩薩《ぼさつ》たちにむかって説法《せっぽう》しておられる釈尊《しゃくそん》は仏《ほとけ》の応身《おうじん》であり、ここで「如来《にょらい》」とおっしゃっておられるのは、仏《ほとけ》の法身《ほっしん》およびその現《あら》われである報身《ほうしん》を指《さ》すことはいうまでもありません。

さて、そのことについて、世尊《せそん》はつぎのようにお説《と》きになります。

二七二・九―二七三・二 一切世間の天・人及《にんおよ》び阿修羅《あしゅら》は、皆今《みないま》の釈迦牟尼仏《しゃかむにぶつ》、釈氏《しゃくし》の宮《みや》を出《い》でて伽耶城《がやじょう》を去《さ》ること遠《とお》からず、道場《どうじょう》に坐《ざ》して阿耨多羅《あのくたら》三藐三菩《さんみゃくさんぼ》提《だい》を得《え》たりと謂《おも》えり。然《しか》るに善男子《ぜんなんし》、我実《われじつ》に成仏《じょうぶつ》してより已来《このかた》、無量無辺百千万億那由他劫《むりょうむへんひゃくせんまんのくなゆたこう》なり。

「一切《いっさい》の人間《にんげん》や、天界《てんかい》に住《す》んでいるものや、その他《た》の世界《せかい》に住《す》んでいるありとあらゆる生《い》きものは、みんな、いまこうして法《ほう》を説《と》いているこのわたしは、かつて釈迦族《しゃかぞく》の王宮《おうきゅう》を出《で》て、伽耶城《がやじょう》の近《ちか》くの川《かわ》べにすわって道《みち》を求《もと》め、そうして阿耨多羅《あのくたら》三藐三菩《さんみゃくさんぼ》提《だい》を得《え》たものだと思《おも》っています。ところが、実際《じっさい》はそうではありません。わたしが成仏《じょうぶつ》してから、じつに無限《むげん》の時《とき》が経《た》っているのです。」

ここで、いよいよ仏《ほとけ》の本体《ほんたい》を明《あき》らかにされるわけです。

凡夫《ぼんぷ》は、目《め》の前《まえ》に見《み》えるものしか「在《あ》る」と思《おも》いません。目《め》の前《まえ》におられる釈尊《しゃくそん》だけを「仏《ほとけ》」と考《かんが》え、心《こころ》のよりどころとし、修行《しゅぎょう》の頼《たよ》りとしています。ところが、そうではないのだ、仏《ほとけ》は無始無終《むしむしゅう》に存在《そんざい》するものであるぞ――と、ここではっきりお教《おし》えになるのです。

それも、いわゆる仏弟子《ぶつでし》たちに対《たい》してだけではありません。人間《にんげん》だけにでもありません。天上界《てんじょうかい》にいるものへも、阿修羅《あしゅら》のような人間以外《にんげんいがい》のものへも、間接《かんせつ》に呼《よ》びかけられています。なぜかといえば、天上界《てんじょうかい》にいるものも、真《しん》の涅槃《ねはん》を得《え》たものではありません。仮《かり》の喜《よろこ》びの世界《せかい》、仮《かり》の平和《へいわ》の世界《せかい》にいるのです。ですから、やはり仏《ほとけ》の教《おし》えを聞《き》いて、ほんとうの救《すく》いを得《え》なければならないのです。また、どんな悪《わる》い人間《にんげん》でも、仏《ほとけ》の道《みち》を聞《き》く縁《えん》があれば、かならず救《すく》われるのです。人間以外《にんげんいがい》のものであっても、仏《ほとけ》の目《め》から見《み》れば、やはり平等《びょうどう》ですから、ここに天《てん》と阿修羅《あしゅら》が加《くわ》えられていることは、たいへん意味《いみ》が深《ふか》いのです。

道場《どうじょう》

なお、ここに「道場《どうじょう》」ということばがありますが、なにも尼連禅河《にれんぜんが》のほとりに修行《しゅぎょう》のための建物《たてもの》があったわけではありません。釈尊《しゃくそん》は、林《はやし》の中《なか》の菩提樹《ぼだいじゅ》の下《した》にすわって瞑想《めいそう》にはいられたのです。そこで道《みち》を求《もと》めて修行《しゅぎょう》されたから、道場《どうじょう》というのです。このように、道《みち》を求《もと》めて修行《しゅぎょう》する場所《ばしょ》はどこであっても道場《どうじょう》です。家庭《かてい》も道場《どうじょう》になり、職場《しょくば》も道場《どうじょう》になります。電車《でんしゃ》の中《なか》も、グラウンドも、そこにいる人《ひと》の心《こころ》がけ次第《しだい》で、ありとあらゆる場所《ばしょ》が道場《どうじょう》になるわけです。

それならば、道《みち》を修行《しゅぎょう》するために建《た》てられた道場《どうじょう》は不要《ふよう》かというと、そうではありません。修行《しゅぎょう》するには、修行《しゆぎよう》するのにふさわしい環境《かんきよう》というものがあります。釈尊《しやくそん》のようなえらいお方《かた》でさえ、はじめは静《しず》かな林《はやし》の中《なか》を選《えら》んで、そこで瞑想《めいそう》におはいりになりました。すなわち、道場《どうじよう》としてふさわしい環境《かんきよう》をお選《えら》びになったのです。まして、われわれの心《こころ》は、日常生活《にちじようせいかつ》の場所《ばしよ》においてはどうしてもいろいろとかき乱《みだ》されがちです。だから、できるだけ数多《かずおお》くの機会《きかい》をつくって、同行《どうぎよう》の人《ひと》びとの集《あつ》まる特定《とくてい》の道場《どうじよう》に行《ゆ》き、心《こころ》を清《きよ》らかにする必要《ひつよう》があるのです。そうして、だんだんと修行《しゆぎよう》を積《つ》んでいけば、日常生活《にちじようせいかつ》のあらゆる場所《ばしよ》がすなわち道場《どうじよう》である——という境地《きようち》にまで進《すす》むことができるわけです。

さて、釈尊《しやくそん》は、成仏《じようぶつ》してから無限《むげん》の時《とき》が経《た》っているとおっしゃいましたが、その無限《むげん》ということを感得《かんとく》させるために、つぎのように説明《せつめい》なさっておられます。

二七三・二—六

譬えば五百千万億那由他《ひやくせんまんのくなゆた》阿僧祇《あそうぎ》の三千大千世界《さんぜんだいせんせかい》を、仮使《たとい》人《ひと》あって抹《まつ》して微塵《みじん》と為《な》して、東方《とうぼう》五百千《ごひやくせん》万億那由他《まんのくなゆた》阿僧祇《あそうぎ》の国《くに》を過《す》ぎて乃《すなわ》ち一塵《いちじん》を下《くだ》し、是《かく》の如《ごと》く東《ひんがし》に行《ゆ》いて是《こ》の微塵《みじん》を尽《つ》くさんが如《ごと》き、諸《もろもろ》の善男子《ぜんなんし》、意《こころ》に於《おい》て云何《いかん》、是《こ》の諸《もろもろ》の世界《せかい》は思惟《しゆい》し校計《きようけい》して其《そ》の数《かず》を知《し》ることを得《う》べしや不《いな》や。

「たとえば、ある人《ひと》があって、この世界《せかい》をすりつぶして小《ちい》さな微塵《みじん》（粉末《ふんまつ》）にしたとしましょう。それを残《のこ》らず持《も》って東《ひがし》のほうへ進《すす》んで行《ゆ》き、五百千万億那由他阿僧祇《ごひやくせんまんのくなゆたあそうぎ》の国《くに》を過《す》ぎたときに、その微塵《みじん》の一粒《ひとつぶ》を落《おと》すということにして、全部《ぜんぶ》の微塵《みじん》をすっかり落《おと》してしまったとしましょう。みなさん。みなさんの頭《あたま》で、いったいどれだけの世界《せかい》を通《とお》ったかを考《かんが》えることができますか。あるいは数《かぞ》えあげることができますか。」

ここでいう「三千大千世界《さんぜんだいせんせかい》」というのは、われわれが住《す》んでいるこの世界《せかい》です。また「五百千万億那由他阿僧祇《ごひゃくせんまんのくなゆたあそうぎ》の国《くに》」というのは、無数《むすう》にある星《ほし》（天体《てんたい》）を指《さ》しているのです。地球《ちきゅう》をすりつぶした粉《こな》を、五百千万億那由他《ごひゃくせんまんのくなゆた》阿僧祇《あそうぎ》という数《かず》の星《ほし》を通《とお》り過《す》ぎたときにはじめて一《ひと》つ落《お》とし、また五百千万億那由他阿僧祇《ごひゃくせんまんのくなゆたあそうぎ》という数《かず》の星《ほし》を通《とお》り過《す》ぎたとき一《ひと》つ落《お》す……そうして全部《ぜんぶ》の粉《こな》を落《お》しつくすというのです。「那由他《なゆた》」というのは非常《ひじょう》に大《おお》きな数《かず》をいうことばで、一説《いっせつ》には一千億《いっせんおく》だとされています。また「阿僧祇《あそうぎ》」というのもやはり非常《ひじょう》に大《おお》きな数《かず》の単位《たんい》です。そこで、五百千万億《ごひゃくせんまんのく》に一千億《いっせんおく》とまた阿僧祇《あそうぎ》という数《かず》を掛《か》け合《あ》わせた数《かず》というのですから、こうなると、もうまったく頭《あたま》では考《かんが》えられない無限《むげん》の数《かず》です。

そこで、弥勒菩薩《みろくぼさつ》たちにしても、そうお答《こた》えするほかはないのです。

二七三・六―一〇
弥勒菩薩等倶《とうとも》に仏《ほとけ》に白《もう》して言《もう》さく、世尊《せそん》、是《こ》の諸《もろもろ》の世界《せかい》は無量無辺《むりょうむへん》にして、算数《さんじゅ》の知《し》る所《ところ》に非《あら》ず、亦心力《またしんりき》の及《およ》ぶ所《ところ》に非《あら》ず。一切《いっさい》の声聞《しょうもん》・辟支仏《びゃくしぶつ》、無漏智《むろち》を以《もっ》ても思惟《しゆい》して其《そ》の限数《げんじゅ》を知《し》ること能《あた》わじ。我等《われら》阿惟越致地《あゆいおっちぢ》に住《じゅう》すれども、是《こ》の事《じ》の中《なか》に於《おい》ては亦達《またたっ》せざる所《ところ》なり。世尊《せそん》、是《こ》の如《ごと》き諸《もろもろ》の世界無量《せかいむりょう》無辺《むへん》なり。

弥勒菩薩《みろくぼさつ》たちは、口々《くちぐち》に仏《ほとけ》にお答《こた》え申《もう》しあげました。

「世尊《せそん》、世尊《せそん》のおおせられましたような世界《せかい》は、無量無辺《むりようむへん》でございまして、とても数字《すうじ》などで勘定《かんじよう》できるものではございません。またわれわれの心《こころ》の力《ちから》で、およそこれくらいだろうと考《かんが》えようとしても、とうてい考《かんが》え及《およ》ぶものではございません。一切《いつさい》の声聞《しようもん》や辟支仏《びやくしぶつ》が、無漏智《むろち》（迷《まよ》いをすっかり払《はら》い去《さ》った者《もの》の智慧《ちえ》）をもって考《かんが》えてみても、そういうはてしない境界《きようがい》を知《し》ることはできますまい。わたくしどもは、声聞《しようもん》や辟支仏《びやくしぶつ》よりいささか修行《しゆぎよう》を積《つ》みまして、不退転《ふたいてん》の境地《きようち》に住《じゆう》しておりますけれども、いま仏《ほとけ》さまがおっしゃいました限《かぎ》りない世界《せかい》のことまでは、どうしても考《かんが》え及《およ》ぶことはできません。世尊《せそん》、世尊《せそん》のおおせられるような世界《せかい》はまったく無量無辺《むりようむへん》でございます。」

無量《むりよう》というのは、量《はか》ることができないという意味《いみ》です。無辺《むへん》というのは限《かぎ》りがないということです。こういう世界《せかい》については、仏以外《ほとけいがい》はとうてい考《かんが》え及《およ》ぶことができないのです。そのことを、ここのくだりで知《し》ることができます。

まず声聞《しようもん》とか辟支仏《びやくしぶつ》（縁覚《えんがく》）という人《ひと》びとは、仏《ほとけ》の道《みち》を聞《き》いたり、自分《じぶん》で考《かんが》えたりして、迷《まよ》いをすっかりなくした境地《きようち》の人《ひと》びとです。しかし、こういう境地《きようち》の人《ひと》びとも、まだ自分《じぶん》だけの世界《せかい》に住《す》んでいるのです。自分《じぶん》が清《きよ》らかになり、迷《まよ》いを吹《ふ》き消《け》してしまったことで満足《まんぞく》しているのです。そういう狭《せま》い世《せ》界《かい》にいるあいだは、その智慧《ちえ》の及《およ》ぶところには限《かぎ》りがあります。だから、「一切《いっさい》の声聞《しょうもん》・辟支仏《びゃくしぶつ》、無漏《むろ》智《ち》を以《もっ》ても思惟《しゆい》して其《そ》の限数《げんじゅ》を知《し》ること能《あた》わじ」と弥勒菩薩《みろくぼさつ》がいったのは、まったくそのとおりなのです。

ところが、菩薩《ぼさつ》というのは、声聞《しょうもん》や縁覚《えんがく》の境地《きょうち》から一段《いちだん》と高《たか》まって、ひろく世《よ》の中《なか》の人《ひと》びとを救《すく》おうという心《こころ》をもって修行《しゅぎょう》している人《ひと》たちです。それだけに、心《こころ》も広《ひろ》く、智慧《ちえ》も深《ふか》まっています。阿惟越致《あゆいおっち》の境地《きょうち》にも達《たっ》しています。

阿惟越致《あゆいおっち》とは、不退転《ふたいてん》という意味《いみ》で、「地《じ》」というのは境地《きょうち》という意味《いみ》です。ですから、「阿惟越致地《あゆいおっちぢ》に住《じゅう》する」というのは、周囲《しゅうい》の事情《じじょう》がどう変《か》わろうとも、それによって心《こころ》が動《うご》かされたり、あともどりしたりすることのない境地《きょうち》に達《たっ》しているということです。

こういう境地《きょうち》に達《たっ》していても、それでもまだ修行中《しゅぎょうちゅう》の身《み》です。やはりそこに「自分《じぶん》」というものがあります。「自分《じぶん》が」人《ひと》を救《すく》おう、「自分《じぶん》が」世《よ》の中《なか》をよくしようというような気持《きもち》が残《のこ》っています。これでは、まだまだ自由自在《じゆうじざい》な境地《きょうち》とはいえません。したがって、その心《こころ》の及《およ》ぶところには限度《げんど》があるのです。だから、弥勒菩薩《みろくぼさつ》も、そのとおり告白《こくはく》しているのです。

ところが、仏《ほとけ》はまったく無私《むし》です。仏《ほとけ》の境地《きょうち》に達《たっ》すると、天地《てんち》のすべてのものがすなわち自分《じぶん》なのですから、もう「自分《じぶん》」などという考《かんが》えがなくなるのです。そうなると、天地《てんち》のあらゆるものが心《こころ》の中《なか》にあります。だから、どのようなことでも、ハッキリと見通《みとお》せるわけです。

こういう境地《きょうち》にまで達《たっ》することは、一生《いっしょう》や二生《にしょう》では不可能《ふかのう》なことでしょうけれども、われわれでも、「自分《じぶん》」とか「我《が》」というものをなくしていけばいくほど、そして、人《ひと》のため世《よ》のためという「利他《りた》」の念《ねん》を大《おお》きく強《つよ》くしていけばいくほど、われわれの智慧《ちえ》はいくらでも伸《の》びひろがっていくものだということを、ここのところで教《おし》えられるのです。

弥勒菩薩《みろくぼさつ》がこういうふうにお答《こた》え申《もう》しあげますと、釈尊《しゃくそん》は静《しず》かにおうなずきになって、おことばをおつづけになります。

二七三・一〇―二七四・一 爾の時に仏、大菩薩衆《ぼさつしゅ》に告《つ》げたまわく、諸《もろもろ》の善男子《ぜんなんし》、今当《いままさ》に分明《ふんみょう》に汝等《なんだち》に宣語《せんご》すべし。是《こ》の諸《もろもろ》の世《せ》界《かい》の若《も》しは微塵《みじん》を著《お》き及《およ》び著《お》かざる者《もの》を尽《ことごと》く以《もっ》て塵《ちり》と為《な》して、一塵《いちじん》を一劫《いっこう》とせん。我成仏《われじょうぶつ》してより已《この》来《かた》、復此《またこ》れに過《す》ぎたること百千万億那由他阿僧祇劫《ひゃくせんまんのくなゆたあそうぎこう》なり。

そのときに釈尊《しゃくそん》は、大菩薩《だいぼさつ》たちにむかってこうおおせられました。

「もろもろの善男子《ぜんなんし》よ。いま、あなたがたにはっきりと語《かた》ってきかせましょう。さきほど話《はな》した、微塵《みじん》を一粒《ひとつぶ》ずつ置《お》いた世界《せかい》と、ただ通《とお》り過《す》ぎただけで微塵《みじん》を置《お》かなかった世界《せかい》を、いっしょにしてすりつぶし、微塵《みじん》にしたとしましょう。その微塵《みじん》の一《ひと》つを一劫《いっこう》という時間《じかん》だとすれば、わたしが成仏《じょうぶつ》してからこのかた経《た》った時間《じかん》というものは、その微塵《みじん》の数《かず》ほどの劫《こう》より、さらに百千万億那由他阿僧祇劫《ひゃくせんまんのくなゆたあそうぎこう》も長《なが》い時《じ》間《かん》なのです。」

これまでにおっしゃった無量無辺《むりょうむへん》の世界《せかい》というのは、「無限《むげん》の空間《くうかん》」のことでした。それは、じつは「無限《むげん》の時間《じかん》」のことをおっしゃるための前提《ぜんてい》だったのです。

この世界《せかい》を粉《こな》にして、それを一粒《ひとつぶ》ずつ置《お》いていった世界《せかい》というのさえ、もはや考《かんが》えることもできない広大無辺《こうだいむへん》のものだったのに、こんどは、その微塵《みじん》を置《お》いた星《ほし》も、一粒《ひとつぶ》も置《お》かずに通過《つうか》した五百千万億那《ごひゃくせんまんのくな》由他阿僧祇《ゆたあそうぎ》という星《ほし》をも全部合《ぜんぶあ》わせてすりつぶし、微塵《みじん》とした数《かず》というのですから、こうなるともう数《かず》というものではなく、絶対《ぜったい》というほかはありません。

釈尊《しゃくそん》は、ただ大《おお》きな数《かず》を想像《そうぞう》させるためにこういう説《と》きかたをなさったのではありません。「絶対《ぜったい》」ということ、「無限《むげん》」ということをおっしゃりたいために、このような手数《てすう》をおかけになったのです。それで、普《ふ》通《つう》の頭《あたま》では、ただ「絶対《ぜったい》」とか「無限《むげん》」とかいっても、なかなかピンとこないものです。それで、普《ふ》通《つう》の頭《あたま》で考《かんが》えられるこの世界《せかい》とか星《ほし》とかいう「相対《そうたい》」な、「有限《ゆうげん》」なものを目安《めやす》として、「絶対《ぜったい》」とか「無限《むげん》」というものを悟《さと》らせようとなさったわけです。

そこで――そういう数《かず》を時間《じかん》になおして考《かんが》えてみよ――とおっしゃっておられます。そのままでさえ無限《むげん》としか考《かんが》えようのない数《かず》の微塵《みじん》の一《ひと》つを一劫《いっこう》（約《やく》十万年《まんねん》）という時間《じかん》と考《かんが》えて、自分《じぶん》が成仏《じょうぶつ》してからこのかた、その数《かず》だけの劫《こう》よりもさらに百千万億那由他阿僧祇劫《ひゃくせんまんのくなゆたあそうぎこう》も多《おお》い年月《ねんげつ》が経《た》っているというのです。これは、もう無限《むげん》の過去《かこ》というよりほかはありません。

そういう無限《むげん》の過去《かこ》から、この世《よ》においでになるというのですから、仏《ほとけ》はまさしく「絶《ぜっ》対《たい》」の存在《そんざい》なのです。

絶対《ぜったい》の存在《そんざい》

この絶対《ぜったい》の存在《そんざい》であられるということが何《なに》よりも大切《たいせつ》なことです。まえにも述《の》べたとおり、われわれがほんとうによりどころとできるものは、絶対《ぜったい》な存在《そんざい》でなくてはなりません。いかに偉《えら》い人《ひと》でも、それが人間《にんげん》であるかぎり、われわれと「相対《そうたい》」の関係《かんけい》にあるのです。そして、いつかはわれわれの前《まえ》から姿《すがた》を消《け》すのですから「有限《ゆうげん》」なものです。ですから、真《しん》によりどころとすることはできません。

また、科学《かがく》でつくられたすぐれた機械《きかい》や装置《そうち》がいかに精巧《せいこう》なものであり、偉大《いだい》なものであっても、いつかは壊《こわ》れたり、錆《さ》びたりしてしまうものです。ですからこれも人間《にんげん》と「相対《そうたい》」なものであり、「有限《ゆうげん》」なものです。

いくら莫大《ばくだい》なお金《かね》をもっていても、そのお金《かね》はいつかは散《さん》じてしまうべきものです。いくら高《たか》い地位《ちい》についていても、いつかはその地位《ちい》から去《さ》らねばならないのです。ゆえに、それらも「相対《そうたい》」なものであり、そして「有限《ゆうげん》」のものです。神《かみ》でさえも、天《てん》の上《うえ》にましますという神《かみ》、すなわちわれわれ人間《にんげん》の外側《そとがわ》にいる神《かみ》ならば、やはり人間《にんげん》と「相対《そうたい》」のものです。そして、いつ見放《みはな》されるかわからないのですから、われわれにとっては「有限《ゆうげん》」なものです。

これらはすべて、真《しん》にわれわれのよりどころとすることはできません。ところが、仏《ほとけ》こそは絶対《ぜったい》の存《そん》在《ざい》です。われわれの内《うち》にも外《そと》にも、あらゆるところに存在《そんざい》し、無限《むげん》の過去《かこ》から無限《むげん》の未来《みらい》までつねに存《そん》在《ざい》しておられるのです。ですから、われわれが離《はな》れようとしても離《はな》れることのできない存在《そんざい》です。それゆえに、絶対《ぜったい》なのです。

仏《ほとけ》は、たとえていえば、われわれの日常生活《にちじょうせいかつ》における酸素《さんそ》のような存在《そんざい》です。酸素《さんそ》はつねにわれわれのまわりにあります。われわれの身体《からだ》の中《なか》にも充満《じゅうまん》しています。酸素《さんそ》がなければ一刻《いっこく》も生《い》きていられないのです。それでも、いつもは酸素《さんそ》の存在《そんざい》などは忘《わす》れています。たまたま狭《せま》い部屋《へや》にとじこもっていて、酸素《さんそ》が少《すく》なくなって息苦《いきぐる》しくなったとき、窓《まど》を明《あ》け放《はな》って、「ああ、せいせいした、ありがたい」という気《き》になります。

これと同《おな》じように、われわれが離《はな》れようとしても離《はな》れられないもの、われわれをつねに生《い》かしていてくださるものが仏《ほとけ》なのですから、絶対《ぜったい》であり、無限《むげん》なのです。絶対《ぜったい》であり、無限《むげん》であればこそ、ほんとうに全身全霊《ぜんしんぜんれい》を投《な》げ出《だ》して信《しん》じ、頼《たよ》り、お任《まか》せすることができるわけです。このことをしっかりわきまえていなければならないと思《おも》います。

つづいて、世尊《せそん》はつぎのようにおおせられます。

二七四・一―三 是《こ》れより来《このかた》、我常《われつね》に此《こ》の娑婆世界《しゃばせかい》に在《あ》って説法教化《せっぽうきょうけ》す。亦余処《またよしょ》の百千万億那由他阿僧祇《ひゃくせんまんのくなゆたあそうぎ》の国《くに》に於《おい》ても衆生《しゅじょう》を導利《どうり》す。

「そういう無限《むげん》の過去《かこ》から、わたしはこの娑婆世界《しゃばせかい》にいて、衆生《しゅじょう》を教《おし》え導《みちび》いているのです。娑婆世界《しゃばせかい》ばかりではなく、その他《た》のあらゆる世界《せかい》においても、おなじように衆生《しゅじょう》を導《みちび》いて利益《りやく》を与《あた》えているのです。」

ここがまた非常《ひじょう》に大切《たいせつ》なところです。すなわち、人間《にんげん》としてこの世《よ》に現《あら》われた自分《じぶん》は、成道以来《じょうどういらい》四十数年《すうねん》しか経《た》っていないけれども、自分《じぶん》の本体《ほんたい》である本仏《ほんぶつ》は無限《むげん》の過去《かこ》から、ずっとこの娑婆世界《しゃばせかい》にいたのであるとおっしゃったのです。そればかりではありません。久遠実成《くおんじつじょう》の本仏釈迦牟尼如来《ほんぶつしゃかむににょらい》は、十方世界《じっぽうせかい》のありとあらゆる世界《せかい》においても、衆生《しゅじょう》を導《みちび》いてこられたのです。

いままで何度《なんど》も述《の》べましたように、仏《ほとけ》（報身仏《ほうしんぶつ》）にはそれぞれ教化《きょうけ》を受持《うけも》っておられる世界《せかい》があります。それを化土《けど》といい、たとえば東方《とうぼう》の浄瑠璃世界《じょうるりせかい》は薬師如来《やくしにょらい》、西方《さいほう》の極楽浄土《ごくらくじょうど》は阿弥陀如来《あみだにょらい》、娑婆世界《しゃばせかい》は釈迦牟尼如来《しゃかむににょらい》の化土《けど》となっています。ところが、久遠実成《くおんじつじょう》の本仏釈迦牟尼如来《ほんぶつしゃかむににょらい》は、そのように限《かぎ》られた世界《せかい》でなく、十方世界《じっぽうせかい》のありとあらゆる国土《こくど》にあまねく満《み》ち満《み》ちておられ、すべてのものを生《い》かしておられるのだということが、ここで明《あき》らかにされているのです。

本尊《ほんぞん》の確立《かくりつ》

そして、諸仏《しょぶつ》（もろもろの報身仏《ほうしんぶつ》）は、そのただ一《ひと》つの本仏《ほんぶつ》がいろいろちがった条件《じょうけん》のもとに、ちがった相《すがた》をもって出現《しゅつげん》されたものなのです。どの仏《ほとけ》も尊《とうと》いお方《かた》にはちがいないのですが、そのもとをたずねれば、すべて久遠実成《くおんじつじょう》の本仏釈迦牟尼如来《ほんぶつしゃかむにによらい》に帰一《きいつ》するのだということが、ここではっきりしたわけです。そして、われわれの信仰《しんこう》の対象《たいしょう》となる本尊《ほんぞん》が確立《かくりつ》することになります。

われわれの会《かい》において、久遠実成《くおんじつじょう》の本仏釈迦牟尼如来《ほんぶつしゃかむにによらい》を本尊《ほんぞん》としてあがめたてまつる意義《いぎ》はここに立脚《りつきゃく》しており、それが最《もっと》も正《ただ》しい信仰《しんこう》であることは、経典《きょうでん》そのものによって明白《めいはく》に証明《しょうめい》されているのであります。

近《ちか》きより遠《とお》きへ及《およ》ぼす

もう一《ひと》つここで大切《たいせつ》なことは、はじめからこの宇宙《うちゅう》のいたるところで教《おし》えを説《と》いているとはおっしゃらないで、はっきりと、まず娑婆世界《しゃばせかい》にあって説法教化《せっぽうきょうけ》すとあり、つぎにその他《た》の世界《せかい》でも衆生《しゅじょう》を導利《どうり》すとあることです。これは、なんでもないことのようですが、ここにも大《おお》きな教訓《きょうくん》が含《ふく》まれているのです。

仏《ほとけ》の慈悲《じひ》は平等《びょうどう》ですから、最初《さいしょ》に娑婆世界《しゃばせかい》から教化《きょうけ》し、つぎにその他《た》の世界《せかい》に救《すく》いを及《およ》ぼすというような、分《わ》けへだてがあるはずはありません。しかし、われわれ人間《にんげん》の立場《たちば》として考《かんが》えてみると、われわれのなす菩薩行《ぼさつぎょう》というものには、おのずから順序《じゅんじょ》があります。いきなり世界《せかい》を救《すく》うのだといってみたところで、そういうわけにはいきません。

まず第一《だいいち》に、自分《じぶん》の身《み》のまわりの人《ひと》びとから救《すく》い、それから縁《えん》のある他人《たにん》へおよぼしてゆくのが順序《じゅんじょ》です。場所的《ばしょてき》にいっても、まず自分《じぶん》の村《むら》や町《まち》からよくしてゆき、それから郡内《ぐんない》や県内《けんない》へひろげてゆき、だんだん力《ちから》がついてきたら国内全体《こくないぜんたい》に、そして海外《かいがい》へと、教化《きょうけ》・済度《さいど》の手《て》をのばしていかねばなりません。

ところが、教《おし》えのありがたさに感激《かんげき》して、いきなり「自分《じぶん》は世界《せかい》を救《すく》うんだ」と豪語《ごうご》したりする人《ひと》がよくあるものです。志《こころざし》が大《おお》きいことはいいことです。世界《せかい》を救《すく》うぐらいの大志《たいし》を持《も》つことはりっぱなことです。しかし、志《こころざし》だけが大《おお》きくても、実行《じっこう》がそれにともなわなければ、なんにもなりません。自《じ》分《ぶん》の友人《ゆうじん》一人《ひとり》すら救《すく》うことのできない人《ひと》に、世界《せかい》を救《すく》うことができるはずはありません。そういう人《ひと》は、最初《さいしょ》は大《おお》きな志《こころざし》や大《おお》きな夢《ゆめ》をもっていても、すぐペシャンコになってしまう人《ひと》です。なぜかといえば、志《こころざし》だけが大《おお》きくて力《ちから》が足《た》りないからです。

力《ちから》というものは徐々《じょじょ》に養《やしな》われていくものです。一足飛《いっそくと》びに、世界《せかい》を教化《きょうけ》するような力《ちから》を持《も》ちうるはずがないのであって、一人《ひとり》を救《すく》い、二人《ふたり》を導《みちび》き、三人《さんにん》を教化《きょうけ》していくうちに、雪《ゆき》だるまがだんだんと大《おお》きくなるように、教化《きょうけ》の力《ちから》というものが身《み》についていくのです。

「近《ちか》きより遠《とお》きへ及《およ》ぼす」ということばは、ただたんに場所《ばしょ》だけのことをいったのでなく、その背骨《せぼね》となる力《ちから》のことをもいっているのですから、そこをしっかり悟《さと》らなければなりません。

ここのところで、「娑婆世界《しゃばせかい》を教化《きょうけ》す」ということと「余処《よしょ》の国《くに》の衆生《しゅじょう》を導利《どうり》す」ということを分《わ》けておっしゃっておられることは、このように受《う》け取《と》らねばならないと思《おも》います。

そこで、世尊《せそん》はおことばをおつづけになります。

二七四・三一八し 諸の善男子、是《こ》の中間《ちゅうげん》に於《おい》て我然燈仏等《われねんとうぶつとう》と説《と》き、又復其《またまたそ》れ涅槃《ねはん》に入《い》ると言《い》いき。是《かく》の如《ごと》きは皆方便《みなほうべん》を以《もっ》て分別《ふんべつ》せしなり。諸《もろもろ》の善男子《ぜんなんし》、若《も》し衆生《しゅじょう》あって我《わ》が所《もと》に来至《らいし》するには、我仏眼《われぶつげん》を以《もっ》て其《そ》の信等《しんとう》の諸根《しょこん》の利鈍《りどん》を観《かん》じて、度《ど》すべき所《ところ》に随《したが》って、処処《しょしょ》に自《みずか》ら名字《みょうじ》の不同《ふどう》・年紀《ねんき》の大小《だいしょう》を説《と》き、亦復現《またまたげん》じて当《まさ》に涅槃《ねはん》に入《い》るべしと言《い》い、又種種《またしゅじゅ》の方便《ほうべん》を以《もっ》て微妙《みみょう》の法《ほう》を説《と》いて、能《よ》く衆生《しゅじょう》をして歓喜《かんぎ》の心《こころ》を発《おこ》さしめき。

「みなさん。（このように、ほんとうのわたしは、無限《むげん》の過去《かこ》から無限《むげん》の未来《みらい》まで生《い》きとおしのものでありますが）その間《あいだ》において、たとえば、然燈仏《ねんとうぶつ》というようないろいろな仏《ほとけ》となってこの世《よ》に出《で》てきたことを説《と》きました。また、仏《ほとけ》がこの世《よ》から去《さ》られることもたびたび説《と》きました。これらはすべて、みんなを教《おし》え導《みちび》くための方便《ほうべん》として、そういったのに過《す》ぎないのです。

みなさん。（ここでその方便《ほうべん》というものを詳《くわ》しく説明《せつめい》しましょう。）ある衆生《しゅじょう》がわたしのところへやってきたとします。そうすると、わたしは仏眼《ぶつげん》をもってその人《ひと》の『信根《しんこん》』および、その他《た》の諸根《しょこん》の程度《ていど》（利《り》鈍《どん》）を見分《みわ》け、どういうふうに教《おし》えたら悟《さと》りを開《ひら》かせることができるかという手段《しゅだん》を考《かんが》え、それに応《おう》じてさまざまな仏《ほとけ》の名前《なまえ》をあげるのです。また、その仏《ほとけ》の寿命《じゅみょう》についても、いろいろと大小《だいしょう》があるように説《と》きます。

そして、ひとたびは仏《ほとけ》としての寿命《じゅみょう》が尽《つ》きても、再《ふた》びこの世《よ》に現《あら》われ、そこで一通《ひととお》り教《おし》えを説《と》いてしまえば、またこの世《よ》から去《さ》るであろうということもいいました。また微妙《みみょう》な法《ほう》を、相手《あいて》に応《おう》じていろいろちがった説《と》きかたで説《と》いて、衆生《しゅじょう》の心《こころ》に生《い》きる喜《よろこ》びを起《お》こさせました。」

ここで、ふたたび方便《ほうべん》というものの大切《たいせつ》さとありがたさが、はっきり解《わか》ってきます。釈尊《しゃくそん》の教《おし》えの中《なか》におけるいろいろな方便《ほうべん》が尊《とうと》いだけでなく、釈尊《しゃくそん》がこの世《よ》に現《あら》われてこられたことそれ自体《じたい》も、久遠実成《くおんじつじょう》の本仏《ほんぶつ》が衆生《しゅじょう》を救《すく》ってくださるための方便《ほうべん》だったことが解《わか》ります。その他《た》の諸仏《しょぶつ》がかわるがわる現《あら》われてこられるのも、やはりおんなじことです。

まえにもたとえましたように、本仏《ほんぶつ》はテレビの電波《でんぱ》のようなもので、われわれの周囲《しゅうい》のありとあらゆる所《ところ》に遍満《へんまん》しておられるのですが、そのままでは、われわれはそれを見《み》ることも聞《き》くこともできないのです。受像機《じゅぞうき》という方便《ほうべん》があってこそ、目《め》に見《み》える姿《すがた》となり、耳《みみ》に聞《き》こえる声《こえ》となって、その教《おし》えに触《ふ》れることができるわけです。

ところが、衆生《しゅじょう》のもっている受像機《じゅぞうき》には、感度《かんど》の非常《ひじょう》にすぐれたものから、たいへん鈍《にぶ》いものまで無《む》数《すう》の段階《だんかい》があるわけですから、仏《ほとけ》のほうでは受像機《じゅぞうき》の程度《ていど》を見分《みわ》けて、電圧《でんあつ》を高《たか》めたり低《ひく》めたりして、ちょうどその受像機《じゅぞうき》に合《あ》うような教《おし》えかたをなさるわけです。これが仏《ほとけ》の慈悲《じひ》の方便《ほうべん》なのです。

すなわち、「我仏眼《われぶつげん》を以《もっ》て其《そ》の信等《しんとう》の諸根《しょこん》の利鈍《りどん》を観《かん》じて、度《ど》すべき所《ところ》に随《したが》って……」とあるのがそれです。

この「信等《しんとう》の諸根《しょこん》」というのは、信根《しんこん》・精進根《しょうじんこん》・念根《ねんこん》・定根《じょうこん》・慧根《えこん》の五つをいい、わたしどもの信仰《しんこう》生活《せいかつ》における根本《こんぽん》の条件《じょうけん》となるものです。

信《しん》　根《こん》　「信根《しんこん》」というのは、信《しん》ずるという心《こころ》です。「信解品第四《しんげほんだい》」のところでくわしく説明《せつめい》しましたように、宗教《しゅうきょう》というものは学問《がくもん》とちがって、ただ解《わか》っただけでは、自分《じぶん》を救《すく》い、他《た》をも救《すく》うような力《ちから》になってはきません。解《わか》ったことを心《こころ》の底《そこ》から深《ふか》く信《しん》じてこそ、そういう結果《けっか》が現《あら》われてくるのであって、そこまで至《いた》ってこそほんとうの信仰《しんこう》といえるわけです。

精進根《しょうじんこん》　「精進根《しょうじんこん》」というのは、「まじりけのない、そして変《か》わることのない努力精神《どりょくせいしん》」ということです。ただ信《しん》じただけでは、充分《じゅうぶん》ではないのであって、その信仰《しんこう》をまじりけなくたもち、そしてその信仰心《しんこうしん》が衰《おとろ》えたり、力《ちから》を失《うしな》ったりすることのないように不断《ふだん》に努力《どりょく》しなければ、ほんとうの信《しん》仰生活《こうせいかつ》とはいえません。

念《ねん》　根《こん》　「念根《ねんこん》」というのは、「つねに念《ねん》じていること」です。仏《ほとけ》さまのことを、いつも心《こころ》の中《なか》に思《おも》っていることです。

もちろん、実際問題《じっさいもんだい》として、一刻《いっこく》も仏《ほとけ》さまを忘《わす》れずにいるということは不可能《ふかのう》です。学生《がくせい》が勉強《べんきょう》に熱《ねっ》中《ちゅう》しているとき、あるいは社会人《しゃかいじん》が自分《じぶん》の仕事《しごと》に没頭《ぼっとう》しているときは、そのことだけに精神《せいしん》を集中《しゅうちゅう》していなければなりません。それが仏《ほとけ》の道《みち》にかなっているわけです。

しかし、その間《あいだ》にも、ふと気《き》がついて「ああ、わたしは仏《ほとけ》さまに生《い》かされているのだ」と考《かんが》える……一仕事《ひとしごと》がすんでホッとしたとき、「ああ、よかった。やはり自分《じぶん》は仏《ほとけ》さまに守《まも》られているのだなぁ」と、感謝《かんしゃ》する……あるいは、なにかよこしまな心《こころ》が起《お》こったり、ムラムラと腹《はら》が立《た》ってきたりしたとき、「これが仏《ほとけ》の道《みち》なのか?」と、瞬間《しゅんかん》に反省《はんせい》する……こういうふうに、折《おり》にふれ、ことにつけて仏《ほとけ》を念《おも》う心《こころ》が、「念根《ねんこん》」であります。

定根《じょうこん》　「定根《じょうこん》」というのは、その字《じ》のとおり「決定《けつじょう》」した心《こころ》です。いったんこの信仰《しんこう》にはいったら、どういうことがあっても、心《こころ》をグラグラさせることはない。迫害《はくがい》があろうと、誘惑《ゆうわく》があろうと、じっとそれに耐《た》え抜《ぬ》き、この教《おし》えひとつにつらぬいていこう——という大決心《だいけっしん》を立《た》て、その決《けっ》心《しん》を変《か》えないことです。それがなくては、真《しん》の信仰者《しんこうしゃ》とはいえません。

慧根《えこん》　「慧根《えこん》」というのは、信仰者《しんこうしゃ》には智慧《ちえ》がなければならないということです。それも、いつもいいますように、自分本位《じぶんほんい》の知恵《ちえ》でなくて、「我《が》」を去《さ》り、「迷《まよ》い」を吹《ふ》きはらったほんとうの智慧《ちえ》です。こういう智慧《ちえ》をもっているかぎり、まちがった道《みち》へ踏《ふ》みこむことはありません。日常生活《にちじょうせいかつ》のうえでもそうですが、信仰《しんこう》そのものについても、そのことがいえます。自分本位《じぶんほんい》の小《ちい》さな欲《よく》にとらわれていると、つい誤《あやま》った信仰《しんこう》へ迷《まよ》いこんでしまいがちです。誤《あやま》った信仰《しんこう》では、いくらその教《おし》えを「信《しん》」じ、その道《みち》に「精進《しょうじん》」し、つねにそれを「念《ねん》」じ、その教《おし》えに「決定《けつじょう》」したところで、もともとまちがった道《みち》なのですから、救《すく》われるどころではない、ますます迷《まよ》いの世界《せかい》へ深入《ふかい》りしてしまうのです。

これは、世間《せけん》にはたいへん多《おお》くの実例《じつれい》のあることであって、まったく恐《おそ》ろしい、残念《ざんねん》なことだと思《おも》います。ですから、「慧根《えこん》」ということは、五根《ごこん》の最後《さいご》にあげられていますが、信仰生活《しんこうせいかつ》にはいる順序《じゅんじょ》としては、まず最初《さいしょ》にこれが必要《ひつよう》だということになります。

仏《ほとけ》は、衆生《しゅじょう》の一人一人《ひとりひとり》について、こういう「信《しん》・精進《しょうじん》・念《ねん》・定《じょう》・慧《え》」の五根《ごこん》がどの程度《ていど》であるかを仏眼《ぶつげん》をもって見分《みわ》けられ、それによっていろいろな導《みちび》きかたをなさるというのです。

「仏眼《ぶつげん》」というのは、慈悲《じひ》の眼《め》という意味《いみ》です。このものを救《すく》ってやろうという慈悲《じひ》の眼《め》で観《かん》ずると、その人《ひと》の性格《せいかく》も、頭脳《ずのう》の程度《ていど》も、心《こころ》がけのよしあしも、なにもかも見通《みとお》しなのです。

あとに、「肉眼《にくげん》」とか「法眼《ほうげん》」とかいうことばも出《で》てきますので、ここで仏《ほとけ》の教《おし》えにある五種類《ごしゅるい》のものの見《み》かたを説明《せつめい》しておきましょう。それは肉眼《にくげん》・天眼《てんげん》・慧眼《えげん》・法眼《ほうげん》・仏眼《ぶつげん》の五つです。

肉《にく》眼《げん》　「肉眼《にくげん》」というのは、普通《ふつう》の凡人《ぼんじん》のものの見《み》かたです。凡人《ぼんじん》には、形《かたち》に現《あら》われていることだけしか目《め》にはいりません。それも、往々《おうおう》にして、まちがって見《み》えたり、不充分《ふじゅうぶん》にしか見《み》えなかったりするものです。油《あぶら》を水《みず》だと思《おも》ったり、クジラを魚《さかな》だと思《おも》ったりします。

天《てん》眼《げん》　「天眼《てんげん》」というのは、理《り》づめに追究《ついきゅう》していって、その物《もの》の本質《ほんしつ》を見分《みわ》ける見《み》かたです。いわば科学的《かがくてき》な見《み》かたです。こういう見《み》かたで見《み》ると、目《め》の前《まえ》にある水《みず》という液体《えきたい》も、酸素《さんそ》と水素《すいそ》という気《き》体《たい》が集《あつ》まって出来《でき》たものだということもわかるし、何年何月何日何時何分何十何秒《なんねんなんがつなんにちなんじなんぷんなんじゅうなんびょう》に、何《なん》という星《ほし》と何《なん》という星《ほし》がいちばん近寄《ちかよ》るのだということもわかるし、この地面《じめん》の下《した》には何百万《なんびゃくまん》トンの石油《せきゆ》があるということもわかります。だから、普通《ふつう》の人《ひと》に見《み》えないものを見《み》る能力《のうりょく》のある人《ひと》を、むかしは「天眼通《てんげんつう》」などといったものでした。

慧眼《えげん》

「慧眼《えげん》」というのは、深《ふか》い智慧《ちえ》によって、ものごとの本質《ほんしつ》といいますか、ものごとの真実《しんじつ》のありかたといいましょうか、そういうものを見分《みわ》けることです。いわば哲学的《てつがくてき》なものの見《み》かたといえましょう。

たとえば、この世《よ》のあらゆるものは移《うつ》りかわっていくもので、いつも同《おな》じ相《すがた》でいるものはない（諸行《しょぎょう》無常《むじょう》）とか、宇宙間《うちゅうかん》には他《ほか》から離《はな》れて孤立《こりつ》しているものはひとつもない、すべてのものが網《あみ》の目《め》のようにつながって存在《そんざい》しているのだ（諸法無我《しょほうむが》）というように、普通《ふつう》の人《ひと》に見《み》えないものや考《かんが》え及《およ》ばないことを見通《みとお》す眼《め》を「慧眼《えげん》」というわけです。

法眼《ほうげん》

「法眼《ほうげん》」というのは、芸術的《げいじゅつてき》なものの見《み》かたです。普通《ふつう》の人《ひと》には、山《やま》はただ山《やま》と見《み》え、雲《くも》はただ雲《くも》と見《み》えましょうが、心《こころ》の澄《す》みきった詩人《しじん》にとっては、その山《やま》があることを話《はな》しかけ、雲《くも》があることを教《おし》えているように感《かん》じるのです。花《はな》のよそおい、木々《きぎ》のそよぎ、流《なが》れのせせらぎなどが、他《た》には通《つう》じないことばで話《はな》しかけてくるのです。すぐれた芸術家《げいじゅつか》は、普通人《ふつうじん》とちがって、それら自《し》然物《ぜんぶつ》の生命《せいめい》に直接《ちょくせつ》に触《ふ》れることができるのです。また、「人間《にんげん》」や「人生《じんせい》」についても、普通《ふつう》の人《ひと》の見《み》通《とお》すことのできない真実《しんじつ》を見《み》ることができるのです。ですから、狩野法眼《かのうほうげん》などというように、むかしはすぐれた芸術家《げいじゅつか》にひとつの位《くらい》として「法眼《ほうげん》」という名前《なまえ》が授《さず》けられたこともありました。

仏《ぶつ》眼《げん》

「仏眼《ぶつげん》」というのは、あらゆるものの見《み》かたのうちで最高《さいこう》の見《み》かたです。すべてのものの実相《じつそう》を見通《みとお》すだけでなく、慈悲《じひ》の心《こころ》をもってそれを見《み》るのです。

すなわち、すべてのものの生命《せいめい》をあるがままに生《い》かしてやりたいということを前提《ぜんてい》として、すべてのものの実相《じっそう》を見通《みとお》す——ことばを変《か》えていえば、天眼《てんげん》・慧眼《えげん》・法眼《ほうげん》を兼《か》ねそなえていながら、その奥底《おくそこ》に大慈悲《だいじひ》の心《こころ》をたたえた、つまり真《しん》の意味《いみ》の宗教的《しゅうきょうてき》なものの見《み》かたといえましょう。

こういう仏眼《ぶつげん》をもって衆生《しゅじょう》を見《み》ると、その一人一人《ひとりひとり》について、どういうふうに導《みちび》くのがいちばん適当《てきとう》であるかということが、おのずから見《み》えてくるのです。仏《ほとけ》にあってはそれが完全無欠《かんぜんむけつ》なのです。われわれ凡夫《ぼんぷ》はとうていその境地《きょうち》まではおよびがたいとしても、仏道《ぶつどう》の修行《しゅぎょう》を積《つ》むにしたがって、だんだんとそれに近《ちか》づいてくるものです。

とにかく、なにごとにしても慈悲《じひ》の心《こころ》をもとにして見《み》るということは、信仰者《しんこうしゃ》としていつも心《こころ》がけていなければならないことです。

さて、世尊《せそん》は説法《せっぽう》をおつづけになります。

二七四・八—一二

諸の善男子、如来 諸《にょらいもろもろ》の衆生《しゅじょう》の小法《しょうぼう》を楽《ねが》える徳薄垢重《とくはつくじゅう》の者《もの》を見《み》ては、是《こ》の人《ひと》の為《ため》に我少《われわか》くして出家《しゅっけ》し阿耨多羅三藐三菩提《あのくたらさんみやくさんぼだい》を得《え》たりと説《と》く。然《しか》るに我実《われじつ》に成仏《じようぶつ》してより已来《このかた》、久遠《くおん》なること斯《かく》の若《ごと》し。但方便《ただほうべん》を以《もつ》て衆生《しゆじよう》を教化《きようけ》して、仏道《ぶつどう》に入《い》らしめんとして是《かく》の如《ごと》き説《せつ》を作《な》す。

「もろもろの善男子《ぜんなんし》よ。そういうわけですから、如来《によらい》は、多《おお》くの衆生《しゆじよう》のうち、まだ徳《とく》が薄《うす》く煩悩《ぼんのう》（垢《く》）が多《おお》いために、ある程度《ていど》の悟《さと》りを得《え》ることだけで満足《まんぞく》しようと思《おも》っているものに対《たい》しては、そういう人《ひと》にとって解《わか》りやすくはいりやすいように、自分《じぶん》は若《わか》いときに出家《しゆつけ》してこういう修行《しゆぎよう》をして、阿耨多羅三《あのくたらさん》藐三菩提《みやくさんぼだい》を得《え》たのである（だからみんなもわたしと同《おな》じような努力《どりよく》をすれば、その境地《きようち》に達《たつ》せられるはずである）

――というふうに教《おし》え導《みちび》きました。

ところが実際《じつさい》は、わたしが成仏《じようぶつ》したのが無限《むげん》の過去《かこ》のことであったことは、いま話《はな》したとおりです。ただ、衆生《しゆじよう》を教化《きようけ》して仏道《ぶつどう》にはいらせるための方便《ほうべん》として、そう説《と》いたのです。」

「小法《しようぼう》を楽《ねが》える」ものというのは、声聞《しようもん》や縁覚程度《えんがくていど》の悟《さと》りで充分《じゆうぶん》だと考《かんが》えている人《ひと》びとです。そういう人《ひと》びとに対《たい》しては、迹仏《しやくぶつ》であるご自身《じしん》の経歴《けいれき》をお語《かた》りになって、わたしもこうなったのであるから、みんなもなれるはずだ、さあ一心《いつしん》に励《はげ》みなさい――と教《おし》えられるのです。

われわれにしてみれば、こんな大《おお》きな励《はげ》ましはありません。目《め》に見《み》えぬ「神《かみ》」というようなものが天《てん》にあって、その「神《かみ》」のおおせのとおり行《おこ》なえというような教《おし》えであれば、あまりにも漠然《ばくぜん》としてとらえどころがありません。ところが、仏教《ぶっきょう》では、釈尊《しゃくそん》という生《い》きたお手本《てほん》がおられるのですから、ありがたいのです。その偉大《いだい》なおん足跡《あしあと》をたどって、懸命《けんめい》についていけばよいのですから、これほど安心《あんしん》して信《しん》じきれる教《おし》えはないのです。

釈尊《しゃくそん》は、「小法《しょうぼう》を楽《ねが》える」ものに対《たい》しては「わたしのあとについてきなさい」と教《おし》えるとおっしゃっておられますが、末世《まっせ》のわたしどもとしては、それすらが大《おお》きな救《すく》いであり、励《はげ》ましです。むろんわれわれは、大法《だいほう》を楽《ねが》って進《すす》まなければなりませんが、大法《だいほう》を楽《ねが》いつつも、つねに釈尊《しゃくそん》のおん足跡《あしあと》を一歩《いっぽ》一歩《ぽ》たどっていくことを忘《わす》れてはならないのです。

さて、世尊《せそん》は、さらに仏《ほとけ》の方便《ほうべん》について詳《くわ》しくお説《と》き明《あ》かしになります。

二七四・一二―二七五・三 諸の善男子、如来《にょらい》の演《の》ぶる所《ところ》の経典《きょうでん》は、皆衆生《みなしゅじょう》を度脱《どだつ》せんが為《ため》なり。或《あるい》は己身《こしん》を説《と》き、或《あるい》は他身《たしん》を説《と》き、或《あるい》は己身《こしん》を示《しめ》し、或《あるい》は他身《たしん》を示《しめ》し、或《あるい》は己事《こじ》を示《しめ》し、或《あるい》は他事《たじ》を示《しめ》す。諸《もろもろ》の言説《ごんぜつ》する所《ところ》は皆実《みなじつ》にして虚《むな》しからず。

「もろもろの善男子《ぜんなんし》よ。如来《にょらい》の説《と》かれる教《おし》えというものは、その現《あら》われにはどんなちがいがあろうとも、すべて衆生《しゅじょう》を救《すく》い、迷《まよ》いから解脱《げだつ》させるためのものであります。そのためには、あるときは己身《こしん》（仏《ほとけ》の本体《ほんたい》）について説《と》かれることもあれば、あるときは他身《たしん》（ある相《すがた》をとって現《あら》われる仏《ほとけ》）について説《と》かれることもあります。また仏《ほとけ》の身《み》（己身《こしん》）としてこの世《よ》に現《あら》われることもあれば、他《た》のいろいろな人物《じんぶつ》（他身《たしん》）として現《あら》われることもあります。

あるいは、仏《ほとけ》の救《すく》いをそのままの相《すがた》（己事《こじ》）で示《しめ》されることもあれば、間接《かんせつ》に他《た》のことがら（他事《たじ》）を通《つう》じ、それを仲立《なかだ》ちとして救《すく》いの手《て》をさしのべられることもあります。

形《かたち》はこのようにさまざまに変《か》わっても、そのお説《と》きになることは、すべて真実《しんじつ》であって、嘘《うそ》いつわりもなく、ひとつとしてムダなこともないのです。」

己身《こしん》

他身《たしん》

ここのところは、たいへんむずかしいのですが、じつに大切《たいせつ》なところでもあります。

はじめの「己身《こしん》」というのは「己《おのれ》の身《み》」すなわち仏《ほとけ》の本体《ほんたい》ということで、本仏《ほんぶつ》を指《さ》していま す。また「他身《たしん》」というのは、その本体《ほんたい》が然燈仏《ねんとうぶつ》とか阿弥陀如来《あみだにょらい》というように、他《た》のある相《すがた》をとって現《あら》われた仏《ほとけ》のことです。

つぎに「己身《こしん》を示《しめ》す」とある「己身《こしん》」は、他《た》の身《み》でなく仏《ほとけ》の身《み》としてこの世《よ》に現《あら》われたという意味《いみ》で、釈尊《しゃくそん》ご自身《じしん》のことです。「他身《たしん》を示《しめ》す」というのは、その他《た》の聖人《せいじん》・賢人《けんじん》としてこの世《よ》に現《あら》われたという意味《いみ》です。

つぎの「己事《こじ》」と「他事《たじ》」というのは、いちばんむずかしいことばで、いままでたいていの場合《ばあい》正《ただ》しく解釈《かいしゃく》されていないようです。これはここで、ぜひ明《あき》らかにしておきたいと思《おも》います。

仏《ほとけ》の救《すく》いというものは、つまるところ、われわれの心《こころ》を真理《しんり》のレールの上《うえ》にのせ、生活全般《せいかつぜんぱん》にわたって正《ただ》しい調和《ちょうわ》を与《あた》えてくださることです。ところが、その救《すく》いの現《あら》われかたには、「順《じゅん》」の現《あら》われと、「逆《ぎゃく》」の現《あら》われがあるのです。

己《こ》事《じ》

たとえば、失恋《しつれん》や事業《じぎょう》の失敗《しっぱい》や家庭《かてい》の不和《ふわ》などにうちひしがれたり、いらだったりして、心《こころ》が真理《しんり》のレールを踏《ふ》みはずし、調和《ちょうわ》を失《うしな》っている状態《じょうたい》にあるとしましょう。そういうときに、仏《ほとけ》の教《おし》えによってほんとうの心《こころ》の持《も》ちかたを悟《さと》ることができれば、心《こころ》も生活全般《せいかつぜんぱん》も調和《ちょうわ》を得《え》て、正《ただ》しく、生《い》き生《い》きと動《うご》き出《だ》してくるのです。これが「順《じゅん》」の現《あら》われです。すなわち、救《すく》いがそのまま救《すく》いの形《かたち》として現《あら》われるのです。これを「己事《こじ》」というのです。

他《た》事《じ》

ところが、救《すく》いというものは、いつもこういう現《あら》われかたをするとはかぎりません。「逆《ぎゃく》」の現象《げんしょう》として現《あら》われることもあるのです。

たとえば、われわれの腹《はら》が痛《いた》み出《だ》したとします。これは、自分《じぶん》の持《も》つ消化能力《しょうかのうりょく》以上《いじょう》に食《た》べ過《す》ぎ飲《の》み過《す》ぎをしたとか、あるいは恐《おそ》ろしい病菌《びょうきん》が腸内《ちょうない》で繁殖《はんしょく》しはじめたとか、とにかく身体《からだ》が調和《ちょうわ》を失《うしな》っているのだという警告《けいこく》なのです。それで、腹《はら》が痛《いた》い、苦《くる》しいということになれば、とにもかくにもその苦痛《くつう》からのがれるために、薬《くすり》をのむなり、医者《いしゃ》に行《い》くなりします。そして、よくなるまでは食《た》べもの飲《の》みものも控《ひか》えめにします。

もし、痛《いた》みというものが起《お》こらなかったらどうでしょう。不摂生《ふせっせい》による胃腸《いちょう》の変調《へんちょう》の場合《ばあい》なら、いつまでも不摂生《ふせっせい》をつづけて、ついに胃腸《いちょう》を使《つか》いものにならなくしてしまうでしょう。まして、赤痢菌《せきりきん》やチフス菌《きん》などが腸内《ちょうない》で繁殖《はんしょく》しているのに、腹痛《ふくつう》とか発熱《はつねつ》というような警告《けいこく》がなかったら、たちまちのうちに取返《とりかえ》しのつかない状態《じょうたい》になってしまうでしょう。

このように、痛《いた》みとか苦《くる》しみというようなものは、いやな、歓迎《かんげい》されないことがらのようですけれども、じつはそれを通《つう》じ、それを仲立《なかだ》ちとしなければ、身体《からだ》に恐《おそ》ろしい不調和《ふちょうわ》が起《お》こりつつあることが解《わか》らないのです。

肉体《にくたい》のことだけではありません。「三車火宅《さんしゃかたく》の譬《たと》え」にもありましたように、人間《にんげん》は、五欲《ごよく》の世界《せかい》にひたりきっているときは、かえって身《み》を焼《や》き尽《つ》くそうとする業火《ごうか》に気《き》がつかないのです。ところが、なにか心《こころ》に悩《なや》みや、苦《くる》しみや、不安《ふあん》や、空虚《くうきょ》さが感《かん》じられたときに、フッとわが身《み》をふりかえります。そして、これでいいのか？　いつまでもこんな心《こころ》でいたらどうなるのだ？　と反省《はんせい》するのです。すなわち、悩《なや》みや苦《くる》しみなどの自覚《じかく》が救《すく》いのいとぐちとなるわけです。

人生《じんせい》なにごとにしても、苦《くる》しいと感《かん》じるのは、その人《ひと》の心《こころ》や身体《からだ》が調和《ちょうわ》を失《うしな》っているのだという自然《しぜん》の警告《けいこく》なのです。そこで、「これはいけない」と気《き》がついて、正《ただ》しい教《おし》えに従《したが》えば、おのずから心《こころ》が真理《しんり》のレールに乗《の》ってきますから、たとえ病気《びょうき》は治《なお》らなくても、貧乏《びんぼう》からは脱《ぬ》け出《で》なくても、それが苦《くる》しいと感《かん》じられなくなるのです。これが、大《おお》きな仏《ほとけ》の救《すく》いなのです。

仏《ほとけ》の救《すく》いは、こういうふうに、一見救《いっけんすく》いではないような形《かたち》で現《あら》われることがあります。それが「他事《たじ》を示《しめ》す」というのです。

ですから、わたしどもの会《かい》では、信仰上《しんこうじょう》のことについて注意《ちゅうい》を与《あた》えられることを、「功徳《くどく》」といっていいます。小言《こごと》をいわれたり、注意《ちゅうい》を与《あた》えられることは、一応《いちおう》はいやなことであり、歓迎《かんげい》したくないことですが、それを通《つう》じて仏《ほとけ》の救《すく》いの手《て》がさしのべられているのですから、それをありがたく受《う》けるところに、救《すく》いの実現《じつげん》があるわけです。

「他事《たじ》を示《しめ》す」というのは、非常《ひじょう》に尊《とうと》いことで、われわれの日常生活《にちじょうせいかつ》において、つねに心《こころ》すべきことだと思《おも》います。

さて、こうして、あるいは己身《こしん》を説《と》き、あるいは他身《たしん》を説《と》き、あるいは己身《こしん》を示《しめ》し、あるいは他身《たしん》を示《しめ》し、あるいは己事《こじ》を示《しめ》し、あるいは他事《たじ》を示《しめ》して教化《きょうけ》されるのは、すべて真実《しんじつ》の教《おし》えであって、虚《むな》しいもの（人間《にんげん》を向上《こうじょう》させ、ほんとうの悟《さと》りに至《いた》らせるという目的《もくてき》に対《たい》して、ムダなもの）ではない——ということを明《あき》らかにされたわけです。

仏教《ぶっきょう》こそ根本《こんぽん》の教《おし》え　ここに、仏《ほとけ》の教《おし》えの広大無辺《こうだいむへん》さがあるのです。すなわち、仏《ほとけ》の教《おし》えというものは、けっしてキリストの教《おし》えとか、マホメットの教《おし》えとか、孔子《こうし》・孟子《もうし》・老子《ろうし》というような賢人《けんじん》の教《おし》えと対立《たいりつ》しているものではないのです。そういうすぐれた聖人《せいじん》・賢人《けんじん》は、やはり仏《ほとけ》の現《あら》われであり、その教《おし》えも仏《ほとけ》の教《おし》えの現《あら》われであるということが、ここでハッキリ解《わか》ります。

これはなにもわたしが仏教徒《ぶっきょうと》であるから、そう解釈《かいしゃく》するのではなく、仏《ほとけ》というものが宇宙《うちゅう》の大真理《だいしんり》であり、大生命《だいせいめい》であるかぎり、それに包容《ほうよう》されない真理《しんり》があるはずがなく、それより外《ほか》に「法《ほう》」があるはずがないからです。したがって、仏教《ぶっきょう》だからほんものだ、キリスト教《きょう》だからどうだというような、ケチくさい、差別的《さべつてき》なことをいうのは、ほんとうの仏教者《ぶっきょうしゃ》ではないのです。

正《ただ》しいものは、だれの教《おし》えでも正《ただ》しい。真実《しんじつ》は、だれの教《おし》えであっても真実《しんじつ》です。そういう正《ただ》しい教《おし》え、真実《しんじつ》の教《おし》えをもって、一切《いっさい》の衆生《しゅじょう》を導《みちび》いておられる大本《おおもと》のお方《かた》を「仏《ほとけ》」と仰《あお》いでいるわけですから、そこに対立《たいりつ》というものはありえません。

卑近《ひきん》な例《れい》をとりますと、「栄養《えいよう》」というものと、「米《こめ》」「パン」「豆《まめ》」「野菜《やさい》」「牛乳《ぎゅうにゅう》」「魚《さかな》」「塩《しお》」といった個々《ここ》のたべものとは、別々《べつべつ》に存在《そんざい》するものではありません。米《こめ》も身《み》の養《やしな》いになり、牛乳《ぎゅうにゅう》も身《み》の養《やしな》いになり、野菜《やさい》も身《み》の養《やしな》いになります。これらのように正《ただ》しく身《み》を養《やしな》うものの大本《おおもと》をひっくるめて「栄養《えいよう》」というのであって、もし「わたしはパンと牛乳《ぎゅうにゅう》と野菜《やさい》を食《た》べているから『栄養《えいよう》』はいらない」という人《ひと》があったら、こっけい至極《しごく》でしょう。

仏《ほとけ》の教《おし》えというものは、ちょうどこのたとえにおける「栄養《えいよう》」にあたるものです。そして、あらゆる聖人《せいじん》・賢人《けんじん》の説《と》かれた教《おし》えというものは、米《こめ》とか、野菜《やさい》とか、牛乳《ぎゅうにゅう》といったような個々《ここ》のたべものにあたります。それら全部《ぜんぶ》の根本《こんぽん》になるものが仏《ほとけ》の教《おし》えであり、したがって仏《ほとけ》の教《おし》えは、人格《じんかく》を養《やしな》うあらゆる栄養素《えいようそ》がそろった完全《かんぜん》なごちそうですから、無心《むしん》にそれを頂戴《ちょうだい》すればいいわけです。なにも、そのごちそうの中《なか》から、米《こめ》がどうの、牛乳《ぎゅうにゅう》がどうのと取《と》り上《あ》げて考《かんが》えることはないのです。

このことは、本仏《ほんぶつ》と迹仏《しゃくぶつ》のちがいがしっかり解《わか》れば、かならずひとりでに解《わか》ってくることと思《おも》います。

仏《ほとけ》の教《おし》えというものは、こんなに広大無辺《こうだいむへん》なものですから、迹仏《しゃくぶつ》である釈尊《しゃくそん》も、他《た》の教《おし》えを排斥《はいせき》するようなことはなさいませんでした。当時《とうじ》インドでいちばん勢力《せいりょく》のあったバラモン教《きょう》の神々《かみがみ》、持《じ》国天《こくてん》・増《ぞう》長天《ちょうてん》・広目天《こうもくてん》・毘沙門天《びしゃもんてん》といったような諸天《しょてん》をも、やはり仏《ほとけ》の教《おし》えをきいて救《すく》われる衆生《しゅじょう》のうちであり、また人間《にんげん》より神通力《じんづうりき》のすぐれた存在《そんざい》であって、その神通力《じんづうりき》をもって仏法《ぶっぽう》を守《まも》る善神《ぜんじん》として認《みと》めておられるのです。

また、毘舎離国《びしゃりこく》の有力者《ゆうりょくしゃ》のある将軍《しょうぐん》は、やはりインドの宗教《しゅうきょう》の一《ひと》つであるジャイナ教《きょう》の信者《しんじゃ》でしたが、釈尊《しゃくそん》の説法《せっぽう》をきいて感激《かんげき》し、それに帰依《きえ》しました。そして、改宗《かいしゅう》したことを国中《くにじゅう》に宣言《せんげん》しようとしましたが、釈尊《しゃくそん》は「そんなことをなさる必要《ひつよう》はありません」とお止《と》めになり、そればかりか「今後《こんご》もジャイナ教《きょう》の教団《きょうだん》を、いままでどおり供養《くよう》しておやりなさい」とまでおっしゃっておられます。このような例《れい》は、まだいろいろあります。

こういう釈尊《しゃくそん》の思想《しそう》は、正法《しょうぼう》が伝《つた》えられているあいだは、そのとおり引《ひ》き継《つ》がれていました。たとえば、全《ぜん》インドを統一《とういつ》した大王《だいおう》であり、かつ熱心《ねっしん》な仏教信者《ぶっきょうしんじゃ》であった阿育王《あいくおう》も、他《た》の宗教《しゅうきょう》を圧迫《あっぱく》するようなことをせず、信教《しんきょう》の自由《じゆう》を認《みと》めていたのでした。

それでは、日蓮聖人《にちれんしょうにん》が「念仏無間《ねんぶつむけん》、禅天魔《ぜんてんま》、真言亡国《しんごんぼうこく》、律国賊《りつこくぞく》」と叫《さけ》ばれたことは、仏意《ぶつい》に反《はん》するのではないかという疑問《ぎもん》が、当然起《とうぜんお》こることと思《おも》います。しかし、これはこれでりっぱに理由《りゆう》のあることです。

当時《とうじ》は仏教《ぶっきょう》の中《なか》にいろいろな宗派《しゅうは》が対立《たいりつ》し、ともすれば真《しん》の仏意《ぶつい》を見失《みうしな》いがちになっていました。そこで、日蓮聖人《にちれんしょうにん》は、そういう宗派意識《しゅうはいしき》を一応《いちおう》ご破算《はさん》にして、釈尊《しゃくそん》の真意《しんい》を行《ぎょう》ずることが真《しん》の仏教者《ぶっきょうしゃ》であるとさけばれたのです。たいへん激《はげ》しいことばを使《つか》われたのも、それでなくては当時《とうじ》の人《ひと》びとの目《め》が覚《さ》めなかったためであって、真《しん》の意味《いみ》の「方便《ほうべん》」であったのです。そして、これこそ、まえに述《の》べた「他《た》事《じ》」による仏《ほとけ》の救《すく》いにほかならなかったわけです。

しかし、現代《げんだい》においては、出家《しゅっけ》の人《ひと》びとも、一般大衆《いっぱんたいしゅう》もおおむね理性《りせい》が発達《はったつ》していますから、そういう方便《ほうべん》を使《つか》う必要《ひつよう》はありません。方便《ほうべん》というものは、すでに何度《なんど》も述《の》べましたように、「相手《あいて》の機根《きこん》に応《おう》じた適当《てきとう》な教化《きょうけ》の手段《しゅだん》」なのですから、相手《あいて》の機根《きこん》が変《か》わってきたのに、あいかわらず同《おな》じ方便《ほうべん》を使《つか》うのは、おろかなことです。そして、仏《ほとけ》の教《おし》えを正《ただ》しく行《ぎょう》じていないことになります。この点《てん》われわれはよく心得《こころえ》ていなければならないことだと思《おも》います。

つぎに、世尊《せそん》はこうお説《と》きになります。

二七五・三―五
所以は何ん、如来《にょらい》は如実《にょじつ》に三界《さんがい》の相《そう》を知見《ちけん》す。生死《しょうじ》の若《も》しは退《たい》、若《も》しは出《しゅつ》あることなく、亦在世及《またざいせおよ》び滅度《めつど》の者《もの》なし。実《じつ》に非《あら》ず、虚《こ》に非《あら》ず、如《にょ》に非《あら》ず、異《い》に非《あら》ず、三界《さんがい》の三界《さんがい》を見《み》るが如《ごと》くならず。

これもまたたいへん難解《なんかい》な一節《いっせつ》です。まず、ことばの意味《いみ》から解説《かいせつ》したほうがいいでしょう。「所以《ゆえ》は何《いか》ん」というのは、「いま、如来《にょらい》の教《おし》えは、その現《あら》われはいろいろちがっても、すべて真実《しんじつ》であって、嘘《うそ》やムダなものは一《ひと》つもないと説《と》いたが、そのわけはなぜかといえば、つぎのようである」というのです。

三《さん》　界《がい》

「三界《さんがい》」というのは、いろいろな解釈《かいしゃく》のしかたがありますが、普通《ふつう》の解釈《かいしゃく》に従《したが》えば、人間《にんげん》の住《す》んでいる世界《せかい》（目《め》に見《み》える世界《せかい》と目《め》に見《み》えぬ世界《せかい》をひっくるめて）を三つに分《わ》け、欲界《よくかい》・色界《しきかい》・無色界《むしきかい》とした考《かんが》えかたです。

欲界《よくかい》というのは、五欲《ごよく》に満《み》ちたわれわれの日常生活《にちじょうせいかつ》の世界《せかい》です。色界《しきかい》というのは、心《こころ》の中《なか》で考《かんが》えられる世界《せかい》ですが、しかしそれは、ある形《かたち》をもって考《かんが》えられる世界《せかい》です。普通《ふつう》われわれが心《こころ》で考《かんが》えるいろいろなものごとです。無色界《むしきかい》というのは、形《かたち》もなにもない、純粋《じゅんすい》に心《こころ》の中《なか》だけの世界《せかい》であって、坐禅《ざぜん》その他《た》の行《ぎょう》によって精神《せいしん》を統一《とういつ》すれば、そういう世界《せかい》に達《たっ》せられるとされたものです。

生《しょう》・死《じ》・退《たい》・出《しゅっ》

ところで、如来《にょらい》は、この三界《さんがい》のほんとうのすがたを、そのまま見通《みとお》すことのできるお方《かた》です。

「生死《しょうじ》」というのは、変化《へんか》ということです。「退《たい》」というのは、ものごとが消《き》え去《さ》ること、「出《しゅっ》」というのは、ものごとが現《あら》われることです。

そこで、「生死《しょうじ》の若《も》しは退《たい》、若《も》しは出《しゅつ》あることなし」というのは、「ものすべては変化《へんか》するものであるが、それはただ現象《げんしょう》のうえだけのことであって、如来《にょらい》の眼《め》によってその本質《ほんしつ》を見《み》れば、消《き》え去《さ》ることもなく、現《あら》われることもなく、不生不滅《ふしょうふめつ》である」ということです。

在世《ざいせ》及《およ》び滅度《めつど》の者《もの》なし　これを人間《にんげん》の身《み》の上《うえ》についていえば、「出《しゅつ》」というのは生《う》まれること、「退《たい》」というのは死《し》ぬことです。人間《にんげん》は、生《う》まれて、だんだん育《そだ》ってゆき、年《とし》をとり、病気《びょうき》をして、ついに死《し》んでいきます。人間《にんげん》としてこの世《よ》に生《う》まれられた釈尊《しゃくそん》も、やはり老《ろう》・死《し》という段階《だんかい》を通《とお》られたのです。ですから、ここでいう「在世《ざいせ》」とは、釈尊《しゃくそん》がこの世《よ》に人間《にんげん》として生《い》きておられた世《よ》をいいます。そして、「滅度《めつど》」とは釈尊《しゃくそん》が、涅槃《ねはん》に入《はい》られて入滅《にゅうめつ》されたことをいいます。

そこで、「亦在世《またざいせ》及《およ》び滅度《めつど》の者《もの》なし」ということは、「仏《ほとけ》は、仏《ほとけ》の在世中《ざいせちゅう》のものであろうとも、あるいは滅後《めつご》のものであろうとも、差別《さべつ》などしないで、すべての衆生《しゅじょう》を平等《びょうどう》に思《おも》っている」ということをいっているのです。

つまり、「久遠《くおん》の本仏《ほんぶつ》は常《つね》にこの世《よ》にあって、すべての衆生《しゅじょう》をいついかなるときも平等《びょうどう》に救《すく》い、生《い》かしてくださっているのだ」ということなのです。それこそが、本仏《ほんぶつ》の大慈大悲《だいじだいひ》なのです。

つぎの「実《じつ》に非《あら》ず、虚《こ》に非《あら》ず、如《にょ》に非《あら》ず、異《い》に非《あら》ず」というのも、これまた非常《ひじょう》にむずかしいことがらです。

実《じつ》・虚《こ》

「実《じつ》」というのは、「実際《じっさい》にそこにあると見《み》える」ことです。「虚《こ》」というのは、「そこにないと思《おも》える」ことです。形《かたち》に現《あら》われているものを、たしかに「在《あ》る」と見《み》るのもかたよった見《み》かたであり、形《かたち》に現《あら》われていないから「無《な》い」と見《み》るのも、またかたよった見《み》かたです。たとえば、水《みず》がそこに「在《あ》る」と見《み》て安心《あんしん》していると、いつの間《ま》にか蒸発《じょうはつ》して見《み》えなくなってしまう。逆《ぎゃく》に、空気中《くうきちゅう》にある水蒸気《すいじょうき》は目《め》には見《み》えないから「無《な》い」と思《おも》っていると、いつかそれが雨《あめ》になって降《ふ》ってくる。だから、「実《じつ》」にとらわれるのも、「虚《こ》」にとらわれるのも、人間《にんげん》の浅《あさ》い見《み》かたであって、如来《にょらい》の眼《め》から見《み》れば「実《じつ》に非《あら》ず、虚《こ》に非《あら》ず」です。

如《にょ》・異《い》

「如《にょ》」というのは常住《じょうじゅう》ということです。いつも存在《そんざい》して変《か》わることがないということです。「異《い》」というのはその反対《はんたい》で、変化《へんか》することです。

そこで「如《にょ》に非《あら》ず、異《い》に非《あら》ず」というのは、不変《ふへん》の状態《じょうたい》ばかりを見《み》るのもかたよった見《み》かたであるし、変化《へんか》する状態《じょうたい》ばかりを見《み》るのもかたよった見《み》かたである。凡夫《ぼんぷ》は、ともすればこういう一方的《いっぽうてき》な見《み》かたをするけれども、如来《にょらい》の眼《め》から見《み》れば、変《か》わらないすがたも、変《か》わっていくすがたも、平等《びょうどう》に見通《みとお》すことができる。すなわち、ものごとの実相《じっそう》がそのまま見《み》えるのである——というのです。

しかし、このように哲学的《てつがくてき》に考《かん》えていくのは学者《がくしゃ》に任《まか》せておいて、ここでは人間《にんげん》の生活《せいかつ》のうえに、その教《おし》えの原理《げんり》をあてはめて考《かん》えていってみましょう。

すなわち、この世《よ》の中《なか》のものごとはすべて、ある見《み》かたによっては変化《へんか》するとも見《み》えるし、またある見《み》かたによっては変化しないとも見《み》えるものです。

例《れい》を引《ひ》けば、封建時代《ほうけんじだい》と現代《げんだい》では、人間関係《にんげんかんけい》についての考《かんが》えかたがたいへんちがってきています。親《おや》子《こ》の関係《かんけい》などもずいぶん変《か》わってきました。しかし、親《おや》が子《こ》をかわいいと思《おも》う心《こころ》、子《こ》が親《おや》を懐《なつ》かしく思《おも》う心《こころ》はほとんど変《か》わっていません。

また、すべての人間《にんげん》は顔形《かおかたち》も、身体《からだ》つきも、心《こころ》の持《も》ちかたもちがっているといえばちがっていますが、共通《きょうつう》の点《てん》を考《かんが》えれば、おしなべておなじ人間《にんげん》であることに違《ちが》いはないのです。

こういうわけですから、変化《へんか》にとらわれてもいけないし、不変《ふへん》というものにこだわってもいけない。差《さ》別《べつ》だけを見《み》るのも完全《かんぜん》な見《み》かたではないし、平等《びょうどう》だけを見《み》るのも完全《かんぜん》な見《み》かたではない。それらすべての相《すがた》を大《おお》きな立場《たちば》からくまなく見《み》ると同時《どうじ》に、「すべてのものの生命《いのち》を生《い》かす」という慈悲《じひ》の目《め》で見《み》なければならない――というのです。

たとえば、「自分《じぶん》の肉体《にくたい》は変化《へんか》するものだ。ほんとうの生命《いのち》とは肉体《にくたい》の生命《せいめい》をいうのではない」ということにこだわると、それでは肉体《にくたい》なんかどうでもいいというまちがった考《かんが》えにおちいります。そうではなく、いまの肉体《にくたい》も本仏《ほんぶつ》の慈悲《じひ》によって生《い》かされているのであるから、肉体《にくたい》を大切《たいせつ》にするのは、つまり自分《じぶん》の本質《ほんしつ》である仏性《ぶっしょう》を大切《たいせつ》にすることであって、きわめて自然《しぜん》なことである――と考《かんが》えるのが、とらわれない心《こころ》でしょう。それがほんとうに「すべてのものの生命《いのち》を生《い》かす」という見《み》かたでしょう。

こうして、如来《にょらい》のものの見《み》かたは、大《おお》きなところから実相《じっそう》を見通《みとお》した、何物《なにもの》にもとらわれぬ自由自在《じゆうじざい》な見《み》かたであって、三界《さんがい》に住《す》んでいる凡夫《ぼんぷ》が三界《さんがい》を見《み》るような、かたよった、狭《せま》い見《み》かたではない――と、お説《と》きになったのです。

生活《せいかつ》のうえにどう実践《じっせん》するか　この一節《いっせつ》は、もちろん如来《にょらい》の知見《ちけん》について説《と》いておられるのですけれども、ここには、われわれの生《い》きかたについて、くめども尽《つ》きせぬ深《ふか》い教《おし》えが含《ふく》まれていると見《み》なければなりません。

まず第《だい》一は、変化《へんか》するものを、変化《へんか》しないように考《かんが》えちがいをしてはいけない――ということです。自分《じぶん》の事業《じぎょう》はこれだけの基礎《きそ》ができた、もうどんなことがあってもビクともしない――と考《かんが》えて、ゴルフや宴会《えんかい》などにうつつを抜《ぬ》かしていると、いつかは思《おも》いがけないことが起《お》こってきます。現代《げんだい》の経済《けいざい》界《かい》というものは、世界《せかい》じゅうとつながっているのですから、思《おも》いがけない国《くに》の、とんでもない変動《へんどう》が、どう響《ひび》いてくるかわからないのです。それで、どんなに事業《じぎょう》の基礎《きそ》が固《かた》まっても、それはけっして不変《ふへん》ではないのですから、いつも変化《へんか》ということを考《かんが》えて、不断《ふだん》の勉強《べんきょう》を怠《おこた》ってはならないわけです。

こういうことは、事業《じぎょう》の経営者《けいえいしゃ》ならだれしも百《ひゃく》も承知《しょうち》のことのようですが、事実《じじつ》はなかなかそういうものでなく、慢心《まんしん》や油断《ゆだん》によって失敗《しっぱい》する人《ひと》が数《かず》かぎりなくあることは、ご承知《しょうち》のとおりです。ですから、いかに富裕《ふゆう》な人《ひと》でも、大実業家《だいじつぎょうか》でも、大政治家《だいせいじか》でも、心《こころ》を空《むな》しうして仏《ほとけ》の教《おし》えの前《まえ》にひざまずかなければならないのです。

仏《ほとけ》の教《おし》えは、宇宙《うちゅう》と人生《じんせい》の根本原理《こんぽんげんり》の教《おし》えだから、実生活《じっせいかつ》とはなんの関係《かんけい》もないと考《かんが》えるのは大《おお》きなまちがいであって、根本原理《こんぽんげんり》であればこそ、実生活《じっせいかつ》のどんな場合《ばあい》にもあてはまるのです。実生活《じっせいかつ》にあてはまらないようなものは根本原理《こんぽんげんり》ではありません。

われわれの身体《からだ》というものについても、やはり同様《どうよう》のことがいえます。健康《けんこう》なときは、われわれは肉《にく》体《たい》の変化《へんか》に気《き》がつきません。それは、きわめて徐々《じょじょ》に、静《しず》かに変化《へんか》していっているからです。だから、ついわれわれは自分《じぶん》の身体《からだ》に自信《じしん》をもちすぎます。増上慢《ぞうじょうまん》を起《お》こしがちです。

たとえば、年《とし》をとって、肉体《にくたい》はもうそれに堪《た》えられなくなっているにもかかわらず、若《わか》いときと同《おな》じように深酒《ふかざけ》をする人《ひと》があります。これは、変化《へんか》しているものを不変《ふへん》と見《み》ている誤《あやま》りです。肉体《にくたい》の変化《へんか》というものは、かならずある機会《きかい》に自覚《じかく》できることがあるはずですが、酒《さけ》などにおぼれている人《ひと》はそれを無視《むし》するのです。自然《しぜん》の警告《けいこく》にさからうのです。正《ただ》しく仏法《ぶっぽう》を知《し》っている人《ひと》は、柔輭《にゅうなん》な心《こころ》をもって、その警告《けいこく》に従《したが》うから、本来《ほんらい》の寿命《じゅみょう》を全《まっと》うすることができるわけです。

心《こころ》が素直《すなお》であれば、その自然《しぜん》の警告《けいこく》がよくわかります。たとえば、若《わか》いときは平気《へいき》で冒険的《ぼうけんてき》なことをしますが、年《とし》をとってくると、だんだんそれが恐《こわ》くなってきます。恐《こわ》くなるのが当然《とうぜん》なのです。それが自然《しぜん》の警告《けいこく》なのです。

けわしい山道《やまみち》などをくだるときなど、若《わか》いときはタッタッと駈《か》け下《お》りたりしますが、年《とし》をとると一足《ひとあし》一足用心《ひとあしようじん》しながら下《お》ります。これは、若《わか》いときは怪我《けが》をしても回復《かいふく》が早《はや》いけれども、年《とし》をとったらなかなか治《なお》らないということを、身体《からだ》そのものが知《し》っていて、身体《からだ》のほうから「用心《ようじん》しなさいよ」と教《おし》えてくれているのです。自然《しぜん》の警告《けいこく》です。心《こころ》の素直《すなお》な人《ひと》は、この警告《けいこく》に従《したが》ってゆっくりゆっくり下《お》りますが、なーに若《わか》いものに負《ま》けるものかという衒《てら》い気《ぎ》のある人《ひと》は、タッタッと駈《か》け下《お》りて、転《ころ》んで足《あし》を折《お》ったりするのです。年寄《としよ》りの冷水《ひやみず》です。

ですから、変化《へんか》するものを変化《へんか》しないと思《おも》ってはいけない。とらわれのない目《め》でものごとを見《み》れば、変化《へんか》がよく見《み》える。その変化《へんか》に素直《すなお》に従《したが》うのが正《ただ》しい生《い》きかたである――というのです。

しかし、あまり変化《へんか》にばかりとらわれても、これまたよくありません。自分《じぶん》はもう年《とし》をとったのだから、若《わか》いものと同《おな》じようにはできない。もう働《はたら》くことはない。ゆっくりと余生《よせい》を楽《たの》しもう――というのは、変化《へんか》にとらわれた考《かんが》えです。年《とし》をとっても衰《おとろ》えないものがあるはずです。あるいは経験《けいけん》、あるいは頭脳《ずのう》、あるいは手《て》の技《わざ》、あるいは指導力《しどうりょく》、あるいは貫禄《かんろく》、そういったものを生《い》かして、呼吸《いき》のあるうちは人《ひと》のため世《よ》のために働《はたら》くのが、正《ただ》しい生《い》きかたです。

チャーチルは政界《せいかい》を隠退《いんたい》してから回顧録《かいころく》を書《か》いてノーベル賞《しょう》を得《え》ました。先々代《せんせんだい》の歌右衛門《うたえもん》は、年《とし》をとって歩《ある》くのさえ不自由《ふじゆう》になってからも人《ひと》に支《ささ》えられて舞台《ぶたい》に出《で》て、腰《こし》かけたままでりっぱな芸《げい》を見《み》せました。それらは、「老《お》い」という変化《へんか》にとらわれなかった人《ひと》たちです。

老人《ろうじん》のことばかりをいいましたが、若《わか》い人《ひと》たちの例《れい》もあげてみましょう。たとえば、戦後《せんご》の新憲法《しんけんぽう》によって婦人《ふじん》も男子《だんし》と同等《どうとう》の権利《けんり》を持《も》つようになりました。大《おお》きな変化《へんか》です。しかし、それは「人間《にんげん》」としての権利《けんり》が同等《どうとう》であると認《みと》められただけで、子《こ》どもを生《う》み育《そだ》てるようにつくられた身体《からだ》までは変化《へんか》していません。その点《てん》においては不変《ふへん》です。

ですから、男女同権《だんじょどうけん》になったからといって、女《おんな》がなにもかも男《おとこ》と同様《どうよう》の振舞《ふるまい》をしていいかといえば、それは変化《へんか》にとらわれた考《かんが》えであって、道理《どうり》にはずれています。そういうふるまいをする人《ひと》もないではありませんが、おおかたの日本《にっぽん》の婦人《ふじん》は、その点《てん》りっぱであったと思《おも》います。中《なか》でも、仏《ほとけ》の教《おし》えを聞《き》いている人《ひと》は、自然《しぜん》の理《り》にあった、婦人《ふじん》らしい生《い》きかたをしておられるのは、さすがだと思《おも》います。

「実《じつ》に非《あら》ず、虚《こ》に非《あら》ず」ということも、われわれの生《い》きかたにとって、非常《ひじょう》に大切《たいせつ》な教《おし》えです。「在《あ》る」と思《おも》って油断《ゆだん》してはならないし、「無《な》い」と思《おも》って悲観《ひかん》してはならない。「在《あ》る」ときには「無《な》くなった」ときのことを思《おも》ってそれに備《そな》えなくてはならないし、「無《な》い」と思《おも》えても、実際《じっさい》は「在《あ》る」のだから、それを求《もと》める努力《どりょく》をしなければならないのです。

これは、物質《ぶっしつ》にしても、才能《さいのう》にしても、なんでもそうです。目《め》の前《まえ》の「在《あ》る」「無《な》し」にとらわれず、いつも自分《じぶん》のなすべきことをなさねばならないのです。そうしてこそ、心《こころ》はいつも安《やす》らかで、しかも張《は》り切《き》った生活《せいかつ》ができるのです。

たとえば、川《かわ》というものを見《み》てみましょう。水《みず》が絶《た》えず流《なが》れています。目《め》の前《まえ》の一メートル幅《はば》ぐらいの水面《すいめん》を見《み》つめていますと、一秒前《いちびょうまえ》にあった水《みず》は現在《げんざい》はもうありません。現在《げんざい》の瞬間《しゅんかん》に目《め》の前《まえ》にあった水《みず》は、次《つぎ》の瞬間《しゅんかん》にはもうないのです。だからといって、川《かわ》がなくなったかというと、やはりあります。

われわれの生命《せいめい》もこれと同《おな》じようなものです。厳密《げんみつ》にいって、昨日《きのう》の自分《じぶん》と今日《きょう》の自分《じぶん》とは同《おな》じものではありません。全身《ぜんしん》の細胞《さいぼう》は刻々《こくこく》に生《う》まれかわりつつあります。また、頭脳《ずのう》の状態《じょうたい》も、力《ちから》も、技《わざ》も、昨日《きのう》と今日《きょう》とではちがっています。しかし、また逆《ぎゃく》に、昨日《きのう》の自分《じぶん》と今日《きょう》の自分《じぶん》が別物《べつもの》だということもできません。われわれの人生《じんせい》は昨日《きのう》から今日《きょう》へと切《き》れ目《め》なくつづいているからです。

川《かわ》の流《なが》れを、目《め》の前《まえ》の一メートル幅《はば》に断《た》ち切《き》って、これが川《かわ》だということはできないように、われわれの人生《じんせい》も、ある部分《ぶぶん》だけを切《き》り離《はな》して考《かんが》えることはできません。ですから、今《いま》の刹那《せつな》だけ楽《たの》しく送《おく》ればあとはどうでもいい、昨日《きのう》は昨日《きのう》、今日《きょう》は今日《きょう》、明日《あした》は明日《あした》の風《かぜ》が吹《ふ》くというような考《かんが》えかたをすることはできないのです。川《かわ》がずっとつづいているように、昨日《きのう》の自分《じぶん》がつくった業《ごう》は、今日《きょう》までちゃんとつづいているのです。今日《きょう》の自分《じぶん》がつくった業《ごう》は、確実《かくじつ》に明日《あす》へつづくのです。だから、目《め》の前《まえ》の一メートル幅《はば》の川水《かわみず》に毒《どく》を流《なが》せば、下流《かりゅう》の魚《さかな》はみんな死《し》んでしまいます。たった一メートル幅《はば》の川水《かわみず》でもそれをかき濁《にご》せば、その濁《にご》りは下流《かりゅう》までつづいてゆきます。

だからといって、昨日《きのう》（過去《かこ》）のことにクヨクヨこだわってはいけません。過去《かこ》にこだわると、前進《ぜんしん》はできません。過去《かこ》はたしかにあるにはあるけれども、それにとらわれてはいけない。それならば、どうしたらいいかといえば、今日現在《きょうげんざい》を正《ただ》しく、悔《く》いのないように、りっぱに生《い》きればいいのです。それが昨日《きのう》つくった自分《じぶん》の悪業《あくごう》を消《け》し、明日《あす》のための善業《ぜんごう》を積《つ》むことになります。「現在《げんざい》」は一瞬《いつしゆん》にして消《き》えるものであるが、それはたしかに実存《じつぞん》するのだ。だから、はかないと見《み》えるこの現在《げんざい》をこそ大切《たいせつ》にしなければならないのだ——そこが「実《じつ》に非《あら》ず、虚《こ》に非《あら》ず」です。

このようにして、仏知見《ぶつちけん》（如来《によらい》の眼《め》で見通《みとお》されたこと）にならって、われわれも、ものごとの変化《へんか》や、在《あ》り無《な》しや、異《ちが》いなど、すなわちものごとの表面《ひようめん》にとらわれず、その実相《じつそう》を見《み》るように心《こころ》がけていけば、正《ただ》しい、明《あ》かるい、生活《せいかつ》を送《おく》ることができ、われわれがこの世《よ》に生《う》まれた使命《しめい》をなしとげることができるわけです。

つづいてのおことばは、

二七五・六—九　斯の如きの事《じ》、如来明《によらいあきら》かに見《み》て錯謬《しやくみよう》あることなし。諸《もろもろ》の衆生《しゆじよう》、種種《しゆじゆ》の性《しよう》・種種《しゆじゆ》の欲《よく》・種種《しゆじゆ》の行《ぎよう》・種《しゆ》種《じゆ》の憶想《おくそう》・分別《ふんべつ》あるを以《もつ》ての故《ゆえ》に、諸《もろもろ》の善根《ぜんごん》を生《しよう》ぜしめんと欲《ほつ》して、若干《そこばく》の因縁《いんねん》・譬諭《ひゆ》・言辞《ごんじ》を以《もつ》て種種《しゆじゆ》に法《ほう》を説《と》く。所作《しよさ》の仏事《ぶつじ》未《いま》だ曽《かつ》て暫《しば》らくも廃《はい》せず。

「錯謬《しやくみよう》」というのは誤《あやま》りということです。「性《しよう》」というのは性質《せいしつ》、「欲《よく》」というのは欲望《よくぼう》、「行《ぎよう》」というのは行《おこ》ない、「憶想《おくそう》」というのは考《かんが》えです。「分別《ふんべつ》」というのは、この場合《ばあい》、ものごとを自分《じぶん》のものさしで解釈《かいしやく》することです。

衆生《しゅじょう》というものは、こういういろいろな面《めん》において、ひとりひとりちがっているから、それぞれの衆《しゅ》生《じょう》に善根《ぜんごん》を生《しょう》ぜしめるためには、仏《ほとけ》はいろいろちがった説《と》きかたをなさるわけです。善根《ぜんごん》というのは、善《よ》い性質《せいしつ》・善《よ》い欲望《よくぼう》・善《よ》い行為《こうい》・善《よ》い思想《しそう》・善《よ》い分別《ふんべつ》などの大本《おおもと》になる心《こころ》をいいます。植物《しょくぶつ》でいえば根《ね》のようなものであって、そこから善《よ》い幹《みき》や枝《えだ》や葉《は》が茂《しげ》っていくので、善根《ぜんごん》というわけです。

では、どういうちがった方法《ほうほう》でお説《と》きになるかといえば、あるときは「因縁《いんねん》」をもってお説《と》きになります。因縁《いんねん》というのは過去《かこ》の事実《じじつ》をお語《かた》りになることです。あるときは「譬諭《ひゆ》」をもってお教《おし》えになります。譬諭《ひゆ》というのは譬《たと》えのことです。またあるときは「言辞《ごんじ》」をもってお説《と》きになります。言辞《ごんじ》というのは適切《てきせつ》なことばで説明《せつめい》してくださることです。

仏《ぶつ》事《じ》

そうして、「所作《しょさ》の仏事《ぶつじ》未《いま》だ曾《かつ》て暫《しばら》くも廃《はい》せず」とあります。

仏事《ぶつじ》というのは、すべての人間《にんげん》を教化《きょうけ》し、済度《さいど》する仏《ほとけ》のはたらきという意味《いみ》です。これはもちろん大《おお》きな意味《いみ》の仏《ほとけ》のはたらきでありまして、あるいは己身《こしん》を説《と》き、あるいは他身《たしん》を説《と》き、あるいは己身《こしん》を示《しめ》し、あるいは他身《たしん》を示《しめ》し、あるいは己事《こじ》を示《しめ》し、あるいは他事《たじ》を示《しめ》し、こうしてありとあらゆる場所《ばしょ》において、またありとあらゆる方法《ほうほう》によって、衆生《しゅじょう》を教化《きょうけ》してくださっているわけです。

そこでこの一節《いっせつ》の大意《たいい》をつづけて述《の》べますと、

「仏《ほとけ》は、こういうふうに、すべてのものの実相《じっそう》を見《み》きわめられて、まちがいなどということは絶対《ぜったい》にないのです。しかし、衆生《しゅじょう》のほうはそうはゆきません。それぞれに種々《しゅじゅ》の性質《せいしつ》をもっており、種々《しゅじゅ》の欲望《よくぼう》があり、また種々《しゅじゅ》の行《おこ》ないをしており、また種々《しゅじゅ》の考《かんが》えをもっており、ものごとをそれぞれ自分《じぶん》のものさしで分別《ふんべつ》してみる習性《しゅうせい》があります。したがって、もしそのままにほうっておくと、それぞれの性質《せいしつ》・欲望《よくぼう》・行為《こうい》・思想《しそう》・利害《りがい》・観念《かんねん》がぶつかりあい、からみあって、争《あらそ》いが絶《た》え間《ま》なく起《お》こるのです。

それで、仏《ほとけ》はもろもろの衆生《しゅじょう》に善根《ぜんごん》を生《しょう》ぜしめようとして、過去《かこ》の事実《じじつ》によって説《と》いたり、譬《たと》えによって説《と》いたり、適切《てきせつ》なことばで説明《せつめい》したり、いろいろな方法《ほうほう》で法《ほう》を説《と》いてくださるわけです。そして、仏《ほとけ》はそういう教化《きょうけ》の働《はたら》きを、いまだかつて一刻《いっこく》も止《や》められたことはないのです。」

この「仏事《ぶつじ》」というのは、仏《ほとけ》さまのお仕事《しごと》だけだと思《おも》ったら大《おお》まちがいであって、われわれにも大《おお》いに関係《かんけい》があるのです。すなわち、われわれが仏《ほとけ》の教《おし》えを取次《とりつ》がせていただいているのも、またみなさんがその教《おし》えを耳《みみ》にきき、目《め》で読《よ》まれるのも、やはり仏事《ぶつじ》にほかならないのです。

こういう仏事《ぶつじ》は、過去《かこ》においても一刻《いっこく》としてやめられたことがないのと同様《どうよう》、未来《みらい》においても「しばらくも廃《はい》する」ことがあってはならないのであって、それはわれわれの大《おお》きな責任《せきにん》であると考《かんが》えなければなりません。

では、つぎに進《すす》みます。

二七五・九―二七六・一 是の如く我成仏《じょうぶつ》してより已来《このかた》甚《はなは》だ大《おおい》に久遠《くおん》なり。寿命無量阿僧祇劫《じゅみょうむりょうあそうぎこう》、常住《じょうじゅう》にして滅《めっ》せず。諸《もろもろ》の善男《ぜんなん》子《し》、我本菩薩《われもとぼさつ》の道《どう》を行《ぎょう》じて成《じょう》ぜし所《ところ》の寿命《じゅみょう》、今猶《いまな》お未《いま》だ尽《つ》きず。復上《またかみ》の数《かず》に倍《ばい》せり。然《しか》るに今実《いまじつ》の滅《めつ》度《ど》に非《あらざ》れども、而《しか》も便《すなわ》ち唱《とな》えて当《まさ》に滅度《めつど》を取《と》るべしと言《い》う。如来是《にょらいこ》の方便《ほうべん》を以《もっ》て衆生《しゅじょう》を教化《きょうけ》す。

「このように、ほんとうのわたしは、非常《ひじょう》に遠《とお》い昔《むかし》から、いや、いつということもいえない無限《むげん》の過去《かこ》から、仏《ほとけ》となっているのであって、これから先《さき》の寿命《じゅみょう》もまた無限《むげん》であります。そして、常《つね》にこの世《よ》に住《じゅう》して、滅《めつ》するということはありません。

みなさん。こういう本仏《ほんぶつ》としての寿命《じゅみょう》はさておいても、わたしが人間界《にんげんかい》に出現《しゅつげん》し、前世《ぜんせ》において菩薩《ぼさつ》の道《みち》を行《ぎょう》じて得《え》た寿命《じゅみょう》だけでも非常《ひじょう》に長《なが》いものであって、まだなかなか尽《つ》きるものではないのです。ところが、いまわたしはみなさんに対《たい》して、しばらくののちに滅度《めつど》を取《と》るだろうといいました。ほんとうは、なくなるのではないのですが、衆生《しゅじょう》を教化《きょうけ》する方便《ほうべん》のために、みんなの前《まえ》から姿《すがた》を消《け》してしまうのだ――というのです。」

この一節《いっせつ》には、ちょっと解《わか》りにくいところがあるかもしれません。はじめの、「是《かく》の如《ごと》く我成仏《われじょうぶつ》してより已来甚《このかたはなは》だ大《おおい》に久遠《くおん》なり」とおっしゃっておられるのは、むろん久遠実成《くおんじつじょう》の本仏《ほんぶつ》のことです。そして、つぎの「我本菩薩《われもとぼさつ》の道《どう》を行《ぎょう》じて成《じょう》ぜし所《ところ》の寿命《じゅみょう》、今猶《いまな》お未《いま》だ尽《つ》きず。復上《またかみ》の数《かず》に倍《ばい》せり」とあるのは、迹仏《しゃくぶつ》である釈尊《しゃくそん》ご自身《じしん》のことです。

釈尊《しゃくそん》は、現世《げんぜ》だけでなく、前世《ぜんせ》からずっと菩薩《ぼさつ》の行《ぎょう》を積《つ》んでおられます。その善業《ぜんごう》に対《たい》する報《むく》いとして得《え》られた寿命《じゅみょう》だけでも、非常《ひじょう》に長《なが》いものであるとおおせられているのです。久遠実成《くおんじつじょう》の本仏《ほんぶつ》は無始無終《むしむしゅう》の存在《そんざい》であるが、その本仏《ほんぶつ》はさておいて、釈尊《しゃくそん》の現身《げんしん》の寿命《じゅみょう》でさえ、ほんとうはまだまだ尽《つ》きはしないのです。けれども、それにもかかわらず、しばらくしたら滅度《めつど》するとおおせられるのです。

なぜ、まだ寿命《じゅみょう》があられるのに、衆生《しゅじょう》を置《お》きざりにして滅度《めつど》されるのか。それもひとえに衆生教化《しゅじょうきょうけ》の方便《ほうべん》であって、仏《ほとけ》の慈悲《じひ》の現《あら》われにほかならないのです。そのわけについては、このあとに諄々《じゅんじゅん》と説《と》かれてあります。

二七六・一―四
所以は何ん、若《も》し仏久《ほとけひさ》しく世《よ》に住《じゅう》せば、薄徳《はくとく》の人《ひと》は善根《ぜんごん》を種《う》えず。貧窮下賤《びんぐげせん》にして五欲《ごよく》に貪著《とんじゃく》し、憶想妄見《おくそうもうけん》の網《あみ》の中《なか》に入《い》りなん。若《も》し如来常《にょらいつね》に在《あ》って滅《めつ》せずと見《み》ば、便《すなわ》ち憍恣《きょうし》を起《おこ》して厭怠《えんだい》を懐《いだ》き、難遭《なんぞう》の想《おもい》・恭敬《くぎょう》の心《こころ》を生《しょう》ずること能《あた》わず。

たいへん大切《たいせつ》な一節《いっせつ》です。

「貧窮下賤《びんぐげせん》」というのは、なにも物質的《ぶっしつてき》に貧乏《びんぼう》であったり、身分《みぶん》が賤《いや》しいということではありません。心《こころ》が貧《まず》しく、賤《いや》しいことを指《さ》しているのです。仏《ほとけ》の眼《め》から見《み》れば、万人平等《ばんにんびょうどう》・万物平等《ばんぶつびょうどう》であって、身分《みぶん》や貧富《ひんぷ》の差別《さべつ》などあるはずがありません。「五欲《ごよく》に貪著《とんじゃく》し」というのは、眼《げん》・耳《に》・鼻《び》・舌《ぜつ》・身《しん》（触覚《しょっかく》）の五官《ごかん》に感《かん》ずる喜《よろこ》びにとらわれていることです。美《うつく》しいものばかりを見《み》ていたい、気持《きもち》のよい音《おと》ばかりを聞《き》いていたい、いい匂《にお》いばかりを嗅《か》いでいたい、おいしいものばかりを食《た》べていたい、皮膚《ひふ》に感《かん》ずるものはみんな快《こころよ》いものでありたい（たとえば、夏《なつ》は涼《すず》しく、冬《ふゆ》は暖《あたた》かで、雨風《あめかぜ》にあたらず、着物《きもの》は肌《はだ》ざわりのいいものでありたい）といったような願《ねが》いです。

本能《ほんのう》は無記《むき》、貪《とん》著《じゃく》が煩悩《ぼんのう》を生《う》む

五官《ごかん》の欲《よく》というものは、人間《にんげん》の本能《ほんのう》であって、べつにわるいことではないのですけれども、そういう肉体《にくたい》の喜《よろこ》びにとらわれてしまうと、そこに煩悩《ぼんのう》が生《しょう》ずるからいけないのです。そして、大切《たいせつ》な精神《せいしん》がかき乱《みだ》され、濁《にご》ってくるからいけないのです。

この点《てん》は非常《ひじょう》に大事《だいじ》なことであって、釈尊《しゃくそん》もいろいろな場合《ばあい》に、それを教《おし》えてくださっています。苦《く》行《ぎょう》をおやめになって、乳粥《ちちがゆ》をめしあがったのもそれです。中道《ちゅうどう》の教《おし》えもそれです。また、はっきりと、人間《にんげん》の本能《ほんのう》は「無記《むき》」であるとも、おっしゃっておられます。無記《むき》というのは、善《ぜん》とか悪《あく》とかいう名《な》のつけられないものという意味《いみ》です。

まことにそのとおりであって、たとえば食欲《しょくよく》という本能《ほんのう》が「悪《あく》」だとしたら、われわれは何《なに》も食《た》べないで死《し》んでしまわなければなりません。

仏《ほとけ》の教《おし》えは、そういう極端《きょくたん》なものではなく、本能《ほんのう》はわるいものではないけれども、その本能《ほんのう》にとらわ

い、

れることによって燃《も》えあがってくる煩悩《ぼんのう》の火《ひ》がよくないと説《と》かれているのです。すなわち、本能《ほんのう》は「無《む》記《き》」であるが、それに貪著《とんじやく》するのがよくないというわけです。ここを誤解《ごかい》すると、苦行主義《くぎょうしゅぎ》とか禁欲主《きんよくしゅ》義《ぎ》のような極端《きょくたん》におちいって、中道《ちゅうどう》の教《おし》えに反《はん》することになります。

それから、「憶想妄見《おくそうもうけん》」というのは、まちがった考《かんが》えということです。憶《おく》も想《そう》も「思《おも》う」ということですが、憶《おく》というのは「追憶《ついおく》」などというようにすでに経験《けいけん》したものを思《おも》い出《だ》すこと、想《そう》というのは想《そう》像《ぞう》などというようにまだ経験《けいけん》したことのないものを心《こころ》のなかでつくり出《だ》すことです。

仏《ほとけ》がいつまでもこの世《よ》におられると、衆生《しゅじょう》の憶《おく》や想《そう》という心《こころ》のはたらきが乱《みだ》れてくるおそれがあるというのです。

妄《もう》見《けん》

「妄見《もうけん》」というのは、「まちがった見《み》かた」という意味《いみ》です。ものがありのままに見《み》えないことです。ありのままに見《み》えないのは、「我《が》」の心《こころ》があるからです。

たとえば、会社《かいしゃ》で、ほっぺたにご飯粒《はんつぶ》のついているのを知《し》らずに社長《しゃちょう》とすれちがった。社長《しゃちょう》がこちらの顔《かお》を見《み》てニヤリと笑《わら》った。いつも、出世《しゅっせ》したい、昇給《しょうきゅう》したいと、そればかり考《かんが》えている社員《しゃいん》だと、「社長《しゃちょう》が自分《じぶん》を見《み》て笑《わら》った、これは近《ちか》いうちにいいお沙汰《さた》があるな」とぬか喜《よろこ》びをするでしょう。また、いつも、怠《なま》けたり、帳簿《ちょうぼ》でもごまかしているような社員《しゃいん》だと、「あの笑《わら》いかたは、ただごとではない。さてはバレたかな」とドキリとするでしょう。

どちらも「我《が》」があるために、社長《しゃちょう》がご飯粒《はんつぶ》を見《み》て笑《わら》ったのだという真相《しんそう》がわからない。自分本位《じぶんほんい》の見《み》かた、自分《じぶん》にとらわれた見《み》かただから、こうなるのです。ところが、そういう「我《が》」のない社員《しゃいん》だと「おかしいな、社長《しゃちょう》が自分《じぶん》の顔《かお》を見《み》て笑《わら》った、顔《かお》に何《なに》かついているのかな」と思《おも》って鏡《かがみ》を見《み》る――ということになります。

ごく卑近《ひきん》な、軽《かる》いたとえを引《ひ》きましたが、われわれの生活《せいかつ》には、こういう自分本位《じぶんほんい》の見《み》かたのためにものごとの真相《しんそう》を見《み》まちがって、悩《なや》んだり、不幸《ふこう》になったりする例《れい》は無数《むすう》にあります。これが「妄見《もうけん》」です。

そこで、「憶想妄見《おくそうもうけん》の網《あみ》の中《なか》に入《い》りなん」というのは、過去《かこ》のことをふりかえってみたり、これから先《さき》のことを考《かんが》えたりするその思《おも》いが、まちがった見《み》かたの網《あみ》の中《なか》にはいり、ガンジガラメになってしまって、そこから抜《ぬ》け出《だ》すことができなくなってしまうだろうという意味《いみ》です。五欲《ごよく》に貪著《とんじゃく》すれば、いきおい考《かんが》えかたが自分本位《じぶんほんい》になりますから、こういう結果《けっか》になっていくのです。

憍恣《きょうし》

それから、「憍恣《きょうし》」というのはわがままな心《こころ》です。仏《ほとけ》がいつでもいらっしゃるということになると、教《おし》えはいつでも聞《き》けるという気持《きもち》が生《しょう》じます。まあ、今日《きょう》は遊《あそ》び暮《く》らして、教《おし》えをきくのは明日《あす》にしようというような気持《きもち》が起《お》こりがちなのです。それを憍恣《きょうし》といいます。

たとえば、東京《とうきょう》で生《う》まれて東京《とうきょう》で育《そだ》った人《ひと》よりも、地方《ちほう》の人《ひと》のほうが東京《とうきょう》の名所《めいしょ》をよく見《み》ています。東京《とうきょう》の人《ひと》は、いつでも行《い》けると思《おも》うから、こんどついでがあったら――というわけで、つい先《さき》に延《の》ばすからです。東京《とうきょう》タワーに上《のぼ》った人《ひと》を、東京《とうきょう》の人《ひと》と地方《ちほう》の人《ひと》とに分《わ》けて数《かぞ》えることができたら、おそらく地方《ちほう》の人《ひと》のほうが多《おお》いのではないかと思《おも》います。これとおんなじことで、いつでも仏《ほとけ》に会《あ》えるという安《あん》易《い》な気持《きもち》があると、つい先《さき》へ先《さき》へと延《の》ばしてしまいがちになるのです。

厭《えん》怠《だい》

また、「厭怠《えんだい》」をいだく人《ひと》もあります。これは、厭《あ》きがきて怠《なま》けたくなる心《こころ》です。仏《ほとけ》の教《おし》えを聞《き》いたって、いつも同《おな》じようなことだから、もう聞《き》かなくてもわかっている――といったような気持《きもち》です。

難遭《なんぞう》の想《おもい》

そういうわけで、仏《ほとけ》がいつでもいらっしゃるということになると、「難遭《なんぞう》の想《おもい》」すなわち仏《ほとけ》には会《あ》いがたいのだという心《こころ》や、「恭敬《くぎょう》の心《こころ》」すなわち仏《ほとけ》を敬《うやま》ってその教《おし》えをつつしんで聞《き》こうという心《こころ》が起《お》こりにくくなります。そこで、方便《ほうべん》をもって、仏《ほとけ》はしばらくしたら滅度《めつど》するのだぞと説《と》かれるのです。

たしかに、人間《にんげん》にはこういうわがままな癖《くせ》があって、たとえば寄席《よせ》などのお客《きゃく》でも、金《かね》を払《はら》って落語《らくご》なり講談《こうだん》なりを聞《き》きにきているのだから、しっかり聞《き》けばよさそうなものなのに、隣《となり》の人《ひと》とヒソヒソと話《はな》しあったり、せんべいやみかんを食《た》べることばかりに気《き》をとられていたり、ザワザワと落着《おちつ》かないことが多《おお》いものです。一人《ひとり》の高座《こうざ》がすんで、次《つぎ》の高座《こうざ》が始《はじ》まるときが特《とく》にそうです。

そういうとき、講談師《こうだんし》などはどうするかというと、座《ざ》についておじぎをすると、張《は》り扇《おうぎ》でピシリと釈《しゃく》台《だい》をたたいて一瞬《いっしゅん》人《ひと》びとの注意《ちゅうい》を集《あつ》めておいてから、ほとんど聞《き》きとれないような声《こえ》でボソボソと語《かた》り始《はじ》めます。なにを話《はな》しているのかサッパリわかりません。そこではじめて、お客《きゃく》はシーンと静《しず》まりかえるのです。「どんな話《はなし》だろう、聞《き》きたい」という気持《きもち》が生《しよう》じるから、自然《しぜん》とそちらのほうへ耳《みみ》を傾《かたむ》けるのです。

これが講談師《こうだんし》の方便《ほうべん》であって、「よく聞《き》こえない」ために「聞《き》きたい」という心理《しんり》が生《う》まれることを、よくつかんでいるわけです。

仏《ほとけ》に会《あ》い難《がた》いという思《おも》いや、仏《ほとけ》の教《おし》えをつつしんで聞《き》くということは、それとは比較《ひかく》にならない大事《だいじ》ではありますけれども、われわれ凡夫《ぼんぷ》の心《こころ》の動《うご》きの理《り》くつから見《み》ると、同《おな》じことなのであります。

では、この一節《いっせつ》のわけをつづけて述《の》べますと、

「なぜ仏《ほとけ》はこの世《よ》から去《さ》られるのかといえば、仏《ほとけ》がいつもいらっしゃるということであれば、凡夫《ぼんぷ》の心《こころ》にはついわがままが出《で》てしまうからです。いつでも仏《ほとけ》に会《あ》うことができるという安易《あんい》な気持《きもち》が生《しよう》じて、徳《とく》の薄《うす》い普通《ふつう》の人《ひと》は、心《こころ》に善《よ》い種《たね》をまき、善《よ》い根《ね》を育《そだ》てることをしないのです。

それで、心《こころ》が貧《まず》しく、狭《せま》く、賤《いや》しくなり、さまざまな五官《ごかん》の欲《よく》にとらわれるようになり、したがってものの考《かんが》えかたが自分本位《じぶんほんい》になり、そのためにものごとの真相《しんそう》が見《み》えず、まちがった考《かんが》えかたの網《あみ》の中《なか》にガンジガラメになってしまい、つねに不幸《ふこう》な人生《じんせい》を送《おく》らねばならなくなるのです。

また、もしいつでも仏《ほとけ》に会《あ》って教《おし》えを聞《き》くことができるのであれば、聞《き》きたいときに聞《き》けばよいというわがままな心《こころ》や、厭《あ》きがきて怠《なま》けたくなるような心《こころ》が生《しよう》じます。そして、仏《ほとけ》に会《あ》うことはむずかしい

のだという思《おも》いや、仏《ほとけ》を敬《うやま》ってその教《おし》えをつつしんで聞《き》こうという願《ねが》いを起《お》こすことができないのです。」

そこで――

二七六・四―九 是の故に如来《にょらい》、方便《ほうべん》を以《もっ》て説《と》く、比丘《びく》当《まさ》に知《し》るべし、諸仏《しょぶつ》の出世《しゅつせ》には値遇《ちぐう》すべきこと難《かた》し。所以《ゆえ》は何《いか》ん、諸《もろもろ》の薄徳《はくとく》の人《ひと》は無量百千万億劫《むりょうひゃくせんまんのっこう》を過《す》ぎて、或《あるい》は仏《ほとけ》を見《み》るあり、或《あるい》は見《み》ざる者《もの》あり。此《こ》の事《じ》を以《もっ》ての故《ゆえ》に我是《われこ》の言《ことば》をなす、諸《もろもろ》の比丘《びく》、如来《にょらい》は見《み》ること得《う》べきこと難《かた》しと。斯《こ》の衆生等是《しゅじょうらかく》の如《ごと》き語《ことば》を聞《き》いては、必《かなら》ず当《まさ》に難遭《なんぞう》の想《おもい》を生《しょう》じ、心《こころ》に恋慕《れんぼ》を懐《いだ》き、仏《ほとけ》を渇仰《かつごう》して便《すなわ》ち善根《ぜんごん》を種《う》ゆべし。

「如来寿量品《にょらいじゅりょうほん》」は二《ふた》つの要点《ようてん》に分《わ》けることができます。第《だい》一の要点《ようてん》は、仏《ほとけ》の本体《ほんたい》をはじめて明《あき》らかにし、その寿命《じゅみょう》が永遠不滅《えいえんふめつ》であることを説《と》かれたことであり、第《だい》二の要点《ようてん》は、その本仏《ほんぶつ》の現《あら》われである諸《しょ》仏《ぶつ》、なかんずく釈迦牟尼如来《しゃかむににょらい》が、なぜ入滅《にゅうめつ》されなければならないかということを、はっきりと説明《せつめい》されたことです。その第《だい》二の要点《ようてん》の中心《ちゅうしん》がこの一節《いっせつ》であるといっていいでしょう。

「諸仏《しょぶつ》の出世《しゅつせ》」というのは、もろもろの仏《ほとけ》が世《よ》にお出《で》になること、「値遇《ちぐう》」というのは、仏《ほとけ》にお会《あ》いするということです。そこで、前半《ぜんぱん》の意味《いみ》は、

「そういうわけであるから、如来《にょらい》は方便《ほうべん》をもって、『諸仏《しょぶつ》が世《よ》に出《で》られるのに会《あ》うのは非常《ひじょう》にむずかしいということを、みんなしっかり考《かんが》えなければならない』と説《と》くのです。なぜむずかしいのかといえば、徳《とく》の薄《うす》い人《ひと》びとの中《なか》には、無量千万億劫《むりょうせんまんのっこう》という長《なが》い年月《としつき》のあいだに、ようやく仏《ほとけ》に会《あ》うことのできる人《ひと》もあり、それでもまだ仏《ほとけ》に会《あ》うことのできない人《ひと》もあるからです。そのゆえに、わたしは『仏《ほとけ》を見《み》ることはむずかしいのだよ』と説《と》くのです。」

このくだりを読《よ》めば、たいていの人《ひと》に一《ひと》つの疑問《ぎもん》が起《お》こるだろうと思《おも》います。というのは、本仏《ほんぶつ》は「いつでも」「どこにも」遍満《へんまん》しておられる、そしてありとあらゆる衆生《しゅじょう》を済度《さいど》してくださるのであるということと、矛盾《むじゅん》しているように考《かんが》えられるかもしれません。仏《ほとけ》はかぎりない慈悲《じひ》をもって、あらゆる衆生《しゅじょう》を済度《さいど》してくださるお方《かた》である以上《いじょう》、徳《とく》の薄《うす》いものでも仏《ほとけ》が見《み》えるようにしてくださるはずだと思《おも》われるかもしれません。

実際問題《じっさいもんだい》として、本仏《ほんぶつ》は「いつでも」「どこにも」おられるお方《かた》である以上《いじょう》、徳《とく》のすぐれた人《ひと》は、いわば感度《かんど》のいいテレビ受像機《じゅぞうき》のように、普通人《ふつうじん》には感知《かんち》できないその教《おし》えに触《ふ》れることができましょう。しかし、普通一般《ふつういっぱん》の人間《にんげん》は、やはり釈尊《しゃくそん》とか、その教《おし》えを受《う》けついだ天台大師《てんだいだいし》とか、聖徳太子《しょうとくたいし》とか、伝教大師《でんぎょうだいし》とか、承陽大師《じょうようだいし》とか、日蓮聖人《にちれんしょうにん》のようなお方《かた》がこの世《よ》に出《で》てこられて、直接《ちょくせつ》に法《ほう》を説《と》かれないかぎり、なかなかその教《おし》えには触《ふ》れられないのです。

いや、非常《ひじょう》に徳《とく》の薄《うす》い人《ひと》は、そういうお方《かた》のご在世《ざいせ》にめぐりあわせても、その教《おし》えに触《ふ》れることができません。なぜかといえば、さきにも説明《せつめい》しましたように、仏《ほとけ》が「現《あら》われる」ということは、われわれが仏《ほとけ》を「自覚《じかく》する」ということだからです。仏《ほとけ》を「見《み》る」というのもそれと同《おな》じことであって、いくら仏《ほとけ》の教《おし》えを聞《き》かされても、心《こころ》がそれに向《む》かなければ、仏《ほとけ》は見《み》えないのです。このことは、お互《たが》いの周囲《しゅうい》を見渡《みわた》してみれば、たくさん実例《じつれい》のあることです。

仏《ほとけ》を見《み》ざる者《もの》

それが「仏《ほとけ》を見《み》ざる者《もの》」です。仏《ほとけ》は、いつでも、どこでもわれわれといっしょにいてくださっているのですが、われわれが仏《ほとけ》を見《み》たてまつらなければ、その救《すく》いが現《あら》われないのです。仏《ほとけ》がいつもそばにいらっしゃるからといって、自分勝手《じぶんかって》な怠《なま》け放題《ほうだい》、自分《じぶん》のための欲張《よくば》り放題《ほうだい》のくらしをしていて、それで仏《ほとけ》に助《たす》けていただこうなんて、それは虫《むし》のいい考《かんが》えです。

くりかえすようですが、仏《ほとけ》はわれわれの外《そと》におられるのではありません。外《そと》におられて、われわれが仏《ほとけ》を忘《わす》れていても、仏《ほとけ》の道《みち》にそむいていても、よしよしといってわれわれを幸福《こうふく》にしてくださるような、そんな甘《あま》いお方《かた》ではありません。

仏《ほとけ》は、いつもわれわれのところにいらっしゃることはまちがいありません。われわれの「内《うち》」にも、「外《そと》」にも満《み》ち満《み》ちておられるのです。けれども、われわれのほうで仏《ほとけ》を見《み》たてまつったときに、はじめてその救《すく》いを現《あら》わされるのです。「我《わ》れ仏《ほとけ》を憶念《おくねん》すれば、仏我《ほとけわ》れを憶念《おくねん》す」ということばがあります。われわれが仏《ほとけ》を思《おも》った瞬間《しゅんかん》、仏《ほとけ》もわれわれを思《おも》ってくださるのです。

ですから、仏《ほとけ》の教《おし》えというものは、あくまでもわれわれ自身《じしん》が進《すす》んで求《もと》めなければならないのです。目《め》の前《まえ》で教《おし》えが説《と》かれていても、求《もと》める心《こころ》がなければ、耳《みみ》にははいりません。耳《みみ》にははいっても、胸《むね》にしみこんでこないのです。求《もと》める努力《どりょく》は、あくまでもわれわれ自身《じしん》がしなければならない——これが釈尊《しゃくそん》のお教《おし》えになった大眼目《だいがんもく》の一《ひと》つであります。このことは、このあとに出《で》てくる「良医《ろうい》の譬《たと》え」でも教《おし》えられていますので、そのところでふたたび説明《せつめい》することにいたしましょう。

そこで、いまの節《せつ》の後半《こうはん》にゆきますと、

「こういう薄徳《はくとく》の衆生《しゅじょう》も、『仏《ほとけ》はもうすぐ滅度《めつど》するのである、一通《ひととお》り法《ほう》を説《と》けばしばらくこの世《よ》から姿《すがた》を消《け》すのである』ということばを聞《き》けば、ああ仏《ほとけ》に会《あ》うのは非常《ひじょう》にむずかしいのだという思《おも》いが生《しょう》ずるから、ひとりでに仏《ほとけ》を慕《した》う心《こころ》を抱《いだ》くようになり、仏《ほとけ》をひたすらに求《もと》めあこがれるようになる。そうすれば、かならず心《こころ》に善根《ぜんごん》を植《う》えるようになるのです。」とあります。

恋慕《れんぼ》渇仰《かつごう》

渇仰《かつごう》というのは、もともと、のどの渇《かわ》いたものが水《みず》を求《もと》めてやまぬように、あこがれ慕《した》うことをいいます。それから、「深《ふか》く信仰《しんこう》する」という意味《いみ》になったので、ここではもちろん、もとの意味《いみ》に解《かい》さなければなりません。

ここのところの教《おし》えは、説明《せつめい》するよりもなによりも、お互《たが》いがまず自分《じぶん》の身《み》の上《うえ》のこととして、ジッと考《かんが》えてみることが第《だい》一だと思《おも》います。

われわれは、心安《こころやす》く仏《ほとけ》のお名前《なまえ》を口《くち》にしているけれども、静《しず》かに考《かんが》えてみるとき、この末法《まっぽう》の世《よ》において仏《ほとけ》に会《あ》いたてまつるということは、じつにたいへんなことなのです。人《ひと》と人《ひと》とが欺《だま》し合《あ》い、争《あらそ》い合《あ》い、奪《うば》い合《あ》い、殺《ころ》し合《あ》っている、おそろしいこの世《よ》の中《なか》で、仏《ほとけ》にお会《あ》いするということは、なみたいていのことではないと思《おも》わなければなりません。

そのことを深《ふか》く考《かんが》えていくと、ほんとうに仏《ほとけ》さまに会《あ》いたい、その胸《むね》にシッカリ抱《いだ》かれたいという気《き》持《もち》がヒシヒシと湧《わ》いてきます。非常《ひじょう》にのどが渇《かわ》けば、水《みず》が欲《ほ》しくて欲《ほ》しくてたまらなくなるように、雨《あめ》や雪《ゆき》の日《ひ》が十日《とおか》もつづけば、太陽《たいよう》の光《ひかり》がむしょうに恋《こい》しくてならないように、仏《ほとけ》の慈悲《じひ》に強《つよ》く強《つよ》く引《ひ》きつけられていくのです。これが「心《こころ》に恋慕《れんぼ》を懐《いだ》き、仏《ほとけ》を渇仰《かつごう》し」であります。

宗教《しゅうきょう》の極致《きょくち》

こういう心《こころ》が起《お》これば、かならず心《こころ》は清《きよ》まります。仏《ほとけ》さまの胸《むね》に抱《いだ》かれたい――という一《いっ》心《しん》の中《なか》に、汚《けが》れや濁《にご》りがまじるはずがありません。心《こころ》が清《きよ》まれば、いよいよ仏《ほとけ》の教《おし》えを求《もと》め、それを行《おこ》なっていかねばならぬという気持《きもち》が深《ふか》まります。こうして、自分《じぶん》がよくなるだけでなく、人《ひと》のため、世《よ》の中《なか》のためになる行《おこ》ないを、まったく自然《しぜん》に実行《じっこう》するようになるのです。

これが宗教《しゅうきょう》の宗教《しゅうきょう》たるゆえんです。仏教《ぶっきょう》の極致《きょくち》はここにあるのです。「心《こころ》に恋慕《れんぼ》を懐《いだ》き」ということは、もはや理《り》くつを超越《ちょうえつ》した境地《きょうち》です。どうしても仏《ほとけ》さまのもとから離《はな》れられない、仏《ほとけ》さまのことが忘《わす》れられない。そして、赤《あか》んぼうが、ただもう無《む》心《しん》に母親《ははおや》の乳房《ちぶさ》にしゃぶりつくように、仏《ほとけ》さまの懐《ふところ》の中《なか》へ飛《と》びこんでいく――ここまで達《たつ》して、はじめてほんとうの信仰《しんこう》といえましょう。

そこで――

二七六・九―一一 是の故に如来《にょらい》、実《じつ》に滅《めつ》せずと雖《いえど》も而《しか》も滅度《めつど》すと言《い》う。又善男子《またぜんなんし》、諸仏如来《しょぶつにょらい》は法皆是《ほうみなかく》の如《ごと》し。衆生《しゅじょう》を度《ど》せんが為《ため》なれば皆実《みなじつ》にして虚《むな》しからず。

「こういうわけで、仏《ほとけ》は実《じつ》は滅度《めつど》などしない無始無終《むしむしゅう》の存在《そんざい》でありながら、滅度《めつど》するといい、そしてある期間《きかん》がたてばこの世《よ》から姿《すがた》を消《け》していくというのです。それは、自分《じぶん》（釈尊《しゃくそん》）ひとりのことではない、すべての仏《ほとけ》はすべて同《おな》じであり、しかも、それはただただ衆生《しゅじょう》を救《すく》うためのことであるから、すべて真実《しんじつ》であって、嘘《うそ》でもなく、空《むな》しいことでもないのです。」

「実《じつ》にして虚《むな》しからず」ということばには、方便《ほうべん》というものの真価《しんか》がよく示《しめ》されています。この「実《じつ》」というのは「事実《じじつ》」ではなくて、「真実《しんじつ》」です。仏《ほとけ》は無始無終《むしむしゅう》の存在《そんざい》であることは「事実《じじつ》」ですが、薄《はく》徳《とく》の人《ひと》にはそのことをお明《あ》かしにならないで、滅度《めつど》するのだとお告《つ》げになる。これは形《かたち》のうえの世界《せかい》では「事実《じじつ》」ではないから、嘘《うそ》のように見《み》えますが、心《こころ》の世界《せかい》ではそれが「真実《しんじつ》」なのです。衆生《しゅじょう》を救《すく》うための、仏《ほとけ》の心《こころ》の「真実《しんじつ》」なのです。けっして嘘《うそ》ではありません。「虚《きょ》」ということばには、「嘘《うそ》」という意味《いみ》もあり、「空《むな》しい」「ムダな」という意味《いみ》もあります。この場合《ばあい》も、その二《ふた》つの意味《いみ》を兼《か》ねています。「嘘《うそ》も方便《ほうべん》」ということばがありますが、これは誤解《ごかい》のもとだと思《おも》います。嘘《うそ》と方便《ほうべん》といっしょにしてはなりません。

たとえを引《ひ》いて説明《せつめい》すれば、ある人《ひと》がある少年《しょうねん》に「アメリカに連《つ》れていって、むこうの学校《がっこう》に入《い》れてやろう」といって、横浜《よこはま》から船《ふね》に乗《の》せたとします。その船《ふね》が東《ひがし》へ進《すす》むかというと、だんだん西《にし》へ行《い》く。反対《はんたい》の方角《ほうがく》です。フィリピンへ寄《よ》ったり、シンガポールへ寄《よ》ったり、インドのカルカッタ（現《げん》・コルカタ）へ寄《よ》ったりする。

少年《しょうねん》は、心中不服《しんちゅうふふく》や不安《ふあん》を感《かん》じざるをえません。アメリカへ連《つ》れていってくれるなら、羽田《はねだ》から飛行《ひこう》機《き》で一足飛《いっそくと》びに連《つ》れていってくれればよさそうなものを、ノロノロした船《ふね》に乗《の》せて、しかも船《ふね》は反対《はんたい》のほうへ走《はし》っている。いったいどうしたのだろうかと疑《うたが》います。

そうしているうちに、船《ふね》は地中海《ちちゅうかい》にはいって、フランスのマルセイユに着《つ》いた。そこで上陸《じょうりく》してパリに連《つ》れていかれた。ますます不思議《ふしぎ》に思《おも》っていると、パリからイギリスへ向《む》かった。そこでしばらく滞《たい》在《ざい》して、いよいよこんどは飛行機《ひこうき》でめざすアメリカへ連《つ》れていかれたのです。

なぜ、その人《ひと》はこんなことをしたかといえば、少年《しょうねん》はまだ英語《えいご》もよくできないし、外国《がいこく》の生活《せいかつ》や風習《ふうしゅう》にも慣《な》れていない。そこで、一足飛《いっそくと》びに飛行機《ひこうき》でアメリカへいって、いきなり学校《がっこう》へ入《い》れたら、授業《じゅぎょう》もよく理解《りかい》できないだろう。恥《はじ》をかいたり、こまったりすることも多《おお》いだろうという親心《おやごころ》から、長《なが》い船旅《ふなたび》をしながら、洋食《ようしょく》にも慣《な》れさせ、外国人《がいこくじん》と接触《せっしょく》させてむこうの風習《ふうしゅう》を覚《おぼ》えると同時《どうじ》に、英語《えいご》の実地勉強《じっちべんきょう》をもさせた――そうして、自信《じしん》をつけさせたうえで、最後《さいご》の目的地《もくてきち》へ連《つ》れていったのです。

この場合《ばあい》、アメリカへ連《つ》れて行《い》くといいながら、反対《はんたい》の方角《ほうがく》へ行《い》く船《ふね》に乗《の》せたのは、けっして嘘《うそ》ではありません。そしてムダなことではありません。真実《しんじつ》であって、有効《ゆうこう》な手段《しゅだん》です。方便《ほうべん》というものはこういうものであって、慈悲《じひ》の親心《おやごころ》から出《で》た「真実《しんじつ》の」そして「有効《ゆうこう》な」手段《しゅだん》なのです。

そこで、釈尊《しゃくそん》も、そのことがよく理解《りかい》できるように、「法華七喩《ほっけしちゆ》」の第《だい》七である「良医《ろうい》の譬《たと》え」によって、さらにていねいにお説《と》きになるのです。

二七六・一一―二七七・五 譬えば良医の智慧《え》聡達《そうだつ》にして、明《あき》らかに方薬《ほうやく》に練《れん》し善《よ》く衆病《しゅびょう》を治《じ》す。其《そ》の人《ひと》諸《もろもろ》の子息《しそく》多《おお》し、若《も》しは十《じゅう》・二十《にじゅう》・乃至《ないし》百数《ひゃくしゅ》なり。事《こと》の縁《えん》あるを以《もっ》て遠《とお》く余国《よこく》に至《いた》りぬ。諸《もろもろ》の子《こ》後《のち》に他《た》の毒薬《どくやく》を飲《の》む。薬発《くすりほっ》し悶乱《もんらん》して地《じ》に宛転《えんでん》す。是《こ》の時《とき》に其《そ》の父還《ちちかえ》り来《きた》って家《いえ》に帰《かえ》りぬ。諸《もろもろ》の子《こ》、毒《どく》を飲《の》んで、或《あるい》は本心《ほんしん》を失《うしな》える或《あるい》は失《うしな》わざる者《もの》あり。遙《はる》かに其《そ》の父《ちち》を見《み》て皆大《みなおお》いに歓喜《かんぎ》し、拝跪《はいき》して問訊《もんじん》すらく、善《よ》く安穏《あんのん》に帰《かえ》りたまえり。我等《われら》愚癡《ぐち》にして誤《あやま》って毒薬《どくやく》を服《ふく》せり。願《ねが》わくは救療《くりょう》せられて更《さら》に寿命《じゅみょう》を賜《たま》えと。

「たとえていえば――ある所《ところ》に一人《ひとり》のいい医師《いし》があって、その人《ひと》はたいへん智慧《ちえ》があり、その智慧《ちえ》がものごとにひろくゆきわたった人《ひと》でした。薬《くすり》の処方《しょほう》にも熟練《じゅくれん》していて、どんな病気《びょうき》でも治《なお》すような名医《めいい》でした。

その人《ひと》にたくさんの子《こ》どもがありました。十人《にん》、二十人《にん》、いや百人《ひゃくにん》もあったのですが、用《よう》があってその人《ひと》が他国《たこく》へ出《で》かけたるすに、子《こ》どもたちがまちがって毒《どく》になる薬《くすり》を飲《の》んでしまいました。おとうさんがおられれば、そういうことは起《お》こらなかったでしょうが、るすのあいだはしたいほうだいの生活《せいかつ》をしているので、ついそんなことになってしまったのです。だんだん薬《くすり》がきいてくると、子《こ》どもたちは地《じ》べたをころげまわって苦《くる》しみました。

そこへ、用事《ようじ》をすませて父《ちち》が帰《かえ》ってきました。子《こ》どもたちは、あるいは毒《どく》のために本心《ほんしん》を失《うしな》っているものもあり、またそれほど毒《どく》のまわっていない子《こ》もありましたが、それでも一様《いちよう》に、遠《とお》くのほうに父《ちち》の姿《すがた》を見《み》つけると、たいへん喜《よろこ》びました。そして、父《ちち》の前《まえ》にひざまずいて『おとうさん、よく無事《ぶじ》にお帰《かえ》りくださいました。わたくしどもは、おろかにも、まちがって毒《どく》の薬《くすり》を飲《の》んでしまいました。どうか治《ち》療《りょう》してください。そして命《いのち》を助《たす》けてください』と頼《たの》みました。」

二七七・五—九 父、子等らの苦悩《くのう》すること是《かく》の如《ごと》くなるを見《み》て、諸《もろもろ》の経方《きょうぼう》に依《よ》って好《よ》き薬艸《やくそう》の色《しき》・香《こう》・美味《みみ》皆悉《みなことごと》く具足《ぐそく》せるを求《もと》めて、擣篩《とうし》和合《わごう》して子《こ》に与《あた》えて服《ふく》せしむ。而《しこう》して是《こ》の言《ことば》を作《な》さく、此《こ》の大良薬《だいろうやく》は色《しき》・香《こう》・美味《みみ》皆悉《みなことごと》く具足《ぐそく》せり。汝等《なんだち》服《ふく》すべし。速《すみや》かに苦悩《くのう》を除《のぞ》いて復《また》衆《もろもろ》の患《うれえ》なけんと。

「経方《きょうぼう》」というのは「処方《しょほう》」のことです。「擣《とう》」というのは擣《つ》いて粉《こな》にすること、「簁《し》」というのはふるいにかけることです。そこで、この節《せつ》の大意《たいい》は――

「父《ちち》は子《こ》どもたちが苦《くる》しんでいるのを見《み》て、これはすぐ助《たす》けなければならないというので、いろいろな処方《しょほう》によって、よく効《き》く種々《しゅじゅ》の薬草《やくそう》の、しかも色《いろ》も、香《かお》りも、味《あじ》もいいものを求《もと》め、それをついて細《こま》かにし、ふるいにかけ、その純粋《じゅんすい》なものを調合《ちょうごう》して、子《こ》どもたちにやりました。そして、『この薬《くすり》は、たいへんすぐれた薬《くすり》であって、色《いろ》もよし、香《かお》りもよし、味《あじ》もおいしいのだ。さあ、これを飲《の》みなさい。そうすると、いまの苦《くる》しみがすぐ治《なお》るばかりではない、これから先《さき》も病気《びょうき》ひとつしなくなるのだよ』といいました。」

二七七・九―二七八・二

其の諸の子の中《なか》に心《こころ》を失《うしな》わざる者《もの》は、此《こ》の良薬《ろうやく》の色《いろ》・香《か》倶《とも》に好《よ》きを見《み》て即《すなわ》ち之《これ》を服《ふく》するに、病《やまい》悉《ことごと》く除《のぞ》こり愈《い》えぬ。余《よ》の心《こころ》を失《うしな》える者《もの》は其《そ》の父《ちち》の来《きた》れるを見《み》て、亦歓喜《またかんぎ》し問訊《もんじん》して病《やまい》を治《じ》せんことを求《も》索《と》むと雖《いえど》も、然《しか》も其《そ》の薬《くすり》を与《あた》うるに而《しか》も肯《あえ》て服《ふく》せず。所以《ゆえ》は何《いか》ん、毒気《どっけ》深《ふか》く入《い》って本心《ほんしん》を失《うしな》えるが故《ゆえ》に、此《こ》の好《よ》き色《いろ》・香《か》ある薬《くすり》に於《おい》て美《よ》からずと謂《おも》えり。

「ところが、子《こ》どもたちの中《なか》で本心《ほんしん》を失《うしな》っていないものは、その良薬《ろうやく》が色《いろ》も香《かお》りもよいのを見《み》て、これならば治《なお》るだろうと思《おも》って、すぐそれを飲《の》みました。そして、病《やまい》はすっかり治《なお》ってしまいました。けれども、毒《どく》が深《ふか》くまわって本心《ほんしん》を失《うしな》っている子《こ》どもたちは、おとうさんの帰《かえ》ってきたのを喜《よろこ》んで、病気《びょうき》を治《なお》してくださいとお願《ねが》いしておきながら、与《あた》えられた薬《くすり》を飲《の》もうとはしないのです。なぜそんなバカなことをするかといえば、毒気《どっけ》が深《ふか》くはいって本心《ほんしん》を失《うしな》っているために、その色《いろ》も香《かお》りもよい薬《くすり》が、色《いろ》もわるく、へんな香《かお》りがするように感《かん》じて、飲《の》む気《き》になれないからです。」

二七八・二—七 父是の念を作《な》さく、此《こ》の子《こ》愍《あわれ》むべし。毒《どく》に中《やぶ》られて心皆顛倒《こころみなてんどう》せり。我《われ》を見《み》て喜《よろこ》んで救療《くりょう》を求索《もと》むと雖《いえど》も、是《かく》の如《ごと》き好《よ》き薬《くすり》を而《しか》も肯《あえ》て服《ふく》せず。我今当《われいままさ》に方便《ほうべん》を設《もう》けて此《こ》の薬《くすり》を服《ふく》せしむべし。即《すなわ》ち是《こ》の言《ことば》を作《な》さく、汝等当《なんだちまさ》に知《し》るべし。我今衰老《われいますいろう》して死《し》の時已《ときすで》に至《いた》りぬ。是《こ》の好《よ》き良薬《ろうやく》を今留《いまとど》めて此《ここ》に在《お》く。汝取《なんじと》って服《ふく》すべし、差《い》えじと憂《うれ》うることなかれと。是《こ》の教《おしえ》を作《な》し已《おわ》って復他国《またたこく》に至《いた》り、使《つかい》を遣《つか》わして還《かえ》って告《つ》ぐ、汝《なんじ》が父已《ちちすで》に死《し》しぬと。

顛《てん》倒《どう》　「顛倒《てんどう》」とは、よくお経《きょう》に出《で》てくることばですが、ものごとを逆《さか》さまに考《かんが》えて、実相《じっそう》を見《み》まちがうことです。凡夫《ぼんぷ》の四顛倒《してんどう》といって、「無常《むじょう》」であるものを「常《じょう》」と考《かんが》える、すなわち変化《へんか》するものを変化《へんか》しないと見《み》る（常顛倒《じょうてんどう》）、「苦《く》」であるものを、一時的《いちじてき》な現象《げんしょう》を見《み》て「楽《らく》」と考《かんが》える（楽顛倒《らくてんどう》）、不浄《ふじょう》なものを表面《ひょうめん》の姿《すがた》だけを見《み》て「浄《じょう》」と考《かんが》える（浄顛倒《じょうてんどう》）、諸法《しょほう》は無我《むが》であって、みんな持《も》ちつ持《も》たれつであるのを、自分《じぶん》だけで立《た》っていっているように考《かんが》える（我顛倒《がてんどう》）……顛倒《てんどう》には、この逆《ぎゃく》もあり、またほかにもいろいろな顛倒《てんどう》がありますが、この子《こ》どもたちは、この上《うえ》なく尊《とうと》い価値《かち》のあるものを価値《かち》のないように見《み》るという、情《なさけ》ない顛倒《てんどう》におちいっているわけです。

そこで、この節《せつ》の意味《いみ》は、

「父《ちち》の医師《いし》が考《かんが》えるには、——ああ、かわいそうに、この子《こ》たちは毒《どく》にあてられて心《こころ》が顛倒《てんどう》してしまっているのだ。わたしを見《み》て、喜《よろこ》んで治療《ちりょう》をたのんでおきながら、こんないい薬《くすり》を飲《の》もうともしない。これでは仕方《しかた》がないから、子《こ》どもたちがかならずこの薬《くすり》を飲《の》むような方法《ほうほう》をとろう——と、考《かんが》えました。

そこで、父《ちち》は子《こ》どもたちにむかって、『みんなよくききなさい。わたしはもう年《とし》をとって死期《しき》が近《ちか》づいてきている。（それなのに、また用《よう》があって、他国《たこく》へ出《で》かけなければならないのだ。）それで、このよい良薬《ろうやく》をここに置《お》いておくから、取《と》って飲《の》むのだよ。飲《の》めばきっと治《なお》るのだから、けっして心配《しんぱい》はいらないよ』といい残《のこ》して、また他《た》の国《くに》へ出《で》かけていきました。そして、旅先《たびさき》から使《つか》いをやって、『父上《ちちうえ》はおなくなりになりました』と告《つ》げさせました。」

二七八・七—二七九・一

是《こ》の時に諸の子、父背喪《ちちはいそう》せりと聞《き》いて心大《こころおお》いに憂悩《うのう》して、是《こ》の念《ねん》を作《な》さく、若《も》し父在《ちちいま》しなば我等《われら》を慈《じ》愍《みん》して能《よ》く救護《くご》せられまし。今者《いま》我《われ》を捨《す》てて遠《とお》く他国《たこく》に喪《そう》したまいぬ。自《みずか》ら惟《おもんみ》るに孤露《ころ》にして復恃怙《またじこ》なし。常《つね》に悲感《ひかん》を懐《いだ》いて心遂《こころつい》に醒悟《しょうご》し、乃《すなわ》ち此《こ》の薬《くすり》の色《いろ》・香《か》・味美《あじわいよ》きを知《し》って、即《すなわ》ち取《と》って之《これ》を服《ふく》するに毒《どく》の病皆愈《やまいみない》ゆ。其《そ》の父《ちち》、子悉《ことごと》く已《すで》に差《い》ゆることを得《え》つと聞《き》いて、尋《つ》いで便《すなわ》ち来《きた》り帰《かえ》って咸《ことごと》く之《これ》に見《まみ》えしめんが如《ごと》し。

ここにも、ちょっとむずかしいことばがあります。「背喪《はいそう》せり」というのは、自分《じぶん》たちから離《はな》れて死《し》んでしまわれたという意味《いみ》です。「孤露《ころ》」の「孤《こ》」というのはみなしごのこと、「露《ろ》」というのは「露《ろ》天《てん》」などというように、身《み》を覆《おお》ってくれるものがなくて、雨風《あめかぜ》にさらされていることです。みなしごになって、自分《じぶん》を守《まも》ってくれるものがひとりもなくなった心細《こころぼそ》い状態《じょうたい》です。「恃怙《じこ》」というのは、恃《たの》みになるもの、頼《たよ》りになる人《ひと》のことです。いよいよ天地《てんち》のどこにも頼《たよ》るべき人《ひと》がなくなってしまったわけです。そこで、この節《せつ》の大意《たいい》は——

「それを聞《き》いた子《こ》どもたちは、たいへん驚《おどろ》き、悲《かな》しみました。そして、子《こ》どもたちの心《こころ》には、『ああ、おとうさんがおいでになったら、きっとわたしたちを救《すく》ってくださるにちがいないのに——わたしたちをおいて、遠《とお》い他国《たこく》でなくなってしまわれた。いよいよわたしたちは孤児《こじ》になってしまったのだ。もう頼《たよ》る人《ひと》はないのだ。』——そういう心細《こころぼそ》い思《おも》いが痛切《つうせつ》に湧《わ》いてきました。と同時《どうじ》に、いままで毒《どく》のために顛倒《てんどう》していた心《こころ》がハッと目《め》を覚《さ》ましたのです。

そこではじめて、父《ちち》の残《のこ》していった薬《くすり》が色《いろ》も香《かお》りもいいのに気《き》がつき、早速《さっそく》それを飲《の》みますと、たちまち毒《どく》の病《やまい》はすっかり治《なお》ってしまいました。
ところが、子《こ》どもたちが治《なお》ってしまったということがわかると、父《ちち》は他国《たこく》から帰《かえ》ってきて、子《こ》どもたちの前《まえ》に現《あら》われました。（子《こ》どもたちはどんなに喜《よろこ》んだことでしょう。今後《こんご》どんなことがあっても、父《ちち》の教《おし》えのとおりにしようと決心《けつしん》したにちがいありません。）わたしが、仏《ほとけ》の滅度《めつど》を説《と》くのは、これとおなじ意味《いみ》なのです。」

これが「良医《ろうい》の譬《たと》え」であって、もちろん良医《ろうい》は仏《ほとけ》、子《こ》どもたちは衆生《しゅじょう》です。そして、この譬《たと》えは、仏《ほとけ》がこの世《よ》にいらっしゃるあいだはその教《おし》えのありがたさがわからない者《もの》でも、仏《ほとけ》が姿《すがた》を消《け》してしまわれると切実《せつじつ》にその教《おし》えを求《もと》める心《こころ》が湧《わ》いてくるものであるから、仏《ほとけ》は方便《ほうべん》をもって一時《いちじ》この世《よ》から去《さ》られるのだ――ということを説《と》かれたものであることは、もはや説明《せつめい》の必要《ひつよう》もないと思《おも》います。
ところが、このお話《はなし》の中《なか》には、細《こま》かい部分《ぶぶん》に大切《たいせつ》なことがいろいろと教《おし》えられていますから、念《ねん》のため、それらについて説明《せつめい》しておきましょう。

仏《ほとけ》を見《み》ぬゆえの誤《あやま》り

まず第一《だい》は、父《ちち》のるすに子《こ》どもがあやまって毒《どく》の薬《くすり》を飲《の》んだということです。毒《どく》の薬《くすり》というのは、五欲《ごよく》の煩悩《ぼんのう》のことであって、仏《ほとけ》の教《おし》えに朝夕接《あさゆうせつ》しておれば、そういう身《み》を焼《や》くような煩悩《ぼんのう》に苦《くる》しむことはないのですが、仏《ほとけ》の教《おし》えに遠《とお》ざかると、ついそういうことが起《お》こることをいってあるのです。

だれにも仏心《ぶっしん》はある

つぎに大切《たいせつ》なことは、はじめ父《ちち》が帰《かえ》ってきたとき、本心《ほんしん》の残《のこ》っている子《こ》どもはもとより、本心《ほんしん》を失《うしな》っている子《こ》どもまでが、大喜《おおよろこ》びをして父《ちち》を迎《むか》えたということです。

これはまったくこのとおりであって、現実《げんじつ》に正気《しょうき》を失《うしな》っている者《もの》でも、自分《じぶん》の親《おや》と他人《たにん》とは見分《みわ》けがつくものです。それと同様《どうよう》に、本心《ほんしん》を失《うしな》っている顛倒《てんどう》の衆生《しゅじょう》であっても、たとえば日頃《ひごろ》「神《かみ》も仏《ほとけ》もあるものか」と放言《ほうげん》しているような物質万能主義者《ぶっしつばんのうしゅぎしゃ》であっても、心《こころ》の奥《おく》の奥《おく》には、なんとなく物質《ぶっしつ》では満《み》たされない、不安《ふあん》と寂《さび》しさがあるのです。自分《じぶん》では意識《いしき》していなくても、心《こころ》のどこかで、ほんとうの安《やす》らぎ、魂《たましい》の満足《まんぞく》を求《もと》めているのです。

だから、こんな人《ひと》であっても、もし安心立命《あんじんりゅうめい》を与《あた》えてくれるような教《おし》えが目《め》の前《まえ》に現《あら》われてくれれば、やはり喜《よろこ》ぶにちがいありません。本心《ほんしん》を失《うしな》っている子《こ》どもも父《ちち》を見《み》て喜《よろこ》んだというのは、そういう意味《いみ》をいってあるのです。

教《おし》えを与《あた》えるにも慎重《しんちょう》な用意《ようい》

そこで、仏《ほとけ》は色《いろ》も香《かお》りも味《あじ》もよい、いろいろな薬草《やくそう》を求《もと》めて、それをついて粉《こな》にし、ふるいにかけ、そして調合《ちょうごう》されたとあります。

いろいろな薬草《やくそう》というのは、人間《にんげん》の心《こころ》の病《やまい》を治《なお》すには、迷《まよ》いを除《のぞ》く薬《くすり》もいるし、ほんとうの智慧《ちえ》を得《え》させる薬《くすり》もいる、人《ひと》のために尽《つ》くす心《こころ》を起《お》こさせる薬《くすり》もいるというぐあいに、あらゆる方面《ほうめん》からの完全《かんぜん》な処方《しょほう》が必要《ひつよう》だということです。

また、粉《こな》についたということは、凡夫《ぼんぷ》にものみこみやすく、解《わか》りやすくしたということです。ふるいにかけたというのは、不純《ふじゅん》なものを除《のぞ》いてしまった、すなわち宗教《しゅうきょう》として純粋無雑《じゅんすいむざつ》なものという意味《いみ》です。

こういう最高《さいこう》の教《おし》えを与《あた》えられましたので、その教《おし》えを信受《しんじゅ》したものはたちまち救《すく》われたのですが、なかにはそれを受《う》けようとしない衆生《しゅじょう》もあります。

大《おお》いに歓喜《かんぎ》して迎《むか》えたのだから、それを受《う》けたらよさそうなものですが、迷《まよ》いの毒《どく》に精神《せいしん》を深《ふか》くむしばまれた者《もの》は、いい教《おし》えだとうすうすはわかっていても、自《みずか》ら進《すす》んで、その教《おし》えにはいっていこうとはしないのです。

実際《じっさい》に、街頭《がいとう》をうろついている正気《しょうき》を失《うしな》った子《こ》どもでも、自分《じぶん》の親《おや》が迎《むか》えにくれば、その顔《かお》の見分《みわ》けがつきます。そして、一応嬉《いちおううれ》しそうな顔《かお》をします。しかし、素直《すなお》にいっしょに家《いえ》へ帰《かえ》るかといえば、そうとはかぎりません。抵抗《ていこう》したり、逃《に》げたりします。それとおんなじなのです。親《おや》だということはわかっても、親《おや》の慈悲《じひ》はわからないのです。

背《そむ》くものへも変《か》わらぬ仏《ほとけ》の慈悲《じひ》

そういう子《こ》どもに対《たい》して、父《ちち》は怒《おこ》りもしなければ、あきらめもしません。「此《こ》の子《こ》愍《あわれ》むべし」といっています。ここがありがたいところです。

教《おし》えに対《たい》して背《せ》を向《む》ける衆生《しゅじょう》に対《たい》しても、仏《ほとけ》は「ああ、かわいそうだ」とお考《かんが》えになるのです。そして、けっして放《ほう》りっぱなしにしてしまわれることはありません。あらゆる手段《しゅだん》を尽《つ》くして、教《おし》えを信受《しんじゅ》するように仕向《しむ》けてくださるのです。滅度《めつど》をとるという方便《ほうべん》もその一《ひと》つであり、かつ、いちばん慈悲《じひ》に満《み》ちた方便《ほうべん》であると思《おも》います。

自行《じぎょう》が必要《ひつよう》

なぜかといえば、人間《にんげん》にとっては、自分自身《じぶんじしん》でものごとをやるということがいちばん大切《たいせつ》なことです。ことに信仰《しんこう》は、絶対《ぜったい》にそうでなくてはなりません。信仰《しんこう》にはいるときは、人《ひと》からすすめられてはいってもいいのですが、はいったうえは、あくまでも自分《じぶん》の心《こころ》で真剣《しんけん》に道《みち》を求《もと》めなければ、ほんとうの信仰《しんこう》にはならないのです。説法《せっぽう》を聞《き》きにいこうとあんまり人《ひと》がすすめるから、気《き》は進《すす》まないけれど、お義理《ぎり》ででもいかなくては――というような気持《きもち》では、信仰《しんこう》とはいえません。

食卓《しょくたく》までごちそうを運《はこ》ぶのは、奥《おく》さんがやってくれるでしょうが、食《た》べるのは自分《じぶん》でやらなくてはなりません。自分《じぶん》で食《た》べられないのは病人《びょうにん》です。病人《びょうにん》でも、はしでつまんで口《くち》へ入《い》れるまでは他人《たにん》にやってもらっても、噛《か》んでのみくだすことは自分《じぶん》でやらなければならないのです。また、たとえ人《ひと》に口《くち》まで運《はこ》んで食《た》べさせてもらったとしても、けっしておいしいものではありません。

滅度《めつど》は慈《じ》悲《ひ》の方便《ほうべん》

ですから、仏《ほとけ》さまは、けっしてわれわれの口《くち》をおしあけて、良薬《ろうやく》をおしこむようなことはなさらないのです。われわれが自分《じぶん》で手《て》にとって、自分《じぶん》で口《くち》に入《い》れることが尊《とうと》いのですから、早《はや》くそういう気持《きもち》になるようにと、いろいろな方便《ほうべん》をおつかいになるわけです。あるいは「己身《こしん》」を示《しめ》し、あるいは「他身《たしん》」を示《しめ》し、あるいは「己事《こじ》」を示《しめ》し、あるいは「他事《たじ》」を示《しめ》されるのです。

そのうちで、いちばん重大《じゅうだい》な、痛切《つうせつ》な手段《しゅだん》といえば、ご自分《じぶん》が姿《すがた》をお消《け》しになることです。そうなれば、仏《ほとけ》の教《おし》えはいつでも聞《き》けるなどとノンビリしていた者《もの》も、仏《ほとけ》の教《おし》えには厭《あ》きてしまったなどという怠《なま》け者《もの》も、にわかに真剣《しんけん》にならざるをえません。滅度《めつど》されることが、仏《ほとけ》の最《もっと》も慈悲《じひ》に満《み》ちた方便《ほうべん》であるという意味《いみ》は、ここにあるのです。

ふたたび仏《ほとけ》を見《み》る

最後《さいご》に、子《こ》どもがすっかり治《なお》ってしまったら、父《ちち》が無事《ぶじ》な姿《すがた》を見《み》せて帰《かえ》ってきたということ、これがまた非常《ひじょう》に意味《いみ》の深《ふか》い教《おし》えです。

すなわち、衆生《しゅじょう》がほんとうに仏《ほとけ》の教《おし》えを信《しん》じて煩悩《ぼんのう》を除《のぞ》き去《さ》ってしまえば、たちまち仏《ほとけ》が見《み》えるということです。見失《みうしな》っていた仏《ほとけ》が心《こころ》の中《なか》によみがえってくるのです。そうして、いつでも仏《ほとけ》のみもとにいることができるのです。

この「見《けん》」という一字《いちじ》は、特《とく》に大切《たいせつ》です。おなじく見《み》るという字《じ》でも、「観《かん》」という字《じ》は、観察《かんさつ》などというように「気《き》をつけて見《み》る」という意味《いみ》です。見《み》ようと思《おも》って見《み》るのです。ところが「見《けん》」というのは、「自然《しぜん》に見《み》えてくる」という意味《いみ》の字《じ》です。

われわれが仏《ほとけ》の教《おし》えを心《こころ》から信仰《しんこう》すれば、ひとりでに仏《ほとけ》さまが見《み》えてくるのです。なにも仏《ほとけ》さまの姿《すがた》が見《み》えてくるのではない。仏《ほとけ》さまが自分《じぶん》といっしょにいてくださることが自覚《じかく》されてくるのです。

仏《ほとけ》と人間《にんげん》との関係《かんけい》というものは、支配者《しはいしゃ》と被支配者《ひしはいしゃ》というような冷《つめ》たいものではなく、血《ち》のつながった親子《おやこ》のようなものです。温《あたた》かい愛情《あいじょう》によって抱《いだ》き抱《いだ》かれあった関係《かんけい》です。であればこそ、いったんは見失《みうしな》ってしまったようでも、その教《おし》えを正《ただ》しく信受《しんじゅ》すれば、仏《ほとけ》はその瞬間《しゅんかん》にわれわれのところへ帰《かえ》ってこられるのです。そして、真《しん》の親《おや》として、いつまでもわれわれといっしょに暮《く》らし、われわれを守《まも》ってくださるのです。

この譬《たと》えには、このようないうにいわれぬ慈悲《じひ》の心《こころ》が満《み》ち溢《あふ》れていることを、よく感《かん》じとらなければならないと思《おも》います。

「良医《ろうい》の譬《たと》え」を説《と》き終《お》わられた世尊《せそん》は、一同《いちどう》に対《たい》してこうお聞《き》きになりました。

二七九・一一二 諸の善男子《し》、意《こころ》に於《おい》て云何《いかん》、頗《も》し人《ひと》の能《よ》く此《こ》の良医《ろうい》の虚妄《こもう》の罪《つみ》を説《と》くあらんや不《いな》や。

「みなさん、どう思《おも》いますか。人《ひと》びとは、この医師《いし》が用《よう》もないのに子《こ》どもをおいて他国《たこく》へ行《い》ったり、死《し》にもしないのに死《し》んだと報《し》らせてやったりしたのは、子《こ》どもを欺《だま》すいけない行為《こうい》だと非難《ひなん》するでしょうか。」

一同《いちどう》は、異口同音《いくどうおん》に、「不也《いななり》、世尊《せそん》」すなわち、「世尊《せそん》、そういう非難《ひなん》は成《な》り立《た》ちません」とお答《こた》えしました。そこで世尊《せそん》は、こうおおせになったのです。

二七九・三—五 我も亦是の如《ごと》し。成仏《じょうぶつ》してより已来《このかた》、無量無辺百千万億那由他阿僧祇劫《むりょうむへんひゃくせんまんのくなゆたあそうぎこう》なり。衆生《しゅじょう》の為《ため》の故《ゆえ》に方便力《ほうべんりき》を以《もっ》て当《まさ》に滅度《めつど》すべしと言《い》う。亦《また》能《よ》く法《ほう》の如《ごと》く我《わ》が虚妄《こもう》の過《とが》を説《と》く者《もの》あることなけん。

「ところで、わたしもちょうどこの医師《いし》のようなものです。無限《むげん》の過去《かこ》から永遠《えいえん》の未来《みらい》までずっと仏《ほとけ》であることに変《か》わりはないのだけれども、衆生《しゅじょう》を救《すく》うという方便《ほうべん》のために、もうすぐ滅度《めつど》するだろうというのです。だれしも、わたしがうそいつわりをいうといって、とがめる人《ひと》はないでしょう。」

こうおっしゃって、それから偈《げ》をもって、いままでお説《と》きになった本仏《ほんぶつ》の無量寿《むりょうじゅ》と、迹仏《しゃくぶつ》の滅度《めつど》の理由《りゆう》を重《かさ》ねてお説《と》きになります。

この偈《げ》は「自我得仏来《じがとくぶつらい》」という句《く》で始《はじ》まっていますので、「自我偈《じがげ》」とよばれ、「法華経《ほけきょう》」の多《おお》くの大切《たいせつ》な偈《げ》の中《なか》でも特《とく》に大切《たいせつ》なものとされていますので、詳《くわ》しく解説《かいせつ》していくことにしましょう。

二七九・七—一〇 我仏を得てより来《このかた》　経《へ》たる所《ところ》の諸《もろもろ》の劫数《こっしゅ》　無量百千万《むりょうひゃくせんまん》　億載阿僧祇《おくさいあそうぎ》なり　常《つね》に法《ほう》を説《と》いて　無数億《むしゅおく》の衆生《しゅじょう》を教化《きょうけ》して　仏道《ぶつどう》に入《い》らしむ　爾《しか》しより来《このかた》無量劫《むりょうこう》なり　衆生《しゅじょう》を度《ど》せんが為《ため》の故《ゆえ》に　方便《ほうべん》して涅槃《ねはん》を現《げん》ず　而《しか》も実《じつ》には滅度《めつど》せず　常《つね》に此《ここ》に住《じゅう》して法《ほう》を説《と》く

「わたしが仏《ほとけ》となってからこのかた経《た》った時間《じかん》というものは、無量無限《むりようむげん》である。そのあいだわたしは常《つね》に真理《しんり》の教《おし》えを説《と》き、無数《むすう》の衆生《しゆじよう》を教化《きようけ》して仏道《ぶつどう》に導《みちび》き入《い》れた。そしてそのとき以来無量劫《いらいむりようこう》の時間《じかん》が経《た》っているのである。

わたしは、衆生《しゆじよう》を救《すく》うという目的《もくてき》のために、この世《よ》から姿《すがた》を消《け》したこともある。しかし、実際《じつさい》は滅度《めつど》したのではない。つねにこの娑婆世界《しやばせかい》に住《じゆう》して法《ほう》を説《と》いているのである。」

この場合《ばあい》の「涅槃《ねはん》」は、悟《さと》りという意味《いみ》ではなく、入滅《にゆうめつ》という意味《いみ》です。

二七九・一〇—一一 我常に此に住《じゆう》すれども　諸《もろもろ》の神通力《じんづうりき》を以《もつ》て　顚倒《てんどう》の衆生《しゆじよう》をして　近《ちか》しと雖《いえど》も而《しか》も見《み》ざらしむ

「わたしは常《つね》にこの土《ど》にいるのではあるが、もろもろの神通力《じんづうりき》をもって、心《こころ》の顚倒《てんどう》している衆生《しゆじよう》に対《たい》しては姿《すがた》が見《み》えないようにしているのである。」

「顚倒《てんどう》」ということについては、まえ（四二〇頁《ページ》）にくわしく説明《せつめい》しましたが、煩悩《ぼんのう》によって心《こころ》が顚倒《てんどう》している衆生《しゆじよう》に対《たい》しては、「近《ちか》しと雖《いえど》も而《しか》も見《み》ざらしむ」すなわち仏《ほとけ》は近《ちか》くにいらっしゃるのだけれども、仮《かり》に見《み》えないように一時《いちじ》姿《すがた》を消《け》されるというのです。

二七九・一二—一二 衆我が滅度を見《み》て　広《ひろ》く舎利《しやり》を供養《くよう》し　咸《ことごと》く皆恋慕《みなれんぼ》を懐《いだ》いて　渇仰《かつごう》の心《こころ》を生《しよう》ず

「衆生《しゆじよう》はわたしが入滅《にゆうめつ》したのを見《み》て、わたしの舎利《しやり》をまつって供養《くよう》をし、そこではじめて、みんなわたしを懐《なつ》かしむ思《おも》いを抱《いだ》き、どうしても仏《ほとけ》の教《おし》えを求《もと》めずにはいられない心《こころ》を生《しよう》ずるのである。」

「恋慕《れんぼ》・渇仰《かつごう》」についても、さきにくわしく書《か》きました。また、舎利《しやり》ということばなどによって、ここでは迹仏《しやくぶつ》である釈尊《しやくそん》ご自身《じしん》のことについて述《の》べられていることがわかります。

二八〇・一一—一二 衆生既に信伏《しんぷく》し　質直《しちじき》にして意柔輭《こころにゆうなん》に　一心《いつしん》に仏《ほとけ》を見《み》たてまつらんと欲《ほつ》して　自《みずか》ら身命《しんみよう》を惜《おし》まず

「教《おし》えを求《もと》めずにはいられなくなった衆生《しゆじよう》は、その教《おし》えを心《こころ》から信《しん》じ、まっすぐな素直《すなお》な心《こころ》で、一心《いつしん》に仏《ほとけ》といっしょにいるという自覚《じかく》を得《え》ようと欲《ほつ》し、そのためには、命《いのち》さえもいらないというほどの真剣《しんけん》な気持《きもち》になるのである。」

質《しち》　直《じき》　仏《ほとけ》に対《たい》する恋慕《れんぼ》・渇仰《かつごう》の心《こころ》が生《しよう》ずれば、衆生《しゆじよう》はひとりでに仏《ほとけ》がご在世《ざいせ》の折《おり》に説《と》かれた教《おし》えを深《ふか》く学《まな》んで、それを信《しん》ずるようになってきます。そうすると、「質直《しちじき》」な心《こころ》になってきます。

「質《しち》」というのは質素《しっそ》の質《しつ》で、飾《かざ》り気《け》がなくてありのままという意味《いみ》です。「直《じき》」というのはまっ直《すぐ》という意味《いみ》です。ですから、計《はか》らい心《ごころ》などなんにもない、まっ直《すぐ》な心《こころ》で、一心《いっしん》に仏《ほとけ》を見《み》たてまつろうと思《おも》うようになるのです。

柔軟《にゅうなん》

また、心《こころ》が「柔軟《にゅうなん》」になってくるとあります。この柔軟《にゅうなん》というのはたいへんにいいことばで、仏教《ぶっきょう》と仏教徒《ぶっきょうと》の特質《とくしつ》を高度《こうど》に表《あら》わしていると思《おも》います。

柔軟《にゅうなん》というのは、柔《やわら》かくて、素直《すなお》という意味《いみ》です。柔《やわら》かいといっても、グニャグニャしていて弱《よわ》い、すなわち軟弱《なんじゃく》だという意味《いみ》ではありません。野球《やきゅう》や柔道《じゅうどう》の選手《せんしゅ》などでも、身体《からだ》が柔《やわら》かでないと、技《わざ》も上《じょう》達《たつ》しないし、粘《ねば》りもきかないし、ほんとうに強《つよ》くはならないとよくいいますが、それに似《に》た意味《いみ》の柔《やわら》かさです。我《が》がなくて、正《ただ》しいものを素直《すなお》に受《う》け入《い》れる心《こころ》――それが柔軟《にゅうなん》です。

仏教《ぶっきょう》の教《おし》えそのものが、柔軟《にゅうなん》なのです。「正《ただ》しい」といっても頑固《がんこ》なコチコチの正《ただ》しさではありません。「中道《ちゅうどう》」の説明《せつめい》で述《の》べたとおり、いつも真理《しんり》にぴったり合《あ》っているので、その現《あら》われには自由自在《じゆうじざい》な柔《やわら》かさがあります。したがって、真《しん》の仏教徒《ぶっきょうと》の心《こころ》のもちかたというものは、定型《ていけい》にとらわれたコチコチのものでなく、いつも真理《しんり》についていく柔《やわら》かさと素直《すなお》さがあるはずです。これを柔軟《にゅうなん》というのです。

そこで、仏《ほとけ》の教《おし》えに信伏《しんぷく》した者《もの》は、飾《かざ》りけのない、まっすぐな、そして我《が》のない、素直《すなお》で柔《やわら》かな心《こころ》をもって、一心《いっしん》に仏《ほとけ》を見《み》たてまつろうと思《おも》うのです。そして、そのためには、身命《しんみょう》をも惜《お》しまないという境地《きょうち》にまで、その心《こころ》は高《たか》まっていくのです。

この「仏《ほとけ》を見《み》たてまつる」というのは、まえにも説明《せつめい》したとおり、「仏《ほとけ》といっしょにいるという自覚《じかく》を得《え》る」ということです。「自分《じぶん》はたしかに仏《ほとけ》さまに抱《いだ》かれている。生《い》かされている」という自覚《じかく》がはっきりしてくると、それはとりもなおさず仏《ほとけ》を見《み》たてまつっているわけです。

そういう自覚《じかく》を得《え》れば、まったく大安心《だいあんじん》の境地《きょうち》です。どんなことが起《お》ころうとも、ビクともするものではありません。ですから、そういう境地《きょうち》に達《たつ》するためには、だれだって金《かね》も、地位《ちい》も、名誉《めいよ》もいらない、いや命《いのち》さえ投《な》げだしても惜《お》しくない気持《きもち》になるのは、当然《とうぜん》のことなのです。

二八〇・二―五
時に我及び衆僧《しゅそう》　倶《とも》に霊鷲山《りょうじゅせん》に出《い》ず　我時《われとき》に衆生《しゅじょう》に語《かた》る　常《つね》に此《ここ》にあって滅《めつ》せず　方便力《ほうべんりき》を以《もっ》ての
故《ゆえ》に　滅不滅《めつふめつ》ありと現《げん》ず　余国《よこく》に衆生《しゅじょう》の　恭敬《くぎょう》し信楽《しんぎょう》する者《もの》あれば　我復彼《われまたか》の中《なか》に於《おい》て　為《ため》に無上《むじょう》の
法《ほう》を説《と》く　汝等此《なんだちこ》れを聞《き》かずして　但我滅度《ただわれめつど》すと謂《おも》えり

「（心《こころ》が質直《しちじき》で、柔輭《にゅうなん》で、仏《ほとけ》を見《み》る人《ひと》が多《おお》くなれば）そのときわたしは、多《おお》くの僧《そう》と共《とも》にこうしてこの娑婆世《しゃばせ》界《かい》に出《で》てくるのである。そうして、あるときには、衆生《しゅじょう》にむかって『自分《じぶん》は常《つね》にここにいて、滅《めつ》することはない』と語《かた》るけれども、教化《きょうけ》の手段《しゅだん》として必要《ひつよう》だと思《おも》われるときには、あるいは滅《めつ》することもあり、不滅《ふめつ》の身《み》となって現《あら》われることもある。また、娑婆以外《しゃばいがい》の世界《せかい》においても、正法《しょうぼう》を敬《うやま》い、信《しん》じ、その教《おし》えを聞《き》きたいと願《ねが》う衆生《しゅじょう》があれば、わたしはその人《ひと》たちの所《ところ》へ現《あら》われて、無上《むじょう》の法《ほう》を説《と》く。みんなはこのことを知《し》らないで、ただいちずにわたしが滅度《めつど》するものだと思《おも》いこんでいるのである。」

「衆僧《しゅそう》と共《とも》に」というのは、教《おし》えを助《たす》ける人《ひと》びとといっしょにという意味《いみ》です。僧《そう》というのは、坊《ぼう》さんという意味《いみ》だけではなく、教《おし》えを信《しん》じ、行《ぎょう》ずる人《ひと》はみんな僧《そう》です。在家《ざいけ》の信仰者《しんこうしゃ》も、やはり僧《そう》なのです。

こうして、おひとりでなくて、多《おお》くのお弟子《でし》たちといっしょにこの世《よ》にお出《で》になるということは、意味深《いみぶか》いことであって、正《ただ》しい教《おし》え、大《おお》きな教《おし》えというものには、必《かなら》ずそれに信伏《しんぷく》し、守《まも》り助《たす》ける人《ひと》たちがついているのです。これは、古今東西《ここんとうざい》のいろいろな例《れい》を見《み》ても、みんなそのとおりです。

「霊鷲山《りょうじゅせん》に出《い》ず」とは、現《げん》にこの説法《せっぽう》をなさっておられる所《ところ》が霊鷲山《りょうじゅせん》だからこうおっしゃったまでのことであって、「この世《よ》」という意味《いみ》にほかなりません。われわれが正法《しょうぼう》を聞《き》く所《ところ》は、日本《にっぽん》であろうと、アメリカであろうと、町《まち》のまん中《なか》であろうと、お寺《てら》や道場《どうじょう》のような一定《いってい》の建物《たてもの》の中《なか》であろうと、そこがとりもなおさず霊鷲山《りょうじゅせん》なのです。

二八〇・五—八
我諸の衆生《じょう》を見《み》れば　苦海《くかい》に没在《もつざい》せり　故《かるがゆえ》に為《ため》に身《み》を現《げん》ぜずして　其《そ》れをして渇仰《かつごう》を生《しょう》ぜしむ
其《そ》の心《こころ》恋慕《れんぼ》するに因《よ》って　乃《すなわ》ち出《い》でて為《ため》に法《ほう》を説《と》く　神通力《じんづうりき》是《かく》の如《ごと》し　阿僧祇劫《あそうぎこう》に於《おい》て　常《つね》に霊鷲山《りょうじゅせん》

及《およ》び余《よ》の諸《もろもろ》の住処《じゅうしょ》にあり

「仏《ほとけ》の眼《め》をもってもろもろの衆生《しゅじょう》を見《み》れば、多《おお》くの衆生《しゅじょう》は苦《く》の海《うみ》に沈《しず》んで苦《くる》しみもがいている。さればこそ、わざと身《み》を現《あら》わさないで、衆生《しゅじょう》にひたすら仏《ほとけ》を求《もと》める心《こころ》を起《お》こさせるのである。衆生《しゅじょう》の心《こころ》に仏《ほとけ》を恋慕《れんぼ》する心《こころ》が起《お》これば、すぐに身《み》を現《あら》わして、その人《ひと》びとのために法《ほう》を説《と》くのである。仏《ほとけ》の神通力《じんづうりき》とはこのようなものであって、無限《むげん》の過去《かこ》から無限《むげん》の未来《みらい》まで、娑婆世界《しゃばせかい》およびその他《た》の世界《せかい》に、仏《ほとけ》はかならず住《じゅう》しているのである。」

「苦海《くかい》に没在《もつざい》せり」というのは、字義《じぎ》のとおり、教《おし》えを知《し》らない衆生《しゅじょう》はみんな苦《く》の海《うみ》の中《なか》に沈《しず》んでいるという意味《いみ》です。なかには、自分《じぶん》が苦《く》の海《うみ》に沈《しず》んでいるとは思《おも》っていない人《ひと》もあります。しかし、こういう人《ひと》も、長《なが》い人生《じんせい》のあいだには、事《こと》にふれ、折《おり》にふれ、いいしれない不安《ふあん》や寂《さび》しさのために、何《なに》ものかにすがりつきたくなることがあるものです。自分《じぶん》をささえてくれる絶対《ぜったい》の力《ちから》がなくては、どうにもならないようなことがあるものです。このすがりつきたい心《こころ》、絶対《ぜったい》の力《ちから》を求《もと》めてやまない思《おも》い、それが恋《れん》慕《ぼ》の心《こころ》です。

二八〇・八―二 衆生劫尽きて　大火《だいか》に焼《や》かるると見《み》る時《とき》も　我《わ》が此《こ》の土《ど》は安穏《あんのん》にして　天人常《てんにんつね》に充満《じゅうまん》せり　園林《おんりん》

諸《もろもろ》の堂閣《どうかく》　種種《しゅじゅ》の宝《たから》をもって荘厳《しょうごん》し　宝樹花果《ほうじゅけか》多《おお》くして　衆生《しゅじょう》の遊楽《ゆらく》する所《ところ》なり　諸天天鼓《しょてんてんく》を撃《う》って　常《つね》に諸《もろもろ》の伎楽《ぎがく》を作《な》し　曼陀羅華《まんだらけ》を雨《ふ》らして　仏及《ほとけおよ》び大衆《だいしゅ》に散《さん》ず

「衆生《しゅじょう》の目《め》から見《み》れば、この地球《ちきゅう》が現在《げんざい》のような状態《じょうたい》で存在《そんざい》する時代《じだい》が終《お》わって、世界全体《せかいぜんたい》が大火《たいか》に焼《や》かれてしまうと見《み》える時代《じだい》がきても、仏《ほとけ》の国土《こくど》は安穏《あんのん》であって、天上界《てんじょうかい》の者《もの》や人間界《にんげんかい》の者《もの》がたくさん集《あつ》まって住《す》み、楽《たの》しい生活《せいかつ》を送《おく》っているのである。美《うつく》しい花園《はなぞの》もあれば、静《しず》かな林《はやし》もある。りっぱな建物《たてもの》もたくさんあって、それらは光《ひか》り輝《かがや》く宝玉《ほうぎょく》によって飾《かざ》られている。木々《きぎ》には美《うつく》しい花《はな》が咲《さ》き乱《みだ》れ、豊《ゆた》かな果実《かじつ》がたわわにみのり、その下《した》で衆生《しゅじょう》はなんの憂《うれ》いもなく遊《あそ》んでいる。もろもろの天人《てんにん》は天鼓《てんく》をうち鳴《な》らし、妙《たえ》なる音楽《おんがく》を奏《そう》し、曼陀羅華《まんだらけ》の花《はな》を雨《あめ》のように降《ふ》らして、仏《ほとけ》および衆生《しゅじょう》の上《うえ》に散《さん》じている。このように、えもいわれず美《うつく》しい、平和《へいわ》な世界《せかい》である。」

「劫《こう》」というのは、この場合《ばあい》は時間《じかん》を示《しめ》す単位《たんい》ではなくて、時代《じだい》をいうのです。むかしのインドでは、天地万物《てんちばんぶつ》が現在《げんざい》のような形《かたち》を成《な》している時代《じだい》が尽《つ》きると、それらがことごとく壊《こわ》れはててしまう時代《じだい》がくるとされていました。それを「劫尽《こうつ》きて」というのです。

そういう時代《じだい》がきても、仏《ほとけ》の世界《せかい》は壊《こわ》れも焼《や》けもしない。それどころか、このように美《うつく》しい、平和《へいわ》な国土《こくど》であるというのです。

これは、「凡夫《ぼんぷ》の目《め》で見《み》ると、この世界《せかい》は苦《くる》しみに満《み》ちているようでも、仏《ほとけ》の目《め》で見《み》るとこの世《よ》は平《へい》和《わ》で、楽《たの》しみに満《み》ちているのである」ということです。そして、ほんとうの信仰《しんこう》によってすっかり心《こころ》の清《きよ》らかになった者《もの》は、この娑婆《しゃば》世界《せかい》にいながら、仏《ほとけ》の世界《せかい》に住《す》むことができるのです。したがってここに述《の》べられている浄土《じょうど》のありさまは、信仰《しんこう》によって清《きよ》められた心《こころ》の状態《じょうたい》をいってあるのです。

肉体《にくたい》は「物《もの》」ですから、必《かなら》ず変化《へんか》するものです。釈尊《しゃくそん》のようなえらいお方《かた》でも、その現世《げんぜ》の肉体《にくたい》は八十年《ねん》たったらこの世《よ》から消《き》え去《さ》っていかれたのです。また、われわれの日常生活《にちじょうせいかつ》をささえているいろいろなもの、すなわち金銭《きんせん》も、物質《ぶっしつ》も、やはり「物《もの》」です。だから、やはり無常《むじょう》です。つねに変化《へんか》していきます。いまあると思《おも》っても、いつなくなるかわからないのです。地位《ちい》も、名誉《めいよ》も、やはり無常《むじょう》なものです。

娑婆《しゃば》即寂光土《そくじゃっこうど》　ところが、心《こころ》がほんとうに宗教的《しゅうきょうてき》に清《きよ》まっておれば、外《そと》の世界《せかい》（物《もの》で成《な》り立《た》っている世界《せかい》）がどう変《か》わっても、精神《せいしん》は常《つね》に平和《へいわ》です。楽《たの》しいのです。いつも美《うつく》しい花《はな》を見《み》、妙《たえ》なる音《おん》楽《がく》を聞《き》いているような状態《じょうたい》です。こういう法悦《ほうえつ》の境地《きょうち》を、以上《いじょう》のように、極楽《ごくらく》ともいうべき世界《せかい》の有様《ありさま》になぞらえていってあるわけです。

二八〇・一二—二八一・三
我が浄土は毀れざるに　而《しか》も衆《しゅ》は焼《や》け尽《つ》きて　憂怖《うふ》諸《もろもろ》の苦悩《くのう》　是《かく》の如《ごと》き悉《ことごと》く充満《じゅうまん》せりと見《み》る　是《こ》の諸《もろもろ》の罪《つみ》の衆生《しゅじょう》は　悪業《あくごう》の因縁《いんねん》を以《もっ》て　阿僧祇劫《あそうぎこう》を過《す》ぐれども　三宝《ぼう》の名《みな》を聞《き》かず

「仏《ほとけ》の目《め》から見《み》た、この世界《せかい》というものは、このように毀《こわ》れも焼《や》けもしないのに、衆生《しゆじよう》の目《め》から見《み》ると、この世界《せかい》は大火《たいか》に焼《や》かれ、不安《ふあん》や恐怖《きようふ》や苦悩《くのう》にみちているように見《み》えるのである。こういう罪《つみ》の衆《しゆ》生《じよう》は、よくない業《ごう》を積《つ》み重《かさ》ねるために、長《なが》い長《なが》い年月《としつき》がたっても、『三宝《さんぼう》』の名《な》を聞《き》くことさえもないのである。」

罪《つみ》

罪《つみ》の衆生《しゆじよう》というのは、いわゆる「悪《わる》いことをした人《ひと》」にかぎるわけではありません。まえ（八〇―八一頁《ページ》）にも述《の》べましたように、仏《ほとけ》の教《おし》えにおける「罪《つみ》」というのは、上《うえ》へ向《む》かって進《すす》むべき人格向上《じんかくこうじよう》の歩《あゆ》みを止《と》めること、あるいはあともどりすることです。すなわち、心《こころ》を清《きよ》めるとか、人《ひと》のためや世《よ》の中《なか》のために尽《つ》くすというような、人間《にんげん》として当然《とうぜん》なすべきことについて、自分《じぶん》にできるかぎりの努力《どりよく》をしないこと、これが「人格向上《じんかくこうじよう》の歩《あゆ》みを止《と》めること」です。これは消極的《しようきよくてき》な「罪《つみ》」であり、悪《あく》であります。

まして、人《ひと》を苦《くる》しめたり、おとしいれたり、人《ひと》の財産《ざいさん》をうばったり、戦争《せんそう》したり、殺《ころ》しあったりするようなことは、人格向上《じんかくこうじよう》の道《みち》をあともどりする行《おこ》ないですから、大《おお》きな罪《つみ》であることはいうまでもありません。すなわち、積極的《せつきよくてき》な「罪《つみ》」であり、「悪《あく》」であります。

こういう消極的《しようきよくてき》な、あるいは積極的《せつきよくてき》な罪《つみ》の行《おこ》ない（悪業《あくごう》）を重《かさ》ねているかぎり、いい原因《げんいん》をつくらないのだからいい結果《けつか》が生《う》まれるはずがなく、いくら長《なが》い年月《ねんげつ》がたっても、仏《ほとけ》にお会《あ》いすることもできなければ、その教《おし》えを聞《き》くこともなく、またそのお弟子《でし》の仲間《なかま》に入《い》れていただくこともないのです。そのことを「三宝《さんぼう》の名《みな》を聞《き》かず」というのです。

三《さん》宝《ぼう》

この「三宝《さんぼう》」というのは、仏教徒《ぶっきょうと》の心《こころ》の依《よ》りどころとすべき三つのものを、釈尊《しゃくそん》が伝道《でんどう》をお始《はじ》めになってまもないころ、弟子《でし》たちにお示《しめ》しになったので、この上《うえ》もなく尊《とうと》いものですから、「三つの宝《たから》」というのです。それは、「仏《ぶつ》」「法《ほう》」「僧《そう》」をいいます。

依《よ》りどころということで思《おも》い出《だ》すのは、前《まえ》にも述《の》べた「自燈明《じとうみょう》、法燈明《ほうとうみょう》」の教《おし》えです。「自分《じぶん》をよりどころにせよ」――これは、非常《ひじょう》に力強《ちからづよ》いおことばです。人間《にんげん》に対《たい》する大《おお》きな激励《げきれい》です。しかし、その自分《じぶん》というものは、けっして「迷《まよ》い」に満《み》ちた自分《じぶん》を指《さ》しておられるのではありません。「法《ほう》」に生《い》きる自分《じぶん》です。われわれは「法《ほう》」の火《ひ》によって自分自身《じぶんじしん》を燃《も》やし、そして世《よ》の中《なか》を照《て》らしていかなければなりません。すなわち、自分《じぶん》の努力《どりょく》で生《い》き抜《ぬ》いていかなければならないのではあるけれども、その生《い》きかたはあくまでも「法《ほう》」にしたがったものでなくてはなりません。

ところが、この「法《ほう》」は、「真理《しんり》」とか「宇宙《うちゅう》の法則《ほうそく》」という意味《いみ》の「法《ほう》」であって、凡夫《ぼんぷ》にとってはなかなかその実相《じっそう》がつかみにくいものです。つかみにくいので、われわれの日常生活《にちじょうせいかつ》における心《こころ》の持《も》ちかたや、実際《じっさい》の行《おこ》ないのうえでのよりどころとするには、なんとなく頼《たよ》りない感《かん》じです。

そこで、釈尊《しゃくそん》はその「法《ほう》」というものを、凡夫《ぼんぷ》のあたまにも理解《りかい》できる三つのものに翻訳《ほんやく》してお示《しめ》しになったのです。

仏《ぶつ》　その第《だい》一が「仏《ほとけ》」です。これについては、もはや説明《せつめい》するまでもないことと思《おも》います。

法《ほう》　その第《だい》二が仏《ほとけ》の教《おし》えという意味《いみ》の「法《ほう》」です。

僧《そう》　その第《だい》三が「僧《そう》」ですが、これはむかしから、たいへんまちがって伝《つた》えられてきました。というのは、現在《げんざい》のことばの「僧《そう》」すなわちお坊《ぼう》さんという意味《いみ》にとられてきているのです。むろん、まえに「衆僧《しゅそう》と共《とも》に」とあったように、信仰者《しんこうしゃ》すなわち「人《ひと》」を指《さ》すことも多《おお》いのですが、その名《な》のおこりは、「信仰者《しんこうしゃ》の共同体《きょうどうたい》」のことでした。すなわち、僧《そう》というのは「僧伽《そうぎゃ》」の略《りゃく》であり、僧伽《そうぎゃ》（サンガ）というのは、梵語《ぼんご》で「密接《みっせつ》な結合《けつごう》」という意味《いみ》です。釈尊《しゃくそん》は、そのお弟子《でし》たちすなわち同《おな》じ仏《ほとけ》の道《みち》を歩《あゆ》む仲間《なかま》の集団《しゅうだん》に、このサンガという名前《なまえ》をつけられたのでした。
凡夫《ぼんぷ》にとっては、ポツンとひとり離《はな》れて「法《ほう》」を求《もと》めたり、修行《しゅぎょう》をしたりすることは、なかなかむずかしいことであって、ともすれば懈怠《けだい》したり、邪道《じゃどう》におちいったりするものです。
ところが、同信《どうしん》の人《ひと》たちと手《て》をとりあって一《ひと》つの共同体《きょうどうたい》をつくっていますと、おたがいに教《おし》えあったり、戒《いまし》めあったり、励《はげ》ましあったりして、着々《ちゃくちゃく》と向上《こうじょう》の道《みち》を歩《あゆ》むことができるものです。それで、釈尊《しゃくそん》は、サンガを心《こころ》の依《よ》りどころの一《ひと》つにせよと教《おし》えられたわけです。

そこで、われわれの依《よ》りどころとすべきものをひっくるめていえば、「仏《ぶつ》」「法《ほう》」「僧《そう》」の三つに帰《き》するわけです。すなわち「仏《ほとけ》」を心《こころ》の依《よ》りどころとし、「仏《ほとけ》の教《おし》え」を心《こころ》の依《よ》りどころとし、「同信《どうしん》の人《ひと》たちの集《あつ》まり」を心《こころ》の依《よ》りどころとすれば、正法《しょうぼう》をあやまりなく日常生活《にちじょうせいかつ》に実践《じっせん》することができるのです。そのゆえにこそ、われわれ仏教徒《ぶつきょうと》はつねに「三宝《さんぼう》」に帰依《きえ》するのであります。

ところが、悪業《あくごう》を重《かさ》ねているものは、この三宝《さんぼう》の名《な》を聞《き》くこともない。すなわち仏《ほとけ》に会《あ》いたてまつることはもとより、仏《ほとけ》の教《おし》えにもふれず、教《おし》えを求《もと》める仲間《なかま》に入《はい》ることもできないのです。

二八一・三―五 諸の有ゆる功徳《くどく》を修《しゅ》し　柔和質直《にゅうわしちじき》なる者《もの》は　則《すなわ》ち皆我《みなわ》が身《み》　此《ここ》にあって法《ほう》を説《と》くと見《み》る　或時《あるとき》は此《こ》の衆《しゅ》の為《ため》に　仏寿無量《ぶつじゅむりょう》なりと説《と》く　久《ひさ》しくあって乃《いま》し仏《ほとけ》を見《み》たてまつる者《もの》には　為《ため》に仏《ほとけ》には値《あ》い難《がた》しと説《と》く

「（そのような悪業《あくごう》の生活《せいかつ》をしていることに気《き》がついて、正《ただ》しい教《おし》えを求《もと》め、）人《ひと》のため、世《よ》のためになるもろもろの行《おこ》ない（功徳《くどく》）をなし、心《こころ》ばえが柔和《にゅうわ》で質直《しちじき》な者《もの》は、そこではじめて仏《ほとけ》を見《み》ることができる。仏《ほとけ》が法《ほう》を説《と》いているのに会《あ》うことができるのである。

そのような人《ひと》びとに対《たい》して、あるときは『仏《ほとけ》の寿命《じゅみょう》にかぎりはない。不生不滅《ふしょうふめつ》・無始無終《むしむしゅう》の存在《そんざい》である』と説《と》くこともあるが、長《なが》いあいだかかってようやく仏《ほとけ》の教《おし》えに会《あ》うことのできたような、あまり修行《しゅぎょう》のできていない人《ひと》びとに対《たい》しては、『仏《ほとけ》の教《おし》えに会《あ》うということは容易《ようい》ならぬことだから、怠《おこた》らず励《はげ》まなければならない』と説《と》くこともあるのである。」

二八一・六—八　我が智力是《かく》の如《ごと》し　慧《え》光《こう》照《てら》すこと無量《むりょう》に　寿命無数劫《じゅみょうむしゅこう》　久《ひさ》しく業《ごう》を修《しゅ》して得《う》る所《ところ》なり　汝等《なんだち》智《ち》あらん者《もの》　此《ここ》に於《おい》て疑《うたがい》を生《しょう》ずることなかれ　当《まさ》に断《だん》じて永《なが》く尽《つ》きしむべし　仏語《ぶつご》は実《じつ》にして虚《むな》しからず

「仏《ほとけ》の智慧《ちえ》の力《ちから》はこのように大《おお》きいものであり、その智慧《ちえ》の光《ひか》りに照《て》らし出《だ》される衆生《しゅじょう》の数《かず》は無量《むりょう》である（すなわち、仏《ほとけ》の力《ちから》によって救《すく》われないものは、本来《ほんらい》ひとりもないのである）。また仏《ほとけ》の寿命《じゅみょう》というものは無《む》量《りょう》であって、それは久《ひさ》しく善業《ぜんごう》を積《つ》んで得《え》た寿命《じゅみょう》である。」

この場合《ばあい》の仏《ほとけ》というのは、直接《ちょくせつ》には久遠実成《くおんじつじょう》の本仏《ほんぶつ》のことを指《さ》しておられるのではなく、釈尊《しゃくそん》がこの世《よ》に出《で》て菩薩行《ぼさつぎょう》を積《つ》んで得《え》られたご寿命《じゅみょう》も、ほんとうはこれまた無量《むりょう》なものであることを、おっしゃっておられるのです。

そこで、この節《せつ》の後半《こうはん》の意味《いみ》は――

「衆生《しゅじょう》の中《なか》でほんとうの智慧《ちえ》を一心《いっしん》に求《もと》める者《もの》は、仏《ほとけ》のこの智力《ちりき》・慧光《えこう》・寿命《じゅみょう》の広大《こうだい》なことについて疑《うたが》いをもってはならない。そして、心《こころ》にある迷《まよ》いをいつまでも断《だん》じ尽《つ》くさなければならない。仏《ほとけ》が、滅度《めつど》をとると方便《ほうべん》にいっても、実《じつ》はつねにあらゆるところにいて、衆生《しゅじょう》を済度《さいど》しているのだということば（仏語《ぶつご》）は、真実《しんじつ》であって、けっしていつわりではないのである。」

二八一・八―一一 医の善き方便《ほうべん》をもって　狂子《おうじ》を治《じ》せんが為《ため》の故《ゆえ》に　実《じつ》には在《あ》れども而《しか》も死《し》すというに　能《よ》く虚妄《こもう》を説《と》くものなきが如《ごと》く　我《われ》も亦為《またこ》れ世《よ》の父《ちち》　諸《もろもろ》の苦患《くげん》を救《すく》う者《もの》なり　凡夫《ぼんぶ》の顛倒《てんどう》せるを為《もっ》て　実《じつ》には在《あ》れども而《しか》も滅《めつ》すと言《い》う

「さきの『良医《ろうい》の譬《たと》え』において、本心《ほんしん》を失《うしな》った子《こ》どもたちを治《なお》すために、医師《いし》が善《よ》い方便《ほうべん》をもって、実際《じっさい》は死《し》んではいないのに死《し》んだと告《つ》げさせたのを、だれもうそいつわりとしてとがめるものがないのと同《おな》じように、仏《ほとけ》が滅度《めつど》をとるというのも、けっして虚妄《こもう》ではない。わたしも父《ちち》である。世《よ》の父《ちち》である。世《よ》のもろもろの苦《くる》しみ悩《なや》みを救《すく》うものである。いつも衆生《しゅじょう》のそばにいて、その苦《くる》しみを除《のぞ》いてやりたいのであるけれども、凡夫《ぼんぷ》の心《こころ》は顛倒《てんどう》しているゆえに、実際《じっさい》にはそばにいるのに、姿《すがた》を消《け》すのだと告《つ》げるのである。」

この「我《われ》も亦為《またこ》れ世《よ》の父《ちち》」という一語《いちご》は、ほんとうにありがたいことばです。仏《ほとけ》の慈悲《じひ》が溢《あふ》れています。しかも、なんともいえない温《あたた》かみをもって、その慈悲《じひ》がわれわれの皮膚《ひふ》に伝《つた》わり、心《こころ》に沁《し》みこんでくるように感《かん》じられます。

二八一・一二―二八二・三 常に我を見るを以《もっ》ての故《ゆえ》に　而《しか》も憍恣《きょうし》の心《こころ》を生《しょう》じ　放逸《ほういつ》にして五欲《ごよく》に著《じゃく》し　悪道《あくどう》の中《なか》に堕《お》ちなん

我常《われつね》に衆生《しゅじょう》の　道《どう》を行《ぎょう》じ道《どう》を行《ぎょう》ぜざるを知《し》って　度《ど》すべき所《ところ》に随《したが》って　為《ため》に種種《しゅじゅ》の法《ほう》を説《と》く　毎《つね》に自《みずか》ら是《こ》の念《ねん》を作《な》す　何《なに》を以《もっ》てか衆生《しゅじょう》をして　無上道《むじょうどう》に入《い》り　速《すみや》かに仏身《ぶっしん》を成就《じょうじゅ》することを得《え》せしめんと

「もし、いつでも仏《ほとけ》に会《あ》えるのだということになれば、わがままな心《こころ》が生《しょう》じ、したい放題《ほうだい》な気持《きもち》になって、五欲《ごよく》に執着《しゅうじゃく》するから、修羅道《しゅらどう》の苦《くる》しみや、地獄道《じごくどう》の悩《なや》みなど、もろもろの悪道《あくどう》の苦患《くげん》が人生《じんせい》に現《あら》われてくるのである。仏《ほとけ》は、衆生《しゅじょう》のうちのある者《もの》はよく仏《ほとけ》の道《みち》を行《ぎょう》じており、ある者《もの》は行《ぎょう》じていないということを、すべて知《し》り尽《つ》くしているのである。それで、衆生《しゅじょう》の心《こころ》がけや修行《しゅぎょう》の程度《ていど》に応《おう》じて、ちょうど適当《てきとう》な方法《ほうほう》で『法《ほう》』を説《と》くのである。

しかし、どんな衆生《しゅじょう》に対《たい》しても、仏《ほとけ》の本心《ほんしん》は変《か》わらないのである。仏《ほとけ》は、『どうしたら、衆生《しゅじょう》を仏《ほとけ》の道《みち》に導《みちび》き入《い》れることができるだろうか。どうしたら早《はや》く仏《ほとけ》と同《おな》じ境界《きょうがい》に達《たっ》せしめることができるだろうか』と、つねにそれのみを念《ねん》じているのである。」

この「毎《つね》に自《みずか》ら是《こ》の念《ねん》を作《な》す　何《なに》を以《もっ》てか衆生《しゅじょう》をして　無上道《むじょうどう》に入《い》り　速《すみや》かに仏身《ぶっしん》を成就《じょうじゅ》することを得《え》せしめんと」という結《むす》びのおことばにもまた、仏《ほとけ》の深《ふか》い慈悲《じひ》がこめられています。これこそが、仏《ほとけ》の本願《ほんがん》なのです。

これで「寿量品《じゅりょうほん》」の説法《せっぽう》は終《お》わりになるわけですが、たびたび述《の》べますように、この品《ほん》によって、われわれは久遠実成《くおんじつじょう》の本仏《ほんぶつ》の大慈《だいじ》大悲《だいひ》に生《い》かされているのだということが明々白々《めいめいはくはく》となり、その「生《い》かされている」という自覚《じかく》がしっかりと胸《むね》の中《なか》に確立《かくりつ》するのを覚《おぼ》えるのです。

そして、つねにその自覚《じかく》をもっているかぎり、われわれの人生《じんせい》はじつに明《あか》るい、不安《ふあん》のない、しかも勇気《ゆうき》と積極性《せっきょくせい》に満《み》ち満《み》ちたものとなるのであります。

分別功徳品第十七《ふんべつくどくほんだい》

「如来寿量品第十六《にょらいじゅりょうほんだい》」によって、仏《ほとけ》はいつ、いかなる、いかなるときでも、われわれと共《とも》にいらっしゃるのだということが、はっきり解《わか》りました。これがはっきり解《わか》ると、われわれの心《こころ》の状態《じょうたい》はおのずから変《か》わってきます。

ほんとうの信仰《しんこう》に達《たっ》しえないあいだは、ともすれば暗《くら》い不安《ふあん》にとざされがちでしたし、人生《じんせい》に対《たい》する確固《かっこ》とした希望《きぼう》や自信《じしん》を持《も》つことができませんでした。

むろんそれまでも、明《あか》るい気持《きもち》や、人生《じんせい》に対《たい》する希望《きぼう》や自信《じしん》が全然《ぜんぜん》なかったのではありません。性格《せいかく》や境遇《きょうぐう》や年齢《ねんれい》によっては、むしろ野放図《のほうず》なほど明《あか》るく、希望《きぼう》と自信《じしん》に満《み》ちた心境《しんきょう》でいられる人《ひと》もよくあるものです。しかし、そういう明《あか》るさといい、希望《きぼう》といい、自信《じしん》といっても、じつにはかないものであって、ひとたびなにか大《おお》きな不幸《ふこう》がのしかかってくると、たちまち水《みず》の泡《あわ》のように消《き》えてしまう程度《ていど》のものです。

あるいは、あまりものを深《ふか》く考《かんが》えない、すくなくとも自分《じぶん》がなんのために生《い》きているかも考《かんが》えようとしない程度《ていど》の人《ひと》は、今日《きょう》は今日《きょう》、明日《あす》は明日《あす》といったノンキな気持《きもち》でおられることもありましょう。しかし、そんな人《ひと》はたいてい社会《しゃかい》に対《たい》しても、自分《じぶん》の家族《かぞく》に対《たい》しても、いや自分自身《じぶんじしん》に対《たい》してすらも無責《むせき》任《にん》な人《ひと》が多《おお》いものです。このような人《ひと》は、一応幸福《いちおうこうふく》な人間《にんげん》のように考《かんが》えられますが、「諸法無我《しょほうむが》」の真《しん》理《り》にそむいた、自分《じぶん》だけの幸福《こうふく》に生《い》きている人《ひと》であって、この世《よ》で善業《ぜんごう》を積《つ》まず、酔生夢死《すいせいむし》の無価値《むかち》な人生《じんせい》を送《おく》る人《ひと》だといえましょう。

ところが、ほんとうの信仰《しんこう》に達《たっ》したものの持《も》つ心《こころ》の明《あか》るさといい、人生《じんせい》に対《たい》する希望《きぼう》や自信《じしん》というものは、そのような水泡《すいほう》のようにはかない、あるいは薄《うす》っぺらなものではなく、深《ふか》いところに根《ね》ざした確《かっ》固《こ》たる希望《きぼう》であり、自信《じしん》であり、明《あか》るさであります。すなわち、どんな場合《ばあい》でも、自分《じぶん》は絶対《ぜったい》の存在《そんざい》である仏《ほとけ》さまに守《まも》られているのだ、生《い》かされているのだという大安心《だいあんじん》の上《うえ》に立《た》っているのですから、火《ひ》にも水《みず》にも刃《やいば》にも砕《くだ》かれることのない、堅固《けんご》な、そして悠々《ゆうゆう》たるものであります。

こういう心境《しんきょう》に達《たっ》しますと、われわれの人生《じんせい》が見《み》ちがえるほど変《か》わってくるのは当然《とうぜん》のことです。心《こころ》が変《か》わったのに人生《じんせい》が変《か》わらないということが、ありうるはずはありません。かならず変《か》わります。この「信仰《しんこう》によって心境《しんきょう》が変《か》わり、心境《しんきょう》が変《か》わることによって人生《じんせい》が変《か》わる」ことを「功徳《くどく》」というのです。だから、信仰《しんこう》に功徳《くどく》があるのは当然《とうぜん》なのです。

功徳《くどく》というものは、たんに心《こころ》の上《うえ》だけに現《あら》われるのではなく、肉体《にくたい》の上《うえ》にも、物質生活《ぶっしつせいかつ》の上《うえ》にも現《あら》われてくるものです。人間《にんげん》の心《こころ》も、肉体《にくたい》も、そしてそのまわりに集《あつ》まってくる物質《ぶっしつ》も、それぞれがふさわしく関係《かんけい》し合《あ》っているのですから、心《こころ》が変《か》われば肉体《にくたい》も変《か》わり、物質生活《ぶっしつせいかつ》も変《か》わってくるのは理《り》の当然《とうぜん》であって、なんの不思議《ふしぎ》もありません。ですから、心《こころ》の功徳《くどく》だけを肯定《こうてい》し、肉体的《にくたいてき》あるいは物質的《ぶっしつてき》な功《く》徳《どく》を否定《ひてい》するのは、理《り》くつに合《あ》わない態度《たいど》といわなければなりません。

医学《いがく》のほうでは、この面《めん》において最近大《さいきんおお》いに進《すす》んできています。最《もっと》も新《あたら》しい医学《いがく》といわれる「心身医《しんしんい》学《がく》」は、ちょっと考《かんが》えると、心《こころ》とはなんの関係《かんけい》もなさそうな眼《め》の病気《びょうき》、皮膚《ひふ》の病気《びょうき》、心臓病《しんぞうびょう》、高血圧《こうけつあつ》、じんましん、ぜんそく、つわりや月経異常《げっけいいじょう》など多《おお》くの病気《びょうき》について、その原因《げんいん》が精神作用《せいしんさよう》にあることを見事《みごと》にとらえ、それを立証《りっしょう》しています。

ことに胃腸《いちょう》に対《たい》しては、精神《せいしん》の影響《えいきょう》が非常《ひじょう》に強《つよ》く、胃潰瘍《いかいよう》などは、酒《さけ》やタバコのせいより、心配《しんぱい》やイライラした気持《きもち》の連続《れんぞく》が原因《げんいん》になるほうが多《おお》いといわれ、またおもしろいのは、「ガッカリ盲腸《もうちょう》」といって、盲腸炎《もうちょうえん》は入学試験《にゅうがくしけん》がすんだとか、大試合《だいしあい》が終《お》わったとかというような、精神《せいしん》の緊張《きんちょう》が緩《ゆる》んだときに起《お》こりやすいことを、統計的《とうけいてき》に立証《りっしょう》している医学者《いがくしゃ》もあります。

心《こころ》の持《も》ちかたが変《か》わって病気《びょうき》が治《なお》ることのあるのは、人間《にんげん》の身体《からだ》というものが色心不二《しきしんふに》（肉体《にくたい》と精神《せいしん》とは分《わ》けることのできぬもの）である以上《いじょう》、なにも不思議《ふしぎ》ではないのです。わたし自身《じしん》の体験《たいけん》としても、腰《こし》の立《た》たない人《ひと》に二言三言話《ふたことみことはな》してあげただけで、立《た》ち上《あ》がって歩《ある》いて帰《かえ》られた人《ひと》をはじめとして、たくさんの実例《じつれい》があり、われわれの周囲《しゅうい》では、それを奇跡《きせき》ともなんとも考《かんが》えていないのです。当然《とうぜん》のことが起《お》こったに過《す》ぎません。

また、信仰生活《しんこうせいかつ》にはいって心《こころ》の持《も》ちかたが変《か》わったために、金銭《きんせん》や物質《ぶっしつ》にも恵《めぐ》まれるようになったとしても、これまた不思議《ふしぎ》でもなんでもありません。心《こころ》の持《も》ちかたが変《か》われば、自分《じぶん》の仕事《しごと》や自分《じぶん》の生活《せいかつ》に対《たい》する態度《たいど》が変《か》わってくることは必然《ひつぜん》であり、それに従《したが》って人生《じんせい》が上向《うわむ》きに立直《たちなお》ってくるのは、ごくあたりまえのはなしです。

自分自身《じぶんじしん》の力《ちから》による人生《じんせい》の変化《へんか》ばかりではありません。ほんとうの信仰《しんこう》に徹《てっ》すれば、その人《ひと》の持《も》つ雰囲気《ふんいき》がちがってきます。いかにも明《あか》るい、人生《じんせい》に対《たい》する自信《じしん》に満《み》ちた、そしてすべてのものごとに対《たい》して積極的《せっきょくてき》な気分《きぶん》をもつようになってきます。それが、顔《かお》つきにも、ことばつきにも、行《おこ》ないのうえにも、自然《しぜん》とにじみ出《で》てくるのです。それにつれて、まわりの人《ひと》びとのその人《ひと》を見《み》る目《め》が変《か》わってきます。いうにいわれぬ魅力《みりょく》を感《かん》じ、信頼《しんらい》を覚《おぼ》えるようになるのです。ですから、仕事《しごと》もうまくいくようになり、したがって物質《ぶっしつ》にも恵《めぐ》まれるようになるのは、ごく自然《しぜん》な成《な》り行《ゆ》きです。

このようなことは、真《しん》の信仰《しんこう》の結果《けっか》として現《あら》われてくるものであって、そういう結果《けっか》が現《あら》われてきたら、素直《すなお》に、ありがたく受《う》ければいいのです。なにも、「信仰《しんこう》は心《こころ》だけの問題《もんだい》だから、その他《た》の功徳《くどく》は一切不要《いっさいふよう》だ。信仰生活《しんこうせいかつ》が不純《ふじゅん》になるから……」というような、頑固《がんこ》な考《かんが》えをもつ必要《ひつよう》はありません。そういう考《かんが》えかたこそ、不純《ふじゅん》な、かたよった、とらわれた態度《たいど》です。

とはいっても、じつは、そのような人《ひと》は珍《めずら》しい存在《そんざい》であって、もうひとつの類型《るいけい》の「とらわれた信仰者《しんこうしゃ》」のほうが非常《ひじょう》に多《おお》いのです。どんな類型《るいけい》かといえば、現世利益《げんぜりやく》を「結果《けっか》」として受《う》けるのでなく、最初《さいしょ》からそれを「目的《もくてき》」として信仰《しんこう》する人《ひと》です。

信仰《しんこう》にはいる人《ひと》は、おおかたなんらかの悩《なや》みを持《も》っているものですから、その悩《なや》みから逃《のが》れたいと思《おも》うのは当然《とうぜん》であり、なんらとがむべきことではありません。しかし、病気《びょうき》を治《なお》したい、金銭《きんせん》に恵《めぐ》まれたいというようなことを「目的《もくてき》」としていつも念頭《ねんとう》においていることは、いつも「病気《びょうき》」とか「金銭《きんせん》の不《ふ》如意《によい》」ということにとらわれていることにほかならないのであって、それから脱《ぬ》け出《だ》そうと思《おも》いながら、かえって自分《じぶん》でそれにひっかかっているのです。なぜならば、自分《じぶん》の心《こころ》が「病気《びょうき》」とか「金銭《きんせん》の不《ふ》如意《によい》」とかをしっかりとつかまえて放《はな》さないからです。

また、こうした現世利益《げんぜりやく》だけを目的《もくてき》として信仰《しんこう》する人《ひと》は、すぐ退転《たいてん》しやすい人《ひと》です。なぜならば、仏《ほとけ》さまを信《しん》じきっていないからです。ですから、目《め》の前《まえ》のことしか考《かんが》えられず、すぐハッキリした功徳《くどく》が現《あら》われなければ、教《おし》えに対《たい》して疑《うたが》いを起《お》こしたり、飽《あ》きがきたりするのです。

人《ひと》によっては、正《ただ》しい信仰《しんこう》にはいって、心《こころ》を清《きよ》らかにし、人《ひと》のため世《よ》のため一心《いっしん》に菩薩行《ぼさつぎょう》に励《はげ》んでも、過去《かこ》の宿業《しゅくごう》が深《ふか》いために、その宿業《しゅくごう》を消《け》しきれず、現世《げんぜ》においてはハッキリした功徳《くどく》が現《あら》われないことがあります。

そうした場合《ばあい》、ほんとうに仏《ほとけ》の寿命《じゅみょう》の無量《むりょう》であることを信《しん》ずる人《ひと》は、自分自身《じぶんじしん》に仏性《ぶっしょう》が具《そな》わっており、その仏性《ぶっしょう》が生《い》きとおしのものであることも確信《かくしん》できますから、「この道《みち》を進《すす》んでいきさえすれば、かならずいつかは宿業《しゅくごう》が消《き》え、そして一歩《いっぽ》一歩《いっぽ》仏《ほとけ》の境界《きょうがい》へ近《ちか》づいていくのだ」という大自信《だいじしん》をもって生《せい》活《かつ》できるのです。

ですから、よしんば病気《びょうき》は治《なお》らなくても、あるいは物質的《ぶっしつてき》に恵《めぐ》まれなくても、その人《ひと》の心《こころ》の中《なか》は悠々《ゆうゆう》たるものです。すなわち、他《た》から見《み》れば人生苦《じんせいく》の中《なか》にいるようであっても、その人《ひと》の心《こころ》は人生苦《じんせいく》から解脱《げだつ》しているのであって、これがほんとうの信仰者《しんこうしゃ》の態度《たいど》というべきであります。

結局《けっきょく》、功徳《くどく》ということにおいても、「如来寿量品第十六《にょらいじゅりょうほんだい》」で教《おし》えられた質直《しちじき》・柔輭《にゅうなん》な心《こころ》の持《も》ちかたが大切《たいせつ》であって、現世利益《げんぜりやく》というものは念頭《ねんとう》に置《お》かず、ただひたすらに仏《ほとけ》を見《み》たてまつればいいのです。仏《ほとけ》と一体《いったい》になり、仏《ほとけ》の導《みちび》かれるままに素直《すなお》に行動《こうどう》すればいいのです。その結果《けっか》として現実《げんじつ》の生活《せいかつ》が好転《こうてん》してきたら、心《こころ》や行動《こうどう》が真理《しんり》のレールの上《うえ》にのったための当然《とうぜん》の現《あら》われですから、素直《すなお》に、ありがたく受《う》ければいいのです。

その「功徳《くどく》」について、これから学《まな》ぶ「分別功徳品《ふんべつくどくほん》」、「随喜功徳品《ずいきくどくほん》」、「法師功徳品《ほっしくどくほん》」と三つの品《ほん》においていろいろと説《と》かれてありますが、つねに以上《いじょう》に述《の》べた功徳《くどく》というものの根本意義《こんぽんいぎ》を頭《あたま》におきながら、読《よ》んでいっていただきたいと思《おも》います。

さて、この「分別功徳品《ふんべつくどくほん》」には、仏《ほとけ》の寿命《じゅみょう》の無量《むりょう》であることを確信《かくしん》することによって得《え》られる功徳《くどく》を、十二項目《こうもく》に分別《ふんべつ》して説《と》き、かつ正《ただ》しい信仰生活《しんこうせいかつ》のありかたについても、くわしく教《おし》えられてあります。そして、この品《ほん》に現《あら》われる功徳《くどく》は、いわゆる現世利益《げんぜりやく》ではなく、主《しゅ》として信仰者《しんこうしゃ》としての心《こころ》の功徳《くどく》です。ですから、まだ仏法《ぶっぽう》をよく知《し》らない人《ひと》にとっては、なんのことかわからないかもしれませんが、ここまで「法華経《ほけきょう》」を学《まな》び進《すす》んできたわれわれにとっては、じつにありがたい、尊《とうと》い功徳《くどく》なのであります。

　では本文《ほんもん》にはいりましょう。

二八三・一—二「如来寿量品《ほん》」の説法《せっぽう》によって、仏《ほとけ》の寿命《じゅみょう》は無量《むりょう》であり、仏《ほとけ》はつねにこの世《よ》におられて、あらゆる場所《ばしょ》において一切《いっさい》の人間《にんげん》を導《みちび》いてくださっていることを知《し》った無数《むすう》の衆生《しゅじょう》は、この上《うえ》もない大《おお》きな利益《りやく》（大《だい》饒益《にょうやく》）を得《え》ました。どういう利益《りやく》かといいますと、自分《じぶん》らはつねに仏《ほとけ》に生《い》かされ、守《まも》られ、導《みちび》かれているという確信《かくしん》を得《え》て、深《ふか》い喜《よろこ》びを味《あじ》わうことができたのです。

　そのとき、世尊《せそん》は、一同《いちどう》の代表《だいひょう》である弥勒菩薩《みろくぼさつ》にむかって、仏《ほとけ》の寿命《じゅみょう》の無量《むりょう》であることを信《しん》じる者《もの》の功徳《くどく》について、その信解《しんげ》の程度《ていど》に応《おう》じた十二の段階《だんかい》に分《わ》けてお説《と》きになるのです。

無生法忍《むしょうぼうにん》

　二八三・三—四まず第一に、「六百《ぴゃく》八十万億《まんのく》那由他《なゆた》恒河沙《ごうがしゃ》の衆生《しゅじょう》、無生法忍《むしょうぼうにん》を得《う》」とあります。「無生《むしょう》」というのは、「無生死《むしょうじ》」を略《りゃく》したことばです。「生死《しょうじ》」は生滅《しょうめつ》・変化《へんか》という意味《いみ》ですから、「無生《むしょう》法《ぼう》」というのは、すべてのものごとが不生不滅《ふしょうふめつ》であるということを意味《いみ》します。「忍《にん》」というのは、忍《にん》耐《たい》の忍《にん》で、ある心境《しんきょう》がしっかりと確立《かくりつ》していて、すぐグラグラとくずれるようなことがないことをいいます。

　そこで、ひっくるめていえば、仏《ほとけ》の寿命《じゅみょう》の不生不滅《ふしょうふめつ》なことをほんとうに信《しん》じえたものは、自分《じぶん》の境遇《きょうぐう》や社会《しゃかい》の状態《じょうたい》がどう変化《へんか》しようとも、その変化《へんか》のひとつひとつに躍《おど》らされて喜《よろこ》んだり、悲《かな》しんだりするような、浮草《うきぐさ》のような精神状態《せいしんじょうたい》から一歩《いっぽ》進《すす》んで、表面《ひょうめん》の変化《へんか》に動揺《どうよう》しない、人生《じんせい》への大自信《だいじしん》を得《え》ることができ、しかもその大自信《だいじしん》はほんの一時《いちじ》だけのものではなく、一生持《いっしょうも》ちつづけることのできる確固《かっこ》としたものである——というわけです。

二八三・四―五 つぎに、「復千倍《またせんばい》の菩薩摩訶薩《ぼさつまかさつ》あって聞持陀羅尼門《もんじだらにもん》を得《う》」とあります。

聞持陀羅尼門《もんじだらにもん》

この「千倍《せんばい》の」というのは、あとに出《で》てくる「一世界微塵数《せかいみじんじゅ》（一《ひと》つの世界《せかい》をすりつぶして粉《こな》にしたほどの数《かず》）」とか「三千大千世界微塵数《ぜんだいせんせかいみじんじゅ》」、「二千中国土微塵数《せんちゅうこくどみじんじゅ》」、「小千国土微塵数《しょうせんこくどみじんじゅ》」、「四四天下微塵数《てんげみじんじゅ》（須弥山《しゅみせん》の四方《ほう》の国《くに》である「四天下《てんげ》」を四倍《ばい》したほどの世界《せかい》を微塵《みじん》にした数《かず》）」、「三四天下微塵数《てんげみじんじゅ》」、「二四天下微塵数《てんげみじんじゅ》」、「一四天下微塵数《てんげみじんじゅ》」、「八世界微塵数《せかいみじんじゅ》」などと同様《どうよう》、たいへん大《おお》きな数《かず》ということを表《あら》わしてあるだけで、その数《かず》を厳密《げんみつ》に考《かんが》える必要《ひつよう》はありません。

「陀羅尼《だらに》」というのは、あとに出《で》てくる「総持《そうじ》」というのと同《おな》じ意味《いみ》で、「あらゆる悪《あく》を止《とど》め、あらゆる善《ぜん》をすすめる力《ちから》」ということです。そこで、「聞持陀羅尼門《もんじだらにもん》を得《う》」とは、仏《ほとけ》の教《おし》えを聞《き》き、心《こころ》に持《たも》つことによって、「あらゆる悪《あく》を止《とど》め、あらゆる善《ぜん》をすすめる力《ちから》」を得《え》るという意味《いみ》です。むろんその力《ちから》は、自分《じぶん》だけでなく、ひろく周囲《しゅうい》の人《ひと》びとにも及《およ》ぼすことのできる力《ちから》であって、これが菩薩《ぼさつ》と衆生《しゅじょう》とがちがう点《てん》であります。

楽説無礙弁才《ぎょうせつむげべんざい》

二八三・五　つぎに、非常《ひじょう》にたくさんの菩薩《ぼさつ》が「楽説無礙弁才《ぎょうせつむげべんざい》を得《う》」るとあります。

「楽説《ぎょうせつ》」というのは、みずから楽《ねが》って教《おし》えを説《と》くというわけで、人《ひと》に命《めい》ぜられていやいやながら説《と》くのでもなければ、任務《にんむ》だから説《と》くというのでもない、また自分《じぶん》をえらく見《み》せようという下心《したごころ》があって説《と》くのでもなければ、むろん欲得《よくとく》ずくで説《と》くのでもない、法《ほう》を説《と》くことが心《こころ》の喜《よろこ》びであるからこそ、みずからすすんで説《と》くのです。これが、布教《ふきょう》するものの理想的心境《りそうてきしんきょう》といえましょう。

「無礙《むげ》」というのは、妨《さまた》げるものがないという意味《いみ》です。人《ひと》に嘲笑《ちょうしょう》されようと、悪《わる》く思《おも》われようと、または迫害《はくがい》をこうむろうとも、それらにくじけることなく、法《ほう》を説《と》きひろめることです。妨《さまた》げるものというのは、そういった外《そと》から加《くわ》えられる力《ちから》だけではありません。内側《うちがわ》からの妨《さまた》げもあります。金《かね》や暇《ひま》があるときはお導《みちび》きなどを熱心《ねっしん》にするけれども、そういう余裕《よゆう》がなくなると、もう他人《たにん》のことなど構《かま》っておられなくなる人《ひと》がよくありますが、これは自分《じぶん》の環境《かんきょう》や自分《じぶん》の心《こころ》に妨《さまた》げられるのです。

ところが、ほんとうの深《ふか》い信仰《しんこう》に達《たつ》した人《ひと》は、自分《じぶん》の生活《せいかつ》に余裕《よゆう》はなくても、また身辺《しんぺん》に心配《しんぱい》ごとなどがあるようなときでも、それに妨《さまた》げられることなく、広宣流布《こうせんるふ》の菩薩行《ぼさつぎょう》にいそしむことができるのです。

「無礙《むげ》」ということばには、いま述《の》べた、「外《そと》からの妨《さまた》げにも、内《うち》からの妨《さまた》げにも負《ま》けない」という意味《いみ》のほかに、「法《ほう》を説《と》く相手《あいて》の心《こころ》の抵抗《ていこう》をうち破《やぶ》る力《ちから》をもつ」という意味《いみ》があります。教《おし》えを信《しん》じようとしない人《ひと》や、あたまからバカにしてかかるような人《ひと》や、あるいは一心《いっしん》に聞《き》いていてもいっこうにのみこめないような人《ひと》をも、いつのまにか納得《なっとく》させ、理解《りかい》させ、心《こころ》から信仰《しんこう》するように導《みちび》くことのできる自《じ》由自在《ゆうじざい》な説得力《せっとくりょく》をもったら、理想的《りそうてき》な布教者《ふきょうしゃ》といえましょう。そういう説得力《せっとくりょく》をも「無礙《むげ》」の力《ちから》といいます。

そこで、「楽説無礙弁才《ぎょうせつむげべんざい》を得《う》」というのは、いつも喜《よろこ》んで正法《しょうぼう》を人《ひと》に説《と》き、外《そと》からの妨《さまた》げにも内《うち》からの妨《さまた》げにもうち負《ま》けることなく、そしてどんな相手《あいて》をも説得《せっとく》できる才能《さいのう》が得《え》られる——ということです。

旋陀羅尼《せんだらに》 二八三・五—六 つぎに、また非常《ひじょう》に多《おお》くの菩薩摩訶薩《ぼさつまかさつ》が、無量無限《むりょうむげん》の「旋陀羅尼《せんだらに》を得《う》」るとあります。「旋《せん》」というのは「めぐらす」という意味《いみ》で、悪《あく》を止《とど》め善《ぜん》をすすめる力《ちから》（陀羅尼《だらに》）を、太郎《たろう》から次《じ》郎《ろう》へ、次郎《じろう》から三郎《さぶろう》へ、三郎《さぶろう》から花子《はなこ》へと、無限《むげん》にめぐり伝《つた》えるその大本《おおもと》になる力《ちから》を得《え》られるということです。無数《むすう》の菩薩《ぼさつ》が、こういう無限《むげん》に延《の》びひろがる布教《ふきょう》・伝道《でんどう》の原動力《げんどうりょく》になることができるというのですから、じつにたいへんな功徳《くどく》といわなければなりません。

不退《ふたい》の法《ほう》輪《りん》を転《てん》ず 二八三・六—七 つぎに、また非常《ひじょう》に多《おお》くの菩薩《ぼさつ》が、「能《よ》く不退《ふたい》の法輪《ほうりん》を転《てん》ず」とあります。法輪《ほうりん》を転《てん》ずるというのは、まえにもありましたように、車《くるま》の輪《わ》が無限《むげん》にまわっていくように、教《おし》えをひろめることですから、「不退《ふたい》の法輪《ほうりん》を転《てん》ず」というのは、どんな障害《しょうがい》や困難《こんなん》があっても一歩《いっぽ》も退《しりぞ》くことなく、教《おし》えを説《と》きひろめていくということです。

清浄《しょうじょう》の法《ほう》輪《りん》を転《てん》ず

二八三・七―八 また、多くの菩薩《ぼさつ》たちが「能《よ》く清浄《しょうじょう》の法輪《ほうりん》を転《てん》ず」るとあります。これは、なにひとつ報《むく》いを求《もと》める心《こころ》もなく、ただ法《ほう》のために法《ほう》を説《と》きひろめるという清浄《しょうじょう》な菩薩行《ぼさつぎょう》ができるようになるという意味《いみ》です。凡夫《ぼんぷ》にはなかなかむずかしいことですが、信仰《しんこう》の極致《きょくち》に達《たつ》した人《ひと》は、ひとりでにそういう行《おこ》ないができるわけです。

二八三・八―九 また、多くの菩薩《ぼさつ》たちは「八生《はっしょう》に当《まさ》に阿耨多羅三藐三菩提《あのくたらさんみゃくさんぼだい》を得《う》べし」とあります。すなわち、八度《ど》生《う》まれ変《か》わるあいだ修行《しゅぎょう》して、最高《さいこう》の仏《ほとけ》の悟《さと》りを得《え》ることができるというのです。

二八三・九―二八四・三 その他の多くの菩薩《ぼさつ》たちも、その徳《とく》の高《たか》さによって、あるいは四度《ど》、あるいは三度《ど》、あるいは二度《ど》生《う》まれ変《か》わるあいだ修行《しゅぎょう》することにより、またある菩薩《ぼさつ》たちはただ一生《いっしょう》の修行《しゅぎょう》だけで仏《ほとけ》の境地《きょうち》に達《たつ》することができます。

二八四・三―四 そのほかの無数《むしゅ》の衆生《しゅじょう》は、仏《ほとけ》の寿命《じゅみょう》が不生不滅《ふしょうふめつ》なことをきいて、自分《じぶん》も仏《ほとけ》の境地《きょうち》にまで達《たつ》したいものだという心《こころ》を起《お》こすというのです。

これが、仏《ほとけ》の無量《むりょう》の寿命《じゅみょう》を確信《かくしん》することによって得《え》られる、信仰者《しんこうしゃ》としての十二の功徳《くどく》です。要《よう》するに、信仰《しんこう》の根本《こんぽん》が確立《かくりつ》しさえすれば、自分自身《じぶんじしん》の信仰《しんこう》を深《ふか》めていく力《ちから》、それを他《た》へおしひろめていく力《ちから》、そういう力《ちから》が無限《むげん》に湧《わ》いてくるものだということを、教《おし》えられているのです。そして、その信仰《しんこう》に徹《てつ》して進《すす》んでいけば、いつかはかならず仏《ほとけ》の境界《きょうがい》に達《たつ》せられるという最大最高《さいだいさいこう》の功徳《くどく》が約束《やくそく》されてあります。

むろん、仏《ほとけ》の境界《きょうがい》に達《たっ》することは、なみたいていのむずかしさではありません。ここにも説《と》いてありますように、八度《どう》生まれ変《か》わるあいだ修行《しゅぎょう》しなければ達《たっ》しられない菩薩《ぼさつ》もあります。まして、凡夫《ぼんぷ》の身《み》からそこまでたどりつくには、どれぐらいの年月《としづき》と努力《どりょく》が必要《ひつよう》であるか、まことに測《はか》り知《し》ることはできません。

しかし、正《ただ》しい信仰《しんこう》をもち、そして努力《どりょく》しさえすれば、いつかは仏《ほとけ》の境界《きょうがい》に達《たっ》しえられるのだということは、われわれ人間《にんげん》にとって、なんという大《おお》きな希望《きぼう》でありましょう。この希望《きぼう》があるかぎり、われわれの人生《じんせい》はじつに生《い》き甲斐《がい》のある、楽《たの》しいものになるのです。

ただお金《かね》をもうけたり、損《そん》したり、恋愛《れんあい》をしたり、失恋《しつれん》したり、長《なが》いあいだかかっていい地位《ちい》を得《え》たかと思《おも》うと、ちょっとした失敗《しっぱい》で職《しょく》を失《うしな》ったり、子《こ》どもを育《そだ》てたり、死《し》なせたり……こうして空《むな》しい喜《よろこ》びや悲《かな》しみをくりかえしながら、なんということなく一生《いっしょう》を過《す》ごしてしまうとしたら、その瞬間瞬間《しゅんかんしゅんかん》はいかにも充実《じゅうじつ》しているようでも、死《し》ぬ間際《まぎわ》に一生《いっしょう》をふりかえってみるとき、いいしれぬ空虚《くうきょ》さを覚《おぼ》えるにちがいありません。

ところが、形《かたち》のうえではそれと似《に》たような、苦《くる》しみや悲《かな》しみや喜《よろこ》びのくりかえしの一生《いっしょう》でも、その人《じん》生《せい》をつらぬく一本《いっぽん》の強《つよ》い背骨《せぼね》すなわち正《ただ》しい信仰《しんこう》というものがあったならば、そして、形《かたち》の上《うえ》では浮《う》きつ沈《しず》みつ、喜《よろこ》びつ悲《かな》しみつしながらも、つねに仏《ほとけ》の境界《きょうがい》へ一歩《いっぽ》一歩《いっぽ》上《のぼ》ってゆきつつあるのだという確信《かくしん》と希望《きぼう》があったならば、どんな苦《くる》しい生涯《しょうがい》でも、あるいは四度《ど》も八度《どう》も生《う》まれ変《か》わるというような長《なが》い長《なが》い旅路《たびじ》でも、楽《たの》しく歩《あゆ》んでいくことができましょう。

われわれは、この世《よ》かぎりで終《お》わりになるものではありません。次《つぎ》の世《よ》、またその次《つぎ》の世《よ》と、生《う》まれかわっていくのです。ところが、次《つぎ》の世《よ》も、またその次《つぎ》の世《よ》も、いつまでも同《おな》じように、ただもう日常《にちじょう》生活《せいかつ》に起《お》こってくるさまざまな事件《じけん》に、喜《よろこ》びつ悲《かな》しみつすることをくりかえすだけだ、ということがわかっていたら、考《かんが》えただけでウンザリしてしまうでしょう。もうごめんだ、といいたくなってくるはずです。ところが、たいていの人間《にんげん》はそれを知《し》らないから、性懲《しょうこ》りもなく、次《つぎ》の世《よ》も、次《つぎ》の次《つぎ》の世《よ》も、おなじ苦《くる》しみをくりかえしているのです。それどころか、人間界《にんげんかい》に生《う》まれかわってくるならまだしも、悪趣《あくしゅ》（地獄《じごく》・餓鬼《がき》・畜生《ちくしょう》・修羅《しゅら》）に生《う》まれかわり、ますます苦《くる》しみを大《おお》きいものとしてしまうのです。

それに対《たい》して、真《しん》の信仰《しんこう》をもちえたものは、つねに一歩《いっぽ》一歩《いっぽ》仏《ほとけ》の境界《きょうがい》へ近《ちか》づいていくのですから、どんな長《なが》い旅路《たびじ》でも、けっして飽《あ》きることもなければ、いやになることもありません。いつも、希望《きぼう》をもって、充実《じゅうじつ》した生《い》きかたができるわけです。これこそ、仏教《ぶっきょう》の信仰者《しんこうしゃ》だけが得《え》られる最大《さいだい》の功徳《くどく》というべきでありましょう。

しかも、真《しん》の信仰者《しんこうしゃ》の努力《どりょく》というものは、ただ自分《じぶん》だけが仏界《ぶっかい》に上《のぼ》ることを目的《もくてき》とするものではなく、できるだけ多《おお》くの人《ひと》びとを道連《みちづ》れにしてあげようという努力《どりょく》をつねに伴《ともな》っているのですから、真《しん》の信仰者《しんこうしゃ》がふえればふえるほど、人類全体《じんるいぜんたい》が向上《こうじょう》してゆき、この世界《せかい》が理想《りそう》の寂光土《じゃっこうど》に近《ちか》づいてゆくのです。

経典《きようでん》のここのところにくわしく分別《ふんべつ》して説《と》いてあるさまざまな功徳《くどく》も、ひっくるめていえば、以上《いじよう》のようなことに要約《ようやく》されるのです。

では、つぎに進《すす》みましょう。

二八四・四―八 世尊が、仏《ほとけ》の無量寿《むりようじゆ》を確信《かくしん》することによってもろもろの菩薩《ぼさつ》がこのような大《おお》きな法《ほう》の利益《りやく》を得《え》ることをお説《と》きになりますと、虚空《こくう》から白《しろ》い蓮《はす》の花《はな》や大《おお》きな白《しろ》い蓮《はす》の花《はな》が美《うつく》しく舞《ま》いおりてきて、十方世界《じつぽうせかい》から来集《らいしゆう》され師子《しし》の座《ざ》にすわっておられる多《おお》くの仏《ほとけ》のみ上《うえ》に散《さん》じ、七宝塔《しつぽうとう》の中《なか》の釈迦牟尼仏《しやかむにぶつ》のみ上《うえ》にも、また久《ひさ》しい以前《いぜん》に滅度《めつど》されたのに、いま釈迦牟尼仏《しやかむにぶつ》の教《おし》えの真実《しんじつ》を証明《しようめい》されるために出現《しゆつげん》された多宝如来《たほうによらい》のおからだのみ上《うえ》にも散《さん》じました。そればかりでなく、すべての大菩薩《だいぼさつ》の上《うえ》にも、多《おお》くの四部《ぶ》の衆《しゆ》（比丘《びく》・比丘尼《びくに》・優婆塞《うばそく》・優婆夷《うばい》たち）の上《うえ》にも散《さん》じました。

このように、花《はな》を散《さん》ずるというのは、感謝《かんしや》の気持《きもち》を表《あら》わすための行為《こうい》であって、インドでは現在《げんざい》でも行《おこ》なわれているそうです。天《てん》から花《はな》が降《ふ》ってくるというのは、天上界《てんじようかい》のものも仏《ほとけ》さまの教《おし》えに対《たい》して感謝《かんしや》の念《ねん》をささげるということを象徴《しようちよう》しているのです。また、仏《ほとけ》さまだけでなく、菩薩《ぼさつ》たちや四部《ぶ》の衆《しゆ》にまで花《はな》を散《さん》ずるというのは、前《まえ》にも説明《せつめい》しましたように、教《おし》えを説《と》かれる仏《ほとけ》さまも、それを聞《き》く仏弟子《ぶつでし》たちも、みんなおなじように尊《とうと》いのだということを表《あら》わしているのです。われわれでも、一心《いつしん》に仏《ほとけ》の教《おし》えを聞《き》き、それを行《ぎよう》じているときは、目《め》には見《み》えなくても、天《てん》から美《うつく》しい曼陀羅華《まんだらけ》・摩訶曼陀羅華《まかまんだらけ》がからだの上《うえ》に降《ふ》りかかっているのだと思《おも》わなければなりません。

二八四・八—九　また栴檀とか沈水香《じんずいこう》のような、えもいわれぬ匂《にお》いをもった香《こう》が霧《きり》のように降《ふ》り、虚空《こくう》の中《なか》で天《てん》の鼓《つづみ》が微妙《みみょう》な、そして奥深《おくぶか》いひびきをもって鳴《な》りわたる——とあるのも、やはり仏《ほとけ》の教《おし》えをたたえる心《こころ》の現《あら》われです。

二八四・九—一一　また、いろいろな天《てん》の衣《ころも》を降《ふ》らし、さまざまな瓔珞《ようらく》（玉《たま》や金銀《きんぎん》をつらねた飾《かざ》り）を垂《た》れ、りっぱな香炉《こうろ》に価《あたい》もつけられぬ尊《とうと》い香《こう》がたかれて、その香《かお》りが自然《しぜん》に大会《だいえ》のすべての人《ひと》たちのところへめぐっていって、供養《くよう》した——とあります。供養《くよう》というのは、仏《ほとけ》さまと仏《ほとけ》さまの教《おし》えに対《たい》する感謝《かんしゃ》を現《あら》わす行為《こうい》であることは、まえにも述《の》べたとおりです。

二八四・一一—二八五・一　つぎに、そのひとりひとりの仏《ほとけ》さまのみ上《うえ》には、もろもろの菩薩《ぼさつ》が天蓋《てんがい》を仏《ほとけ》さまにさしかけたり、仏《ほとけ》さまのお徳《とく》の高《たか》さを表《あら》わすために幡《はた》を高《たか》く立《た》てたりしていますが、それが天上界《てんじょうかい》までずっとつづいています。そして、この菩薩《ぼさつ》たちは、朗々《ろうろう》たる声《こえ》で仏《ほとけ》さまをたたえるたくさんの歌《うた》を歌《うた》っている——とあります。

その菩薩《ぼさつ》たちの列《れつ》が天《てん》までつづいているというのは、仏《ほとけ》の教《おし》えはこの宇宙《うちゅう》のありとあらゆるところに遍満《へんまん》し、生《せい》あるものすべてがそれに救《すく》われるということを象徴《しょうちょう》しているのです。

二八五・一―三 そこで、弥勒菩薩《みろくぼさつ》は座《ざ》から立《た》ち、右《みぎ》の肩《かた》を肌脱《はだぬ》ぎして合掌《がっしょう》する礼《れい》をもって世尊《せそん》を拝《はい》し、偈《げ》を説《と》いてつぎのように申《もう》しあげました。

二八五・四―六「世尊はいま、仏《ほとけ》の寿命《じゅみょう》は不生不滅《ふしょうふめつ》であり、つねにいたるところにましまして、われわれといつもとにいてくださることをお説《と》きくださいました。こういうことは、むかしからこのかたいっぺんも聞《き》いたことのない教《おし》えです。その教《おし》えによって、わたくしどもは、仏《ほとけ》は一切《いっさい》の人間《にんげん》を済度《さいど》するという力《ちから》（大力《だいりき》）をもっておられ、その寿命《じゅみょう》は量《はか》ることのできない無量《むりょう》のものであることを、たしかに悟《さと》ることができました。それで、われわれ無数《むすう》の仏弟子《ぶつでし》たちは、世尊《せそん》が分別《ふんべつ》してお説《と》きになった法《ほう》の利益《りやく》を自分《じぶん》の身《み》にあてはめてみて、いつかはかならず仏《ほとけ》の境界《きょうがい》に達《たっ》せられることがわかり、身《み》に溢《あふ》れるような喜《よろこ》びを覚《おぼ》えております。」

そう前置《まえお》きして、弥勒菩薩《みろくぼさつ》は、いま世尊《せそん》が分別《ふんべつ》してお説《と》きになった功徳《くどく》を、復唱《ふくしょう》して申《もう》しあげるのです。この偈《げ》は、まえの長行《じょうごう》がわかっておればたやすく理解《りかい》できることと思《おも》いますので、ちがった辞句《じく》だけを説明《せつめい》することにしましょう。

「不退《ふたい》の地《じ》に住《じゅう》し」とありますが、これは「どんなことがあっても退転《たいてん》しない境地《きょうち》に住《じゅう》している」というのですから、結局《けっきょく》まえの「無生法忍《むしょうぼうにん》を得《う》」というのと同《おな》じ意味《いみ》です。

「旋総持《せんそうじ》」というのも、「旋陀羅尼《せんだらに》」と同《おな》じです。

「一切智《いっさいち》」とは、仏《ほとけ》の智慧《ちえ》ということで、一切智《いっさいち》を得《え》るとは、つまり仏《ほとけ》の境界《きょうがい》に達《たっ》することです。

つぎに、「無上《むじょう》の心《こころ》を発《おこ》しつ」とありますが、無上道《むじょうどう》（仏《ほとけ》の悟《さと》り）に達《たっ》したいという志《こころざし》ですから、「阿《あ》耨多羅三藐三菩提《のくたらさんみゃくさんぼだい》の心《こころ》を発《おこ》しつ」と同《おな》じ意味《いみ》です。

なお、「釈《しゃく》・梵恒沙《ぼんごうじゃ》の如《ごと》く　無数《むしゅ》の仏土《ぶつど》より来《きた》れり」というのは、帝釈《たいしゃく》・梵天《ぼんでん》というような無数《むしゅ》の諸《しょ》天善神《てんぜんじん》が宇宙《うちゅう》のあらゆる国土《こくど》から、仏《ほとけ》さまを供養《くよう》するために来集《らいしゅう》したというわけです。

また、「一一の諸仏《しょぶつ》の前《みまえ》に　宝幢《ほうどう》に勝旛《しょうばん》を懸《か》けたり」とありますが、勝旛《しょうばん》というのはまえにも説明《せつめい》しましたように、バラモン教《きょう》の坊《ぼう》さんたちが宗論《しゅうろん》をたたかわして勝《か》ったとき門《もん》に立《た》てる旗《はた》のことです。その風習《ふうしゅう》が日常化《にちじょうか》していたために、仏教《ぶっきょう》の経典《きょうでん》の中《なか》にも出《で》てくるわけですが、とにかく、仏《ほとけ》の無量寿《むりょうじゅ》を信《しん》ずるということは信仰《しんこう》の根本《こんぽん》であり、あらゆる教《おし》えの上《うえ》に立《た》つものですから、世尊《せそん》がそれをお説《と》きになったとき、大会《だいえ》に来集《らいしゅう》されたすべての仏《ほとけ》のみ前《まえ》にその勝旛《しょうばん》が立《た》てられたのです。すなわち、この教《おし》えが最高最勝《さいこうさいしょう》のものであるという証拠《しょうこ》なのです。

こうして、世尊《せそん》の説法《せっぽう》を復唱申《ふくしょうもう》しあげた弥勒菩薩《みろくぼさつ》は、最後《さいご》に、

「仏寿《ぶつじゅ》の無量《むりょう》なることを聞《き》いて　一切皆歓喜《いっさいみなかんぎ》す　仏《ほとけ》の名十方《みなじっぽう》に聞《きこ》えて　広《ひろ》く衆生《しゅじょう》を饒益《にょうやく》したもう　一《いっ》切善根《さいぜんごん》を具《ぐ》して　以《もっ》て無上《むじょう》の心《こころ》を助《たす》く」

と、申《もう》しあげて、この偈《げ》を終《お》わります。

「仏《ほとけ》さまの寿命《じゅみょう》が不生不滅《ふしょうふめつ》であることを聞《き》いて、一切《いっさい》の衆生《しゅじょう》はこぞって歓喜《かんぎ》いたしました。仏《ほとけ》さまのみ名《な》は十方《じっぽう》にひびきわたって、広《ひろ》く大《おお》ぜいの人間《にんげん》に功徳《くどく》をお与《あた》えになります。その功徳《くどく》によって一切《いっさい》の人《にん》

間《げん》が善根《ぜんごん》を具《そな》えるようになり、その善根《ぜんごん》が、無上道《むじょうどう》へ達《たっ》したいという最終《さいしゅう》の願《ねが》いを遂《と》げるのに、たいへん役立《やくだ》つのでございます。」

と、いう意味《いみ》です。

「分別功徳品《ふんべつくどくほん》」前半《ぜんぱん》の眼目《がんもく》は、わずかこの二行《ぎょう》に尽《つ》くされているといってもいいのであって、弥勒菩薩《みろくぼさつ》の法《ほう》に対《たい》する理解力《りかいりょく》および理解《りかい》したことがらを表現《ひょうげん》する力《ちから》は、われわれが大《おお》いに学《まな》ばなければならないものだと思《おも》います。

さて、古来《こらい》「従地涌出品第十五《じゅうじゆじゅつほんだい》」の後半《こうはん》から、「如来寿量品第十六《にょらいじゅりょうほんだい》」、および「分別功徳品第十七《ふんべつくどくほんだい》」のここのところまで、すなわち「一品二半《いっぽんにはん》」を、本門《ほんもん》の正宗分《しょうしゅうぶん》（教《おし》えの中心《ちゅうしん》）であるとしています。本門《ほんもん》の中心《ちゅうしん》であるばかりでなく、「法華経《ほけきょう》」全体《ぜんたい》の中心《ちゅうしん》ともいわれ、それどころか、日蓮聖人《にちれんしょうにん》はこれが一切《いっさい》経《きょう》の魂《たましい》であるといっておられます。

なぜそれほど大切《たいせつ》であるかといえば、信仰《しんこう》の重要問題《じゅうようもんだい》のうちでも最大《さいだい》の、そして最《もっと》も中心《ちゅうしん》になる「何《なに》を信《しん》ずるか」ということが、ここで徹底的《てっていてき》に追究《ついきゅう》され、ついにわれわれの信仰《しんこう》の対象《たいしょう》が確立《かくりつ》するからであります。このことは、「如来寿量品第十六《にょらいじゅりょうほんだい》」のところでも述《の》べました。

そして、この「分別功徳品《ふんべつくどくほん》」の前半《ぜんぱん》では、信仰《しんこう》の対象《たいしょう》の確立《かくりつ》したことが、われわれの信仰生活《しんこうせいかつ》にとってどんなに重大《じゅうだい》であるか、どんなに力強《ちからづよ》いものであるか、ということを教《おし》えられたわけであります。

ところで、これからあと「普賢菩薩勧発品第二十八《ふげんぼさつかんぼっぽんだい》」までを「流通分《るつうぶん》」といって、「正《ただ》しい信仰《しんこう》を持《も》てば、どういう結果《けっか》が現《あら》われるか」ということと、また「正《ただ》しい信仰《しんこう》を持《も》つには、どんな心《こころ》がけが必要《ひつよう》であるか」という二《ふた》つのことが、主《しゅ》として説《と》かれています。そして、この「正《ただ》しい信仰《しんこう》を、のちの世《よ》までも説《と》きひろめよ」と、世尊《せそん》がわれわれに委嘱《いしょく》なさっておられるのが、流通分《るつうぶん》です。

正宗分《しょうしゅうぶん》である「功徳品《くどくほん》」前半《ぜんぱん》に説《と》かれた功徳《くどく》は、信仰上《しんこうじょう》の功徳《くどく》です。流通分《るつうぶん》にはいっても、「功徳品《くどくほん》」の後半《こうはん》および「随喜功徳品第十八《ずいきくどくほんだい》」の前半《ぜんぱん》までは、やはりそうです。ところが、その後半以降《こうはんいこう》には、われわれの身《み》の上《うえ》や日常生活《にちじょうせいかつ》に現《あら》われる功徳《くどく》も説《と》かれています。

流通分《るつうぶん》の大切《たいせつ》さ

人《ひと》によっては、そういう功徳《くどく》について聞《き》く必要《ひつよう》はない、「法華経《ほけきょう》」の中心《ちゅうしん》である「一品《いっぽん》二半《にはん》」を徹底的《てっていてき》に学《まな》び、その教《おし》えをしんから理解《りかい》し、仏《ほとけ》の無量寿《むりょうじゅ》と、われわれの仏性《ぶっしょう》が生《い》きとおしであることを心《こころ》から信仰《しんこう》すれば、それでいいのだ——と考《かんが》える人《ひと》もありましょう。

もし、そのとおり完全《かんぜん》にできれば、それでもいいのです。完全《かんぜん》な信仰《しんこう》です。しかし、そんな人《ひと》は一万《まん》人《にん》に一人《ひとり》いるか、十万人《まんにん》に一人《ひとり》いるか……理想《りそう》はともかく、現実《げんじつ》の問題《もんだい》としてはなかなかむずかしいことです。

凡夫《ぼんぷ》の悲《かな》しさには、理想《りそう》の境地《きょうち》が説《と》かれただけでは、なんだか自分《じぶん》よりうんとかけはなれた、縁遠《えんどお》い世界《せかい》のことのように思《おも》われます。やっぱり身近《みぢか》な問題《もんだい》として、日常生活《にちじょうせいかつ》に即《そく》したことがらによって説《と》かれたときに、教《おし》えが生《い》き生《い》きと感《かん》じられるのです。ここに流通分《るつうぶん》の第《だい》一の大切《たいせつ》さがあるのです。

また、凡夫《ぼんぷ》の心《こころ》は、ともすればゆるみがちになります。教《おし》えのありがたいことはよくわかっていても、ただ理論的《りろんてき》にありがたいという理解《りかい》をもっているだけでは、いつしか懈怠《けだい》におちいることも起《お》こります。ところが、「正《ただ》しい信仰《しんこう》を持《も》ち、身《み》に行《おこ》なえば、現実《げんじつ》にこういうふうに向上《こうじょう》していくのだ」ということを説《と》かれた経典《きょうでん》をつねに読誦《どくじゅ》すれば、緩《ゆる》もうとする信仰心《しんこうしん》がそのたびにひき締《し》まっていくのです。これが流通分《るつうぶん》の大切《たいせつ》さの第《だい》二の点《てん》です。

また、仏《ほとけ》さまは、われわれのごときものにさえ、「この教《おし》えを説《と》きひろめてくれよ」とお頼《たの》みくださっておられます。ありがたいことです。そのおことばを、そのお心《こころ》を拝《はい》するごとに、われわれはいいしれない励《はげ》ましを覚《おぼ》えるのです。大勇猛心《だいゆうみょうしん》を奮《ふる》い起《お》こすのです。流通分《るつうぶん》の大切《たいせつ》さの第《だい》三は、この点《てん》にあります。

とにかく、一万人中《まんにんちゅう》の九千《せん》九百《ひゃく》九十九人《にん》、あるいは十万人中《まんにんちゅう》の九万《まん》九千《せん》九百《ひゃく》九十九人《にん》を占《し》める凡夫《ぼんぷ》にとって、流通分《るつうぶん》はなくてはならないものであり、ありがたいものであります。このことをよく理解《りかい》し、増上慢《ぞうじょうまん》の心《こころ》を起《お》こさず、謙虚《けんきょ》な気《き》持《もち》で、正宗分《しょうしゅうぶん》と同《おな》じように熱心《ねっしん》に学《まな》んでいかなければならないと思《おも》います。

二八七・三―一一
そのときに、世尊《せそん》が弥勒菩薩《みろくぼさつ》にむかっておおせになるには、

「阿逸多《あいつた》よ、もしある人が仏《ほとけ》の寿命《じゅみょう》の無量《むりょう》であることを聞《き》いて、ほんの一念《いちねん》にでもそれを信解《しんげ》すれば、その人《ひと》の得《え》る功徳《くどく》は量《はか》り知《し》ることができないほどでありましょう。

すなわち、もし善男子《ぜんなんし》・善女人《ぜんにょにん》があって、阿耨多羅三藐三菩提《あのくたらさんみゃくさんぼだい》に達《たっ》するために八十万億那由他劫《まんのくなゆたこう》という長《なが》いあいだ五波羅蜜《ごはらみつ》を行《ぎょう》じたとしましょう。五波羅蜜《ごはらみつ》とは、布施《ふせ》（檀波羅蜜《だんばらみつ》）・持戒《じかい》（尸羅波羅蜜《しらはらみつ》）・忍辱《にんにく》（羼提波羅蜜《せんだいはらみつ》）・精進《しょうじん》（毘黎耶波羅蜜《びりやはらみつ》）・禅定《ぜんじょう》（禅波羅蜜《ぜんばらみつ》）の五つで、智慧《ちえ》（般若波羅蜜《はんにゃはらみつ》）はこの中《なか》にはいりません。この五波羅蜜《ごはらみつ》を非常《ひじょう》に長《なが》いあいだ行《ぎょう》じて得《え》る功徳《くどく》も、仏《ほとけ》の寿命《じゅみょう》の不生不滅《ふしょうふめつ》をほんの一念《いちねん》にでも信解《しんげ》することによって得《え》られる功徳《くどく》に比《くら》べれば、ものの数《かず》でもないのです。何千万億分《なんぜんまんおくぶん》の一《いち》などと数《かず》のうえで比《くら》べることもできなければ、たとえを引《ひ》いて比《くら》べることもできません。なぜならば、その価《か》値《ち》の性質《せいしつ》が全然《ぜんぜん》ちがうからです。

もし、人《ひと》びとがこのような功徳《くどく》のあることを知《し》りながら、阿耨多羅三藐三菩提《あのくたらさんみゃくさんぼだい》を求《もと》める道《みち》において仏《ほとけ》の無量寿《むりょうじゅ》を信解《しんげ》することを怠《おこた》るとしたら、そんな理《り》くつに合《あ》わぬことはありますまい。そういうことは、ありえないのです。」

ここのところは、うっかりと読《よ》むと誤解《ごかい》を生《しょう》ずる恐《おそ》れがあります。すなわち、「法華経《ほけきょう》」は実践《じっせん》ということを強《つよ》く教《おし》えてあるお経《きょう》なのに、五つの波羅蜜《はらみつ》を八十万億那由他劫《まんのくなゆたこう》のあいだ行《ぎょう》じたよりも、ほんのちょっとのあいだでも仏《ほとけ》の無量寿《むりょうじゅ》を信解《しんげ》するほうが功徳《くどく》があるというのですから、矛盾《むじゅん》しているように感《かん》じられるのです。

ところが、よく読《よ》んでみると、その功徳《くどく》のちがいは「算数《さんじゅ》・譬諭《ひゆ》も知《し》ること能《あた》わざる所《ところ》なり」とあります。ということは、価値《かち》の次元《じげん》がちがうから比《くら》べることはできないという意味《いみ》です。もっと平《ひら》たく説《せつ》明《めい》すれば、一万円《まんえん》と一円《えん》とはおなじく金高《かねだか》ですから比《くら》べることができますが、たとえば「学問《がくもん》」というものと「一万円《まんえん》のお金《かね》」とを、どちらがどうだと比《くら》べることはできません。もともとちがうものですから、比《くら》べようがないのです。

それとおんなじことです。布施《ふせ》・持戒《じかい》・忍辱《にんにく》・精進《しょうじん》・禅定《ぜんじょう》を行《ぎょう》ずるのはりっぱなことにはちがいありません。しかし、智慧《ちえ》（般若波羅蜜《はんにゃはらみつ》）を欠《か》いたこれらの行《ぎょう》は、しょせん普通《ふつう》の道徳的《どうとくてき》な行《おこ》ない、あるいは哲学的《てつがくてき》な瞑想《めいそう》であって、これだけではほんとうに救《すく》われることはない、すなわち涅槃《ねはん》に達《たっ》することはできないのです。ここで智慧《ちえ》というのは、普通《ふつう》の人間智《にんげんち》ではなく、仏《ほとけ》の智慧《ちえ》です。仏《ほとけ》の智慧《ちえ》を土台《どだい》にして五波羅蜜《ごはらみつ》を行《ぎょう》ずるのであれば、もちろん完全《かんぜん》な宗教的《しゅうきょうてき》な行《ぎょう》であり、涅槃《ねはん》に達《たっ》する道《みち》でもあることは明《あき》らかです。それで、ここではその般若波羅蜜《はんにゃはらみつ》を除《のぞ》いた場合《ばあい》のことであると、はっきりことわってあるわけです。

こうして、普通《ふつう》の道徳的《どうとくてき》ないい行《おこ》ないや哲学的《てつがくてき》な瞑想《めいそう》だけを、何《なん》十年何百年《ねんなんびゃくねん》やってみたところで、ほんとうの涅槃《ねはん》に達《たっ》することはできないのに対《たい》して、ほんの一念《いちねん》にでも仏寿《ぶつじゅ》の無量《むりょう》であることを信解《しんげ》することは、仏《ほとけ》さまが、いつの世《よ》にも自分《じぶん》とともにいてくださることと、自分《じぶん》の仏性《ぶっしょう》もまた不生不滅《ふしょうふめつ》であることを確信《かくしん》することであり、つねに仏《ほとけ》に生《い》かされているという自覚《じかく》を得《え》ることですから、その瞬間《しゅんかん》に、パッと大安心《だいあんじん》の世界《せかい》へ飛《と》び入《い》ることができるのであります。

すなわち、前者《ぜんしゃ》は宗教《しゅうきょう》というものを抜《ぬ》きにした人間《にんげん》としての努力《どりょく》だけであったのに対《たい》して、後者《こうしゃ》は宗《しゅう》教的《きょうてき》な悟《さと》りの境地《きょうち》です。だから、もともと次元《じげん》がちがうのであって、比《くら》べようがないわけです。ここのところは、いままでしっかり理解《りかい》されていなかったうらみがありますが、右《みぎ》のようにその真意《しんい》を会得《えとく》することができれば、五波羅蜜《ごはらみつ》の行《ぎょう》の功徳《くどく》が一念《いちねん》の信解《しんげ》による功徳《くどく》の何千万億分《なんぜんまんおくぶん》の一《いち》にも当《あ》たらないという表現《ひょうげん》が、けっして誇張《こちょう》でもなんでもない、真実《しんじつ》のことばであることが、よくわかることと思《おも》います。

四信五品《ししんごほん》

むかしからこの「分別功徳品《ふんべつくどくほん》」を読《よ》むのに、その要点《ようてん》として「四信五品《ししんごほん》」ということがいわれています。中国《ちゅうごく》の天台大師《てんだいだいし》が、理解《りかい》しやすいようにこう分《わ》けて解釈《かいしゃく》したのです。

「四信《ししん》」というのは、「在世《ざいせ》の四信《ししん》」といい、釈尊《しゃくそん》ご在世中《ざいせちゅう》における信仰《しんこう》のありかたを四つの段階《だんかい》に分《わ》けて考《かんが》えたものであって、一、一念信解《いちねんしんげ》　二、略解言趣《りゃくげごんしゅ》　三、広為他説《こういたせつ》　四、深信観成《じんしんかんじょう》がそれです。

五品《ごほん》というのは、「滅後《めつご》の五品《ごほん》」といい、末世《まつせ》における信仰《しんこう》のありかたを五つの段階《だんかい》に分《わ》けて考《かんが》えたものであって、一、初随喜《しょずいき》　二、読誦《どくじゅ》　三、説法《せっぽう》　四、兼行六度《けんぎょうろくど》　五、正行六度《しょうぎょうろくど》がそれです。

一念信解《いちねんしんげ》

その「四信《ししん》」の第《だい》一の「一念信解《いちねんしんげ》」は、いまくわしく説《と》いたように、仏《ほとけ》の寿命《じゅみょう》の無量《むりょう》であることを、ほんのちょっとのあいだでも「なるほどそうだ」と信解《しんげ》することです。これは、信仰《しんこう》としては第《だい》一の段階《だんかい》でありますけれども、その功徳《くどく》ははかりしれないほどのものがあるわけです。

さて、世尊《せそん》はいまお説《と》きになったことの意味《いみ》を重《かさ》ねてお教《おし》えになるために、偈《げ》によってくわしくお説《と》きになります。この偈《げ》には、あまりむずかしいことばもありませんので、つぎに通釈《つうしやく》することにいたしましょう。

二八七・一二—二八八・四
「ある人が仏の智慧《え》に達《たつ》しようとして、八十万億那由他劫《まんのくなゆたこう》の長《なが》いあいだ五波羅蜜《ごはらみつ》を行《ぎょう》じたとしよう。

布施《ふせ》　まず、この長《なが》い年月《としつき》のあいだに、仏《ほとけ》およびその弟子《でし》の多《おお》くの縁覚《えんがく》や、またもろもろの菩薩衆《ぼさつしゅ》に布施《ふせ》と供養《くよう》をつづけたとしよう。すなわち、珍味美味《ちんみびみ》の飲《の》みものや食《た》べもの、上等《じょうとう》の服《ふく》や寝具《しんぐ》を布施《ふせ》し、また香《かお》りのよい栴檀《せんだん》の木《き》をもって仏《ほとけ》の教《おし》えの説《と》かれる精舎《しょうじゃ》を建《た》て、花園《はなぞの》や林《はやし》をつくってそのまわりを美《うつく》しく清《きよ》らかにする、このようなさまざまのよい布施《ふせ》を、長《なが》い年月《としつき》のあいだしばらくも欠《か》かすことなく行《おこ》ない、その布施《ふせ》が仏道《ぶつどう》のひろまるのに役立《やくだ》つように——と念《ねん》じたとしよう。

持戒《じかい》　二八八・四—五
またその人《ひと》が、仏《ほとけ》から与《あた》えられた戒《いまし》め（禁戒《きんかい》）を守《まも》り、心《こころ》が清《きよ》らかで迷《まよ》い（欠漏《けつろ》）がなく、諸仏《しょぶつ》のほめたもう無上《むじょう》の道《みち》を求《もと》めつづけたとしよう。

忍辱《にんにく》　二八八・五—八
またその人《ひと》が、忍辱《にんにく》を行《ぎょう》じて、つねに周囲《しゅうい》と調和《ちょうわ》のとれた（調《ちょう》）、そして争《あらそ》う心《こころ》のない境地《きょうち》（柔《にゅう》）に住《じゅう》し、たとえ周囲《しゅうい》からもろもろの悪《わる》い仕打《しうち》を加《くわ》えられても動揺《どうよう》しない心《こころ》を持《も》ちえたとしよう。また、法《ほう》を十分《じゅうぶん》心得《こころえ》たかのような増上慢《ぞうじょうまん》を抱《いだ》いたものが、軽蔑《けいべつ》したり、あげあしとりなど

（正法《しょうぼう》を非難《ひなん》するには、内容《ないよう》も知《し》らずにただあたまから軽蔑《けいべつ》するか、つまらぬあげあしとりをするほかには、方法《ほうほう》のあろうはずがない）をして悩《なや》ましたりすることがあっても、それに対《たい》してつねに平静《へいせい》な心《こころ》を持《も》つことができたとしよう。

精進《しょうじん》

二八八・八―一〇

もしまた、その人《ひと》の志《こころざし》が固《かた》くて、長《なが》い年月《としつき》のあいだ一心《いっしん》に仏法《ぶっぽう》を求《もと》めて怠《おこた》ることがなかったとしよう。また、限《かぎ》りない年月《としつき》を、静寂《せいじゃく》な場所《ばしょ》（空閑《くうげん》）に坐《すわ》って瞑想《めいそう》に入《はい》り、あるいは歩《ある》きながら法《ほう》を思索《しさく》（経行《きょうぎょう》）し、智慧《ちえ》の眠《ねむ》りを除《のぞ》いて、心《こころ》をしっかり引《ひ》き締《し》めていたとしよう。

禅定《ぜんじょう》

二八八・一〇―二八九・一

こういうように努力《どりょく》した結果《けつか》、禅定《ぜんじょう》の境地《きょうち》に達《たつ》することができて、長《なが》い年月《としつき》のあいだ心《こころ》が安《あん》定《てい》してすこしも乱《みだ》れず、その精神集中《せいしんしゅうちゅう》のもたらす功徳《くどく》（一心《いっしん》の福《ふく》）をもって、仏《ほとけ》の境界《きょうがい》へ上《のぼ》ることを願《ねが》い、また仏《ほとけ》の智慧《ちえ》を得《え》て、あらゆる意味《いみ》の禅定《ぜんじょう》の極致《きょくち》（禅定《ぜんじょう》の際《さい》）に達《たつ》する修行《しゅぎょう》をつづけたとしよう。

二八九・一―五

この人《ひと》が、無限《むげん》の年月《としつき》のあいだ、いま述《の》べたようなもろもろの功徳《くどく》を行《ぎょう》じたとしたら、人間《にんげん》としてまことにすぐれた人《ひと》といいうるであろう。

ところが、ここに普通《ふつう》の善男《ぜんなん》・善女《ぜんにょ》があって、仏《ほとけ》の寿命《じゅみょう》の無量《むりょう》であることを聞《き》き、ほんのしばらくのあいだでもそれを深《ふか》く信《しん》じ、ありがたいと思《おも》う心《こころ》を起《お》こしたならば、そのもたらす福《ふく》（さいわい）は、まえに述《の》べた人《ひと》の受《う》ける福《ふく》よりも、はるかにすぐれたものであろう。もし人《ひと》びとがこの教《おし》えに対《たい》して一《いっ》切《さい》の疑《うたが》いをもつことなく、しばらくのあいだ（須臾《しゅゆ》）でも深《ふか》くそれを信《しん》ずるならば、どんな人《ひと》でもことごとくこのような福《ふく》を受《う》けることができるのである。

二八九・五―六
とりわけ、もろもろの菩薩《ぼさつ》たち、すなわち無量《むりよう》の年月菩薩《としつきぼさつ》の道《どう》を行《ぎよう》じつづけている人《ひと》たちは、大乗《だいじよう》の教《おし》えの精神《せいしん》がよくわかっているのであるから、仏《ほとけ》の寿命《じゆみよう》の無量《むりよう》が説《と》かれるのを聞《き》けば、すぐそれを信受《しんじゆ》することができるであろう。

二八九・六―一〇
このような人《ひと》びとは、この尊《とうと》い教《おし》えを受《う》けたうえからは、自分《じぶん》も未来《みらい》において、仏《ほとけ》とおなじく無量《むりよう》の寿命《じゆみよう》をたもって衆生《しゆじよう》を救《すく》おうという願《ねが》いを起《お》こさずにはいられないであろう。

すなわち、現在《げんざい》わたしが多《おお》くの釈迦《しやか》族《ぞく》の王《おう》として、道場《どうじよう》において信《しん》ずるままを恐《おそ》るることなく説《と》いているとおなじように、その人《ひと》たちは、――自分《じぶん》らも未来《みらい》において、一切《いつさい》の人《ひと》びとに導師《どうし》と仰《あお》がれて道場《どうじよう》にのぞむとき、おなじように仏《ほとけ》の寿命《じゆみよう》の不生不滅《ふしようふめつ》を説《と》こう――という願《ねが》いを起《お》こすであろう。

二八九・一〇―一二
ほんとうに仏法《ぶつぽう》を求《もと》める心《こころ》の深《ふか》いものは、精神《せいしん》がまことに清《きよ》らかであり、飾《かざ》りけがなくてまっすぐ（質直《しちじき》）である。そういう人《ひと》は、いろいろな仏《ほとけ》の教《おし》えをよく聞《き》き（多聞《たもん》）、それを、悪《あく》を止《とど》め善《ぜん》をすすめる力《ちから》としてよく持《たも》ち、そして身《み》に行《おこ》なうことができる（総持《そうじ》）。そのような人《ひと》は、仏《ほとけ》の教《おし》えを、ことばの意味《いみ》を理解《りかい》するだけでなく、その根本《こんぽん》の精神《せいしん》までしっかり会得《えとく》できる人《ひと》である。

このような人《ひと》たちは、いままでわたしが説《と》いてきたことを、すこしも疑《うたが》うことはないであろう。」

この偈《げ》の中《なか》に、ぜひ説明《せつめい》しておかなければならない大切《たいせつ》なことばがあります。

回向《えこう》　それは、「回向《えこう》」ということばです。「回《え》」は「回《まわ》す」、「向《こう》」は「向《む》ける」ですから、「回向《えこう》」というのは、「ふり向《む》ける」という意味《いみ》です。すなわち、本来自分《ほんらいじぶん》が受《う》けるべきはずの功徳《くどく》を、他《た》へふり向《む》けることです。

たとえば、経典《きょうてん》を読誦《どくじゅ》すれば、仏《ほとけ》の教《おし》えが深《ふか》く心《こころ》に植《う》えつけられ、心《こころ》が清《きよ》められますから、もともと読経《どっきょう》ということは自分自身《じぶんじしん》の成道《じょうどう》のためにする行《ぎょう》であります。ところが、これを先祖《せんぞ》の霊前《れいぜん》において行《おこ》なえば、自分《じぶん》が受《う》けるべき功徳《くどく》を先祖《せんぞ》に「ふり向《む》ける」ことになります。先祖《せんぞ》の霊《れい》の成仏《じょうぶつ》をたすけることになります。だから、亡《な》き人《ひと》の霊前《れいぜん》で読経《どっきょう》することを回向《えこう》というのです。

しかし、回向《えこう》はけっして亡《な》き人《ひと》に対《たい》してばかりするものではありません。その本義《ほんぎ》からいえば、生《い》きている人《ひと》びとに対《たい》して行《おこ》なってもさしつかえないどころか、もっと意義《いぎ》あることといえましょう。すなわち、われわれが人類全体《じんるいぜんたい》の幸福《こうふく》を念《ねん》じながら読経《どっきょう》をすれば、自分《じぶん》が受《う》けるべき功徳《くどく》を人類全体《じんるいぜんたい》に「ふり向《む》ける」ことになります。

こういうわけで、回向《えこう》ということは、人間《にんげん》として最《もっと》も大切《たいせつ》な法《ほう》の功徳《くどく》を他《た》へ布施《ふせ》するのですから、金《きん》銭《せん》や物品《ぶっぴん》を他人《たにん》に布施《ふせ》することよりもっと自己犠牲的《じこぎせいてき》な、尊《とうと》い行為《こうい》といわなければなりません。布施《ふせ》のうちでも最高《さいこう》の布施《ふせ》というべきであります。

金銭《きんせん》や物品《ぶっぴん》の布施《ふせ》においても、その布施《ふせ》の功徳《くどく》が自分《じぶん》にかえってくることを念頭《ねんとう》におきながらするのは、下《げ》の下《げ》です。その布施《ふせ》によって、すこしでも相手《あいて》の人《ひと》の幸福《こうふく》を増《ま》すことができるようにと念《ねん》ずるのは、これは普通《ふつう》の考《かんが》えです。ところが、その布施《ふせ》が相手《あいて》の人《ひと》の仏心《ぶっしん》をよび起《お》こし、それがめぐりめぐって、仏道《ぶつどう》があまねくこの世《よ》に成《じょう》ずるひとつの機縁《きえん》になるように——と念《ねん》じながら布施《ふせ》すること、これが上《じょう》の上《じょう》なのであります。

それゆえにこそ、この偈《げ》にも「以《もっ》て仏道《ぶつどう》に回向《えこう》せん」と説《と》かれてあるわけです。

なお、ここでぜひつけ加《くわ》えておきたいことが二《ふた》つあります。

一《ひと》つは、回向《えこう》ということは、ひとえに「他《た》」のためにすることではありますけれども、やはりその功《く》徳《どく》はかならず自分《じぶん》の身《み》に返《かえ》ってくるということです。

もう一《ひと》つは、先祖《せんぞ》の霊《れい》に対《たい》する最大《さいだい》の回向《えこう》は、自分自身《じぶんじしん》がりっぱになることです。菩薩行《ぼさつぎょう》を実践《じっせん》することです。これほど先祖《せんぞ》の霊《れい》を喜《よろこ》ばせ、安心《あんしん》させることはないからです。ですから、読経《どきょう》やお題目《だいもく》を唱《とな》えるだけでなく、心《こころ》の持《も》ちかたや行《おこな》いのうえで自分自身《じぶんじしん》を浄化《じょうか》・向上《こうじょう》させるということを心《こころ》がけなければならないのです。

略解言趣《りゃくげごんしゅ》

さて、世尊《せそん》は、ことばをあらためて説法《せっぽう》をおつづけになります。

二九〇・一—二
「また阿逸多《た》よ、もし仏《ほとけ》の寿命《じゅみょう》が無量《むりょう》であるという教《おし》えを聞《き》いて、そのことばに含《ふく》まれている大《おお》きな趣旨《しゅし》を理解《りかい》したならば、その人《ひと》の受《う》ける功徳《くどく》は、量《はか》り知《し》ることができないほど大《おお》きいものでありましょう。その人《ひと》はよく仏《ほとけ》の無上《むじょう》の智慧《ちえ》を得《え》ることができましょう。」

これは「一念信解《いちねんしんげ》」より一歩《いっぽ》進《すす》んだ段階《だんかい》です。ただちょっとのあいだ仏《ほとけ》の無量寿《むりょうじゅ》を信解《しんげ》するだけではなくて、その教《おし》えに含《ふく》まれた大《おお》きな意味《いみ》をほぼ理解《りかい》することです。すなわち、

――仏《ほとけ》の寿命《じゅみょう》が無量《むりょう》であるということは、いついかなるときでもまた、どの世《よ》に生《う》まれ出《で》たとしても、仏《ほとけ》さまはつねにわれわれとともにあり、常《つね》に法《ほう》を説《と》いてくださっているということなのだ。そして、われわれのもつ仏性《ぶっしょう》も不生不滅《ふしょうふめつ》のものであるのだから、われわれはこの法華経《ほけきょう》を信《しん》じて、行《ぎょう》じていきさえすれば、いつかは必《かなら》ず仏《ほとけ》さまと一体《いったい》の境地《きょうち》になれるのだということである。ただわれわれは、いろいろ迷《まよ》いの雲《くも》にとざされているので、仏《ほとけ》の寿命《じゅみょう》が無量《むりょう》であり、つねにわれわれの精進《しょうじん》を見守《みまも》ってくださっていることに気《き》がつかないから、なまけてしまうのだ。しかし、その迷《まよ》いの雲《くも》をひとつひとつ取《と》り除《のぞ》いていけば、いつかは必《かなら》ず仏《ほとけ》を見《み》ることができ、仏《ほとけ》と一体《いったい》になれるはずだ。一生《いっしょう》や二生《にしょう》ではおよびもつかないけれども、われわれとともにいつも仏《ほとけ》さまがいてくださり、われわれの仏性《ぶっしょう》が不生不滅《ふしょうふめつ》であることがわかったからには、勇気《ゆうき》と希望《きぼう》をもっていつまでも向上《こうじょう》の道《みち》をたどることができる。自分《じぶん》だけではない、世《よ》の中《なか》のすべての人《ひと》がおなじような気持《きもち》になって、手《て》を取《と》り合《あ》って進《すす》むようになれば、ほんとうに平和《へいわ》な理想社会《りそうしゃかい》がこの地球上《ちきゅうじょう》に現出《げんしゅつ》するのだ――

こういうふうに、「仏《ほとけ》の寿命《じゅみょう》は無量《むりょう》である」という、きわめて簡単《かんたん》なように見《み》える教《おし》えの中《なか》にこめられた大《おお》きな意味《いみ》を理解《りかい》することは、仏《ほとけ》の智慧《ちえ》に近《ちか》づく第一歩《だいいっぽ》であるというわけです。信仰《しんこう》が進《すす》んでここまで達《たっ》した段階《だんかい》を「略解言趣《りゃくげごんしゅ》」と、天台大師《てんだいだいし》は名《な》づけられたのです。つぎに――

「ましてや、ひろくこの教《おし》えを聞《き》き、人《ひと》にも聞《き》くことをすすめ、自分《じぶん》もしっかりと心《こころ》に持《たも》ち、人《ひと》にも持《たも》たせ、自分《じぶん》も書写《しよしや》し、人《ひと》にも書写《しよしや》させ、また花《はな》や、香《こう》や、瓔珞《ようらく》や、幢幡《どうばん》や、天《てん》蓋《がい》や、香油《こうゆ》や、燈明《とうみよう》などによって経巻《きようがん》を供養《くよう》したならば、その人《ひと》の受《う》ける功徳《くどく》は無量無辺《むりようむへん》であって、ついには仏《ほとけ》の智慧《ちえ》を具《そな》えるようになるでありましょう。」二九〇・二―六

と、あります。

広為他説《こういたせつ》

これが、「略解言趣《りやくげごんしゆ》」よりもう一段階上《いちだんかいあ》がった信仰者《しんこうしや》のありかたです。すなわち、その教《おし》えに含《ふく》まれた真意《しんい》をほぼ理解《りかい》するだけでなく、いよいよ進《すす》んでひろく仏《ほとけ》の教《おし》えを聞《き》き、それを心《こころ》に植《う》えつけて忘《わす》れず、経典《きようでん》を書写《しよしや》するというような努力《どりよく》を実行《じつこう》するのです。しかも、自分《じぶん》だけでなく、人《ひと》びとにもそれをすすめて実行《じつこう》させるのです。すなわち、広《ひろ》く他《た》の為《ため》に説《と》く「広為他説《こういたせつ》」の段階《だんかい》です。

と同時《どうじ》に、この経巻《きようがん》に対《たい》してさまざまに供養《くよう》することが説《と》かれてあります。経巻《きようがん》に対《たい》して供養《くよう》するということは、その教《おし》えに対《たい》する心《こころ》からなる感謝《かんしや》の念《ねん》を表《あら》わすということです。ここにいろいろな美《うつく》しいお供《そな》え物《もの》や飾《かざ》りものの名前《なまえ》が述《の》べられていますが、これはむろんそういう「物《もの》」をささげるということに、心《こころ》からの感謝《かんしや》の念《ねん》を象徴《しようちよう》させてあるのです。しかし、われわれの身《み》としては、感謝《かんしや》の念《ねん》があれば、おのずからそれを形《かたち》に現《あら》わさずにはおられなくなるのが当然《とうぜん》ですから、「物《もの》」をもってご宝前《ほうぜん》を荘厳《しようごん》するのは、信仰者《しんこうしや》として当然《とうぜん》のことといわなければなりません。つぎに――

深信観成《じんしんかんじょう》

二九〇・六―一二

「阿逸多よ、もし善男子《ぜんなんし》・善女人《ぜんにょにん》が仏《ほとけ》の寿命《じゅみょう》の無量《むりょう》であることを聞《き》いて深《ふか》くそれを信解《しんげ》するならば、その人《ひと》びとは、仏《ほとけ》がいつも霊鷲山《りょうじゅせん》におられ、大菩薩衆《だいぼさつしゅ》やもろもろの声聞衆《しょうもんしゅ》にとりまかれて説法《せっぽう》しておられるさまを見《み》るでしょう。また、この娑婆世界《しゃばせかい》が、土地《とち》は瑠璃《るり》でできていて坦々《たんたん》として平《ひら》たく、黄金《おうごん》をもって道《みち》の境《さかい》となし、美《うつく》しい樹《き》が立《た》ちならび、すべての建物《たてもの》はすべて宝石《ほうせき》をもってつくられ、もろもろの菩薩衆《ぼさつしゅ》がすべてその中《なか》に住《す》んでいるのを見《み》ることでありましょう。このようなものが見《み》られるようになった信仰《しんこう》の相《すがた》を、深信解《じんしんげ》の相《そう》といいます。」

これは、われわれが心《こころ》の底《そこ》の底《そこ》から仏《ほとけ》の無量寿《むりょうじゅ》を信解《しんげ》することができたとき、達《たっ》しえられる境地《きょうち》を説《と》いてあるのです。仏《ほとけ》がいつも霊鷲山《りょうじゅせん》におられるのを見《み》ることができるというのは、自分《じぶん》の現在住《げんざいす》んでいる所《ところ》にいつも仏《ほとけ》さまがいらっしゃることを確信《かくしん》するようになるという意味《いみ》です。そして、自分《じぶん》の周囲《しゅうい》ではいつも仏《ほとけ》の教《おし》えが説《と》かれているのだということを、如実《にょじつ》に感《かん》じとることができるのです。

また、娑婆世界《しゃばせかい》がそのような美《うつく》しい国土《こくど》に見《み》えるということは、信仰《しんこう》がそこまで達《たっ》すれば、娑婆世界《しゃばせかい》がそのままで寂光土《じゃっこうど》となるという意味《いみ》です。仏《ほとけ》の教《おし》えによって、心《こころ》がつねに法悦《ほうえつ》に満《み》たされておれば、この現実《げんじつ》の世界《せかい》が楽《たの》しくて楽《たの》しくて仕方《しかた》のない所《ところ》に一変《いっぺん》するのです。どこを見《み》ても美《うつく》しく、だれを見《み》ても菩薩《ぼさつ》に見《み》えるのです。すなわち、その人《ひと》の表面《ひょうめん》のみにとらわれずに、その人《ひと》の本質《ほんしつ》である仏性《ぶっしょう》を見《み》ることができるのです。

これが、信仰者《しんこうしゃ》としての最高《さいこう》の境地《きょうち》であって、それを「深信観成《じんしんかんじょう》」といいます。観《かん》というのは、人生《じんせい》観《かん》とか世界観《せかいかん》という意味《いみ》です。すなわち、仏《ほとけ》の無量寿《むりょうじゅ》を心《こころ》の底《そこ》から（深心《じんしん》に）信解《しんげ》すれば、仏《ほとけ》の教《おし》えのとおりの人生観《じんせいかん》・世界観《せかいかん》を完成《かんせい》し、つねに法悦《ほうえつ》の世界《せかい》に住《す》むことができますから、娑婆《しゃば》がそのまま寂光《じゃっこう》土《ど》になるわけであります。

滅後《めつご》の五品《ごほん》

このあとが、世尊《せそん》の滅後《めつご》における信仰者《しんこうしゃ》のありかたと、その功徳《くどく》について説《と》かれている段《だん》、すなわち「滅後《めつご》の五品《ごほん》」です。まず、

初《しょ》　随《ずい》　喜《き》

「如来の滅後に、もしこの教《おし》えを聞《き》いて、疑《うたが》ったりそしったりすることなく、素直《すなお》にありがたいという心《こころ》を起《お》こしたならば、もはやそれで真実《しんじつ》の信仰《しんこう》（深信解《じんしんげ》）を得《え》たものと知《し》るがよろしい。」（二九〇・一二―二九一・一）

と、おおせられています。ただ、あたまだけで「解《わか》った」とか「なるほどそうだ」と思《おも》ったのでは、まだ信仰《しんこう》したとはいえません。「ああ、ありがたい」という喜《よろこ》びを覚《おぼ》えたとき、はじめて信仰《しんこう》の境地《きょうち》にはいったわけで、初《はじ》めて随喜《ずいき》の心《こころ》を起《お》こしたのですから、これを「初随喜《しょずいき》」といいます。この「初随喜《しょずいき》」の心《こころ》は、つぎの「随喜功徳品第十八《ずいきくどくほんだい》」にも、その功徳《くどく》がいろいろと説《と》かれてあるほど、大切《たいせつ》なものなのであります。

二九一・一一九
ところが、つぎへいくと、「初随喜《しょずいき》を起《お》こしただけで、すでに真実《しんじつ》の信仰《しんこう》を得《え》たということができるのであるから、ましてその教《おし》えを読誦《どくじゅ》し、よく受持《じゅじ》するものは、なおさらのことであります。このような人《ひと》びとは如来《にょらい》を肩《かた》にいただいているといっていいのです。

阿逸多《あいった》よ、このような人《ひと》びとは、もはやわたしのために塔《とう》や寺《てら》を建《た》てる必要《ひつよう》はありません。また僧坊《そうぼう》をつくって、四事《じ》（衣服《えぶく》・飲食《おんじき》・臥具《がぐ》・湯薬《とうやく》）をもって僧《そう》たちを供養《くよう》する必要《ひつよう》もありません。なぜならば、人《ひと》びとがこの教《おし》えを受持《じゅじ》し、読誦《どくじゅ》するならば、その受持《じゅじ》・読誦《どくじゅ》ということがそのまま塔《とう》を建《た》て、僧坊《そうぼう》をつくり、衆僧《しゅそう》を供養《くよう》したことになるからです。

すなわち、仏舎利《ぶっしゃり》をまつって七宝《しっぽう》の塔《とう》を建《た》て、その塔《とう》はまことに壮大《そうだい》なもので、上《うえ》へいくほどだんだん小《ちい》さくなってついには梵天《ぼんでん》まで達《たっ》しており、もろもろの飾《かざ》りをもって飾《かざ》られ、もろもろの供物《くもつ》や焼香《しょうこう》・音楽《おんがく》・舞踊《ぶよう》などによって供養《くよう》され、また美《うつく》しい歌声《うたごえ》によってほめたたえられる――というような供養《くよう》は、まったく至《いた》れり尽《つ》くせりのものですが、この教《おし》えを受持《じゅじ》・読誦《どくじゅ》するのは、そういう供養《くよう》を無量千万《むりょうせんまん》億劫《のっこう》という長《なが》いあいだつづけたのと同《おな》じ価値《かち》があるのです。」

と、あります。

読誦《どくじゅ》

「初随喜《しょずいき》」から一歩《いっぽ》進《すす》んで、この教《おし》えをしっかり受持《じゅじ》し、そして一心《いっしん》にそれをくりかえして読《よ》むようになった信仰者《しんこうしゃ》の境地《きょうち》というものは、これほど尊《とうと》いものであると、説《と》かれているのです。読誦《どくじゅ》というのは、たんに経典《きょうでん》を口《くち》で読《よ》むだけでなく、心《こころ》の中《なか》でくりかえしくりかえし味《あじ》わい、深《ふか》く学《まな》んでいくことを

いうのです。信仰《しんこう》のこの段階《だんかい》を「読誦《どくじゅ》」と名《な》づけられています。さらに、つぎへ進《すす》みますと、

説《せっ》　法《ぽう》

二九一・一〇—二九二・六
「阿逸多よ、もしわたしの滅後《めつご》においてこの教《おし》えを聞《き》いてよく受持《じゅじ》し、自分《じぶん》でも書写《しょしゃ》し、他《た》にもすすめて書写《しょしゃ》させるような人《ひと》があったならば、その人《ひと》は僧坊《そうぼう》を起《お》こし、貴重《きちょう》な赤栴檀《しゃくせんだん》の材《ざい》をもってりっぱな殿堂《でんどう》を建《た》て、そのまわりには花園《はなぞの》、林《はやし》、からだを清《きよ》める池《いけ》、歩《ある》きながら思索《しさく》を練《ね》る散歩道《さんぽみち》、坐《すわ》って瞑想《めいそう》にはいるための洞窟《どうくつ》、その他《た》衣服《いふく》・飲食物《いんしょくぶつ》・寝具《しんぐ》・医薬《いやく》など一切《いっさい》の設備《せつび》が具《そな》わっている――そのような僧坊《そうぼう》や寺院《じいん》を無数《むすう》に建《た》て、そこで現実《げんじつ》にわたしや比丘《びく》たちを供養《くよう》するのと同様《どうよう》の功《く》徳《どく》を積《つ》んだことになるのです。

そのゆえに、もし如来《にょらい》の滅後《めつご》において、この教《おし》えを受持《じゅじ》し、読誦《どくじゅ》し、他人《たにん》のために説《と》き、自分《じぶん》も書《か》き、他人《たにん》にも書《か》くことをすすめ、こうしてこの教《おし》えに供養《くよう》するならば、現実《げんじつ》に塔寺《とうじ》を建《た》てたり、また僧《そう》坊《ぼう》をつくって衆僧《しゅそう》を供養《くよう》する必要《ひつよう》はないのです。」

と、あります。

仏《ほとけ》の教《おし》えを受持《じゅじ》し、心《こころ》からそれを読誦《どくじゅ》して、そのありがたさが次第《しだい》に深《ふか》く解《わか》ってくると、どうしてもそれを他《ひと》に伝《つた》えずにはいられない気持《きもち》になってきます。口《くち》で説《と》くだけとはかぎりません。手紙《てがみ》に書《か》くこともありましょうし、新聞《しんぶん》や雑誌《ざつし》に発表《はっぴょう》することもありましょう。また、口下手《くちべた》・文下手《ふみべた》な人《ひと》は、自分《じぶん》の行《おこ》ないをもって無言《むごん》のうちに仏《ほとけ》の教《おし》えの尊《とうと》さを人《ひと》に示《しめ》すこともありましょう。これらすべてを「説《せっ》法《ぽう》」ということばで表《あら》わすことができます。

「説法《せっぽう》」ということは、自分《じぶん》が向上《こうじょう》し、自分《じぶん》が救《すく》われるということからさらに前進《ぜんしん》して、他《た》を利《り》し、他《た》を救《すく》う菩薩行《ぼさつぎょう》の第一歩《だいいっぽ》を踏《ふ》み出《だ》したわけですから、その功徳《くどく》も「読誦《どくじゅ》」よりはるかにまさるものがあるのは当然《とうぜん》です。

ここで、念《ねん》のために注意《ちゅうい》したいことは、まえの段《だん》にも、ここの段《だん》にも、仏舎利《ぶっしゃり》をまつる塔《とう》を建《た》ててわたしを供養《くよう》したり、僧坊《そうぼう》をつくって僧《そう》たちを供養《くよう》する必要《ひつよう》はないと、おおせられていることです。おなじようなことを、「法師《ほっし》品第《ほんだい》十」でもおっしゃっておられます。

これは、心《こころ》のこもらぬ有形《ゆうけい》の供養《くよう》より、心《こころ》のこもった無形《むけい》の供養《くよう》がはるかに価値《かち》があるということをお教《おし》えになっているのです。そして、仏《ほとけ》に対《たい》する最大《さいだい》の供養《くよう》は、仏《ほとけ》の教《おし》えを信受《しんじゅ》し、実行《じっこう》し、説《と》きひろめることにあることをお諭《さと》しになっておられるのです。このことを、まずしっかりと胸《むね》におさめておかなければなりません。

つぎに心《こころ》すべきことは、釈尊《しゃくそん》が、教《おし》えの中《なか》にわたしの全身《ぜんしん》があるのだから、わたしの舎利《しゃり》などをまつる必要《ひつよう》はないとおおせられているからといって、それでは寺《てら》もなにもいらないなどと考《かんが》えてはならないことです。経典《きょうでん》を学問的《がくもんてき》にしか受《う》け取《と》れない人《ひと》は、ともすればこういう割《わ》り切《き》りかたをします。それは、まことに心《こころ》の冷《つめ》たい、感謝《かんしゃ》とか恭敬《くぎょう》という念《ねん》のない人《ひと》の考《かんが》えです。教理《きょうり》だけにとらわれて、信仰《しんこう》というものを忘《わす》れた人《ひと》の考《かんが》えです。

われわれ信仰者《しんこうしゃ》は、釈尊《しゃくそん》の教《おし》えに従《したが》って、教《おし》えそのものを信受《しんじゅ》し、実行《じっこう》し、世《よ》のために説《と》くことに最《さい》大《だい》の努力《どりょく》をはらうべきことはもちろんですけれども、それと同時《どうじ》に、われわれを無上道《むじょうどう》に導《みちび》いてくださる大恩教主《だいおんきょうしゅ》に対《たい》して、またそれを助《たす》けてこられた古今《ここん》のもろもろの菩薩《ぼさつ》に対《たい》して、形《かたち》の上《うえ》の供養《くよう》をしないではいられないのです。

なんどもいいますように、心《こころ》が深《ふか》く至《いた》れば、それを形《かたち》に現《あら》わさずにはいられません。ですから、われわれはつねにご宝前《ほうぜん》を荘厳《しょうごん》し、朝夕礼拝《あさゆうらいはい》し、もろもろの行《ぎょう》をもって讃歎《さんたん》し、供養《くよう》もうしあげるのです。このことも、しっかりと心《こころ》に刻《きざ》んでおかなければなりません。

兼行六度《けんぎょうろくど》

つぎに、さらに修行《しゅぎょう》を積《つ》んだ段階《だんかい》について説《と》かれてあります。

二九二・六―一〇

「いま説いたように、この教《おし》えを受持《じゅじ》し、そしてそれをひろめるために努力《どりょく》する功徳《くどく》は、まことにはかりしれないものがありますが、ましてやそれに兼《か》ねて布施《ふせ》・持戒《じかい》・忍辱《にんにく》・精進《しょうじん》・一心《いっしん》（禅《ぜん》定《じょう》）・智慧《ちえ》という六波羅蜜《ろくはらみつ》をできるかぎり身《み》に行《おこ》なっていくならば、その徳《とく》は最《もっと》もすぐれたものであって、虚空《こくう》が東西南北《とうざいなんぼく》、四維《ゆい》（南東《なんとう》・南西《なんせい》・北東《ほくとう》・北西《ほくせい》）・上下《じょうげ》と無限《むげん》にひろがっているように、その功徳《くどく》も無限《むげん》であって、まっすぐに最高《さいこう》の智慧《ちえ》に達《たつ》することができるでありましょう。」

これが「兼行六度《けんぎょうろくど》」の段階《だんかい》です。この「兼《けん》」というのは、六波羅蜜《ろくはらみつ》すべてを兼《か》ね行《おこ》なうというのではなくて、この教《おし》えを受持《じゅじ》・読誦《どくじゅ》・説法《せっぽう》するという行《ぎょう》に兼《か》ねて、六波羅蜜《ろくはらみつ》をも行《ぎょう》ずるという意味《いみ》です。しかも、この段階《だんかい》においては、まだ六波羅蜜《ろくはらみつ》すべてを完全《かんぜん》に行《ぎょう》ずることは無理《むり》です。ですから、分《ぶん》に応《おう》じ、機会《かい》に応《おう》じて、できることからやっていきなさいと教《おし》えられているのです。

釈尊《しゃくそん》は、いつの場合《ばあい》でも、けっして無理《むり》なことをおすすめになってはいらっしゃいません。できることからだんだんに修行《しゅぎょう》を積《つ》むように導《みちび》いてくださっているのです。まえに「方便品第二《ほうべんぽんだいに》」で「教《おし》えにはいるのは、どんなところからはいってもよい。子《こ》どもがいたずらに砂《すな》を集《あつ》めて仏塔《ぶっとう》に似《に》たものをつくることさえも、仏《ほとけ》の道《みち》にはいる門《もん》である」とお説《と》きになったのも、その例《れい》です。

そこで、この品《ほん》においても、信仰《しんこう》にはいってから、だんだんにそれを深《ふか》めていく順序《じゅんじょ》を、きわめて無理《むり》なくお示《しめ》しになってくださっているのであって、その順序《じゅんじょ》を天台大師《てんだいだいし》が整然《せいぜん》と分析《ぶんせき》されたのが「在世《ざいせ》の四信《ししん》」・「滅後《めつご》の五品《ごほん》」であることは、くりかえすまでもありません。

もうひとつ見逃《みのが》してならぬことは、まえには「一念信解《いちねんしんげ》」の功徳《くどく》をたたえるために、やや五波羅蜜《ごはらみつ》が軽《かろ》んじられているように感《かん》じられたのに、ここでは信仰《しんこう》にとって非常《ひじょう》に大切《たいせつ》な要素《ようそ》とされており、またまえでは五波羅蜜《ごはらみつ》であったのに、ここでは六波羅蜜《ろくはらみつ》となっていることです。

なぜかといえば、釈尊《しゃくそん》は仏《ほとけ》の智慧《ちえ》を具《そな》えたお方《かた》であり、偉大《いだい》な指導者《しどうしゃ》であられましたから、ご在世《ざいせ》のあいだ直接《ちょくせつ》にその教《おし》えを受《う》けた仏弟子《ぶつでし》たちは、そのおことばを聞《き》いて「ああ、ありがたい」と信解《しんげ》すれば、それだけですでに深《ふか》い信仰《しんこう》にはいることができたからです。

また、五波羅蜜《ごはらみつ》を行《ぎょう》ずるにしても、釈尊《しゃくそん》の仏慧《ぶって》によって直接指導《ちょくせつしどう》されていたのですから、その修行《しゅぎょう》の進《すす》みようもめざましいものがありました。極端《きょくたん》にいうならば、「智慧《ちえ》」は釈尊《しゃくそん》から授《さず》けていただき、仏弟子《ぶつでし》たちはその智慧《ちえ》にもとづいて、「布施《ふせ》」、「持戒《じかい》」、「忍辱《にんにく》」、「精進《しょうじん》」、「禅定《ぜんじょう》」を一心《いっしん》に修行《しゅぎょう》すればよかったのです。しかも、その修行《しゅぎょう》にしても、釈尊《しゃくそん》という偉大《いだい》な人格者《じんかくしゃ》、この上《うえ》ない指導者《しどうしゃ》のすぐおそばで行《おこ》なうのですから、日夜《にちや》感激《かんげき》と法悦《ほうえつ》のうちに実行《じっこう》できたことは、想像《そうぞう》に難《かた》くありません。

ところが、釈尊《しゃくそん》という大導師《だいどうし》を失《うしな》った末世《まつせ》においては、すべて自《みずか》らの力《ちから》で学《まな》び、自《みずか》らの力《ちから》で行《ぎょう》じていかなければなりません。「智慧《ちえ》」にしても、仏《ほとけ》の残《のこ》された教《おし》えの中《なか》から自分《じぶん》でそれを探《さが》し求《もと》め、会得《えとく》しなければなりません。ですから、ご在世《ざいせ》の時代《じだい》に比《くら》べて、五波羅蜜《ごはらみつ》に「智慧《ちえ》」を加《くわ》えた六波羅蜜《ろくはらみつ》を行《ぎょう》ずることが、非常《ひじょう》に大切《たいせつ》になってくるわけです。

だからこそ、ここでそれを強《つよ》くおすすめになっておられるのであって、釈尊《しゃくそん》の深《ふか》い慈悲《じひ》がこういう細《こま》かいところまで沁《し》みとおっていることには、まことに頭《あたま》が下《さ》がります。

さて、この段階《だんかい》の信仰者《しんこうしゃ》にあっては、六度《ろくど》（六波羅蜜《ろくはらみつ》）を行《ぎょう》ずるのも、その人《ひと》の境遇《きょうぐう》によって行《おこ》ないかたがちがい、また部分的《ぶぶんてき》にしか行《おこ》なえない状態《じょうたい》であり、受持《じゅじ》・読誦《どくじゅ》・説法《せっぽう》に兼《か》ねて行《おこ》なうという程度《ていど》ですから、この段階《だんかい》を「兼行六度《けんぎょうろくど》」というわけです。

正行六度《しょうぎょうろくど》

ところが、信仰者《しんこうしゃ》の最高《さいこう》の段階《だんかい》になりますと、六波羅蜜《ろくはらみつ》を根本的《こんぽんてき》に、そして完全《かんぜん》に行《ぎょう》ずるのです。そして、そういう人《ひと》にはどんな功徳《くどく》があるかということが、つぎに説《と》かれてあります。すなわち、

二九二・一〇―二九三・七

「もし、ある人《ひと》がこの教《おし》えを読誦《どくじゅ》し、受持《じゅじ》し、他《た》のために説《と》き、自《みずか》らも書《か》き、人《ひと》にも書《か》かせるばかりで

なく、また塔《とう》や僧坊《そうぼう》をつくって教《おし》えを求《もと》める人《ひと》びとのためをはかり、また菩薩《ぼさつ》の功徳《くどく》をさまざまにほめたたえ、また他人《たにん》のために、過去《かこ》のいろいろな事実《じじつ》を例《れい》に引《ひ》いて『法華経《ほけきょう》』の深《ふか》い意味《いみ》を解説《げせつ》したとしましょう。（これらは、布施《ふせ》の行《ぎょう》を、財施《ざいせ》・法施《ほうせ》・身施《しんせ》の三つながら完全《かんぜん》に行《おこ》なったわけです。）と同時《どうじ》に、自分《じぶん》の身《み》もちは清《きよ》らかに、仏《ほとけ》の戒《いまし》めを固《かた》く持《たも》ち（持戒《じかい》）、柔和《にゅうわ》な心持《こころもち》の人《ひと》びとと共《とも》に結《むす》びあい、どんなことがあっても怒《いか》りを発《はっ》することがなく（忍辱《にんにく》）、志《こころざし》が堅固《けんご》であって、つねに心静《こころしず》かに仏法《ぶっぽう》を念《ねん》ずることにより、もろもろの深《ふか》い精神統一《せいしんとういつ》の境地《きょうち》に達《たっ》し（禅定《ぜんじょう》）、精進《しょうじん》の心《こころ》が勇猛《ゆうみょう》であって、多《おお》くの善《よ》き法《ほう》を学《まな》びとり（精進《しょうじん》）、頭脳《ずのう》がさわやかで、仏《ほとけ》の智慧《ちえ》を求《もと》めてそれに深《ふか》く入《はい》り、他《た》の人《ひと》からどのような難問《なんもん》をかけられても、それに正《ただ》しく答《こた》えられるところまで達《たっ》した人《ひと》は、完全《かんぜん》に六波羅蜜《ろくはらみつ》を行《ぎょう》じたものであり、その人《ひと》はすでに、わたしが悟《さと》りを開《ひら》くために仏陀伽耶《ぶっだがや》の菩提樹《ぼだいじゅ》のもとに坐《ざ》したときと同《おな》じ状態《じょうたい》に達《たっ》したということができます。もはや、阿耨多羅三藐三菩提《あのくたらさんみゃくさんぼだい》に達《たっ》するのは、間近《まぢか》のことでありましょう。」

このような信仰者《しんこうしゃ》の境地《きょうち》を、六波羅蜜《ろくはらみつ》を完全《かんぜん》に行《ぎょう》ずるという意味《いみ》で「正行六度《しょうぎょうろくど》」といいますが、ここまでできたら、世尊《せそん》もはっきり証明《しょうめい》しておられるように、最高《さいこう》の悟《さと》りを得《え》るのも遠《とお》くないのです。ですから、そのような人《ひと》に対《たい》しては、

二九三・七―九

「阿逸多よ。このような人《ひと》がすわったり、立《た》ったり、歩《ある》きまわりながら修行《しゅぎょう》している場所《ばしょ》には、塔《とう》を建《た》てその行《おこ》ないをほめたたえなさい。そして、天上界《てんじょうかい》のものも人間界《にんげんかい》のものも、仏《ほとけ》の塔《とう》と同《おな》じようにそ

れを供養《くよう》しなさい」とおおせられています。まえには、ご自分《じぶん》のためには塔《とう》などを建《た》てる必要《ひつよう》はないとおっしゃり、ここでは、正行六度《しょうぎょうろくど》を行ずる人《ひと》があれば、塔《とう》を建《た》てて供養《くよう》せよとおっしゃっているのは、末世《まっせ》において仏《ほとけ》の教《おし》えを行《おこ》ない、それを説《と》きひろめることの重大《じゅうだい》さを強《つよ》くお教《おし》えになったのであって、まことにもったいないおことばだと思《おも》います。

つぎに、世尊《せそん》は、いまお説《と》きになったことを、偈《げ》をもって重《かさ》ねてお説《と》きになります。この偈《げ》は、二、三のむずかしいことばもありますが、まえの長行《じょうごう》の意味《いみ》がよくわかっておれば、それとほとんど同様《どうよう》のことですから、何回《なんかい》もくりかえして読《よ》めば、かならず理解《りかい》できることと思《おも》います。

むずかしいことばを解説《かいせつ》すれば、表刹《ひょうせつ》（塔《とう》の上《うえ》に立《た》っている尖柱《せんちゅう》）、須曼《しゅまん》・瞻蔔《せんばく》・阿提目多伽《あだいもくたか》（それぞれいい香《かお》りのある草木《くさき》の名《な》）、謙下《けんげ》（下《さ》がる心《こころ》をもつ）、随順《ずいじゅん》して（相手《あいて》の心《こころ》をよくくんで）、仏《ほとけ》の想《おもい》の如《ごと》くすべし（仏《ほとけ》さまを思《おも》うのと同《おな》じ心《こころ》をもって恭敬《くぎょう》せよ）、其《そ》の所住止《しょじゅうし》の処《ところ》（そのような人《ひと》の止《とど》まり住《す》む場所《ばしょ》）、これぐらい解《わか》れば充分《じゅうぶん》でしょう。

最後《さいご》に「仏子《ぶっし》此《こ》の地《じ》に住《じゅう》すれば　則《すなわ》ち是《こ》れ仏受用《ほとけじゅゆう》したもう　常《つね》に其《そ》の中《なか》に在《ましま》して　経行《きょうぎょう》し若《も》しは坐臥《ざが》したまわん」とありますが、これもたいへん尊《とうと》いおことばです。

仏《ほとけ》さまは、仏《ほとけ》さまの教《おし》えを心《こころ》から信解《しんげ》しているものを、ほんとうの子《こ》と同様《どうよう》にお考《かんが》えになりますから、仏子《ぶつし》とおっしゃっておられるのです。その仏子《ぶつし》の住《じゅう》しているところは、仏《ほとけ》さまがご自分《じぶん》の住所《じゅうしょ》として用《もち》いてくださるというのです。それが「受用《じゅゆう》」の意味《いみ》です。そして、仏《ほとけ》さまはつねにその中《なか》においでになって、経行《きょうぎょう》なさったり、坐臥《ざが》したりなさるというのです。

すなわち、われわれが真《しん》の信仰《しんこう》に徹《てつ》すれば、仏《ほとけ》さまのほうからわれわれの住《す》まいにおいでになり、いっしょにお住《す》みになってくださるというのです。信仰者《しんこうしゃ》にとってこれほどうれしい、ありがたいことはありません。法悦《ほうえつ》に明《あ》けて法悦《ほうえつ》に暮《く》れる、仏《ほとけ》と共《とも》に起《お》き、仏《ほとけ》と共《とも》に寝《い》ねる――まことに信仰生活《しんこうせいかつ》の極致《きょくち》というべきでありましょう。

随《ずい》喜《き》功《く》徳《どく》品《ほん》第《だい》十八

この品《ほん》には、「初随喜《しょずいき》」の功徳《くどく》というものをさらに強調《きょうちょう》し、くわしく説《と》いてあります。なぜこのようにくりかえして説《と》いてあるかといえば、教《おし》えに随喜《ずいき》する、すなわち心《こころ》から「ありがたい」と感《かん》ずるその感激《かんげき》が、信仰《しんこう》にとって欠《か》くことのできない根本《こんぽん》の要素《ようそ》であるからです。

「ああ、ありがたい」という感激《かんげき》が起《お》こらなければ、いかに万巻《まんがん》の経典《きょうでん》を読《よ》み、あらゆる教理《きょうり》をそらんじていても、それは仏教学《ぶっきょうがく》に通《つう》じているだけであって、仏《ほとけ》を信《しん》じているとはいえません。随喜《ずいき》の念《ねん》があってこそ、信仰《しんこう》といえるのです。ですから、特《とく》にこのことをくりかえしてお説《と》きになられたわけです。

信仰《しんこう》はよく掛《か》け算《ざん》にたとえられます。　信仰《しんこう》の対象《たいしょう》×信仰《しんこう》の心《こころ》＝信仰《しんこう》の結果《けっか》　です。

そこで、信仰《しんこう》の対象《たいしょう》がいくらこの上《うえ》ない完全《かんぜん》なものであっても、信仰《しんこう》の態度《たいど》がまちがっており、信仰《しんこう》の度合《どあい》が低《ひく》ければ、結果《けっか》が現《あら》われるはずはありません。すなわち、仏《ほとけ》の教《おし》えを、仮《かり》に100という数《すう》で表《あら》わすとします。ところが、それに対《たい》する「ありがたい」と思《おも》う信仰心《しんこうしん》が0《ゼロ》であったら、100×0=0で、結果《けっか》は0《ゼロ》です。

また、もし信仰心《しんこうしん》がどんなに燃《も》えさかっていても、その信仰《しんこう》の対象《たいしょう》が空《むな》しいものであったとしたら、これまた無価値《むかち》です。すなわち　0×100=0　となります。空《むな》しいものをいくら熱心《ねっしん》に信仰《しんこう》してみても、空《むな》しい結果《けっか》に終《お》わるしかないのであります。

ましてや、まちがった教《おし》えを信仰《しんこう》すれば、その結果《けっか》が害悪《がいあく》や不幸《ふこう》として現《あら》われてくるのは理《り》の当然《とうぜん》です。すなわち、教《おし》えそのものがマイナスですから、たとえそれが-1ぐらいの邪教《じゃきょう》でも、信仰《しんこう》の心《こころ》が100であれば-1×100=-100こういう大《おお》きなマイナスになるわけです。邪教《じゃきょう》を信仰《しんこう》するのが、いかにおそろしいことであるかが、これでお解《わか》りなることと思《おも》います。

「法華経《ほけきょう》」の教《おし》えはもちろん無限大《むげんだい》のものですが、仮《かり》に100という数《すう》で表《あら》わすとして、たとえほんの一念《いちねん》だけでも「ああ、ありがたい」と深《ふか》く心《こころ》に信《しん》ずれば、（その一念《いちねん》を仮《かり》に1としても）100×1=100という大《おお》きな結果《けっか》となるのです。「初随喜《しょずいき》」というものは、これほど大切《たいせつ》なものなのであります。まして、信仰心《しんこうしん》が2となり、5となり、10となり、100となるにつれて、その功徳《くどく》ははかりしれないものとなることはいうまでもありません。

二九六・一─五 そこで、弥勒菩薩《みろくぼさつ》は、世尊《せそん》におたずね申《もう》しあげます。

「世尊《せそん》、もし善男子《ぜんなんし》・善女人《ぜんにょにん》が『法華経《ほけきょう》』の教《おし》えを聞《き》いて、ありがたいという心《こころ》を起《お》こしましたならば、どれほどの功徳《くどく》があるものでございましょうか。」

もちろん弥勒菩薩《みろくぼさつ》にはよく解《わか》っていることですけれども、さすがに慈悲《じひ》の代表《だいひょう》といわれるだけあって、衆生《しゅじょう》の信仰《しんこう》をいやが上《うえ》にも強《つよ》めたいという気持《きもち》からこういう質問《しつもん》をして、初歩的《しょほてき》な段階《だんかい》にある人《ひと》たちのためにもっともっとくわしく説《と》いてくださることをお願《ねが》いしたわけです。
世尊《せそん》は、それにお答《こた》えになって、つぎのようにお説《と》きになります。

「二九六・六―一〇 阿逸多よ。如来《にょらい》の滅後《めつご》において、比丘《びく》でもよい、比丘尼《びくに》でもよい、また在家《ざいけ》の信者《しんじゃ》でもよい、あるいはまだ信者《しんじゃ》ではないがよく一般《いっぱん》の教養《きょうよう》を具《そな》えているものでもよい、年《とし》をとっていようが、まだ幼《おさな》いものであろうが、それもかまわない……とにかく、どのような人《ひと》であろうとも、この教《おし》えを聞《き》いてありがたいという喜《よろこ》びを感《かん》じ、そしてその説法《せっぽう》の場《ば》から去《さ》って他《た》の所《ところ》へいったとしましょう。

そこが僧坊《そうぼう》であってもよい、うき世《よ》を離《はな》れた静寂《せいじゃく》の地《ち》（空閑《くうげん》の地《ち》）であってもよい、あるいは都《みやこ》の賑《にぎや》かな町《まち》でも、田舎《いなか》の村《むら》でも、田畑《たはた》の中《なか》の里《さと》でもよい、どんなところででもよいから、いま聞《き》いた教《おし》えを、聞《き》いたとおりに、父母《ふぼ》や、親戚《しんせき》や、友人《ゆうじん》や、知合《しりあ》いの人《ひと》びとにむかって、自分《じぶん》の力《ちから》にできるかぎりの程度《ていど》でいいから、話《はな》してあげたとしましょう。

二九六・一〇―二九七・二 それを聞いた人たちもまた、ありがたいという喜《よろこ》びを覚《おぼ》えて、あちこちへ出《で》かけて、他《た》の人《ひと》びとに教《おし》えの話《はなし》を伝《つた》えたとしましょう。それを聞《き》いた人《ひと》びともまた随喜《ずいき》の心《こころ》を起《お》こして、また教《おし》えを他《た》へ伝《つた》えたとしましょう。こうして、教《おし》えが転々《てんてん》と展開《てんかい》してゆき、それが五十回《かい》もくりかえされたとしましょう。

二九七・二―三 阿逸多よ。その五十回目《かいめ》に当《あ》たる善男子《ぜんなんし》・善女人《ぜんにょにん》が、教《おし》えを聞《き》いて、ありがたいという感激《かんげき》を覚《おぼ》えたその功徳《くどく》すらも、まことに大《おお》きなものがあるのです。いまそれを説《と》いてきかせますから、よくお聞《き》きなさい。」

ここのところに、うっかり見落《みおと》してはならない三つの大切《たいせつ》な点《てん》があります。

其《そ》の所聞《しょもん》の如《ごと》く

第《だい》一は、「其《そ》の所聞《しょもん》の如《ごと》く」ということです。初心《しょしん》の人《ひと》びとにとっては、教《おし》えを聞《き》いたら、そのとおりを他《た》へ伝《つた》えるということが大切《たいせつ》なのです。そうでないと教《おし》えのかんじんなところを誤《あやま》り伝《つた》えるおそれがあるからです。

これはなんでもないようなことですが、案外《あんがい》むずかしいことです。よく社会心理学者《しゃかいしんりがくしゃ》などが、こういう実験《じっけん》をします。

大《おお》ぜいの学生《がくせい》を、うんと間隔《かんかく》をあけて並《なら》ばせ、一方《いっぽう》の端《はし》から順々《じゅんじゅん》にある短《みじ》かい話《はなし》を耳《みみ》もとでささやいて伝《つた》えさせるのです。たとえば、「太郎《たろう》と次郎《じろう》と言《い》い争《あらそ》いをしているところへ花子《はなこ》が通《とお》りがかったが、太郎《たろう》が次郎《じろう》を言《い》い負《ま》かしたらしく、次郎《じろう》は真《ま》っ赤《か》な顔《かお》をし、太郎《たろう》は真《ま》っ青《さお》な顔《かお》をしてにらみあっていたそうだ」というぐらいの簡単《かんたん》な話《はなし》ですが、何《なん》十人《にん》もの耳《みみ》から口《くち》へと転々《てんてん》とするあいだに、ずいぶん変《か》わってくるそうです。ことばの端々《はしばし》が変《か》わるぐらいならともかく、言《い》い負《ま》かしたのが次郎《じろう》になったり、真《ま》っ赤《か》な顔《かお》をしているのが太郎《たろう》になったり、話《はなし》の要点《ようてん》までが変《か》わってしまうのです。

なぜこう変《か》わるかといいますと、聞《き》きまちがいをするものもあり、記憶力《きおくりょく》がわるくて途中《とちゅう》でかんじんの点《てん》をまちがってしまうものもあり、あるいは主観《しゅかん》（自分《じぶん》の考《かんが》え）をその中《なか》に混《ま》ぜてしまうので、話《はなし》がこんがらがってしまったりするのです。この主観《しゅかん》というものが曲者《くせもの》でありまして、聞《き》きまちがいも、記《き》憶《おく》ちがいもそれから起《お》こる場合《ばあい》が多《おお》いのです。たとえば言《い》い負《ま》かされたほうが青《あお》い顔《かお》をしているはずだという常識《じょうしき》が主観《しゅかん》となっておれば、つい「次郎《じろう》が青《あお》い顔《かお》をしていた」と聞《き》いたり、記憶《きおく》の途中《とちゅう》でそう入《い》れちがってしまったりするのです。

仏《ほとけ》の教《おし》えが、こういうふうにまちがって伝《つた》えられたら、たいへんです。ですから、「其《そ》の所聞《しょもん》の如《ごと》く」と戒《いまし》められているのです。教《おし》えの神髄《しんずい》に達《たっ》したものなら、自由自在《じゆうじざい》な方便《ほうべん》をもっていろいろな説《と》きかたをしてもいい――いや、してもいいというより、相手《あいて》によって説《と》きかたを変《か》えるのが当然《とうぜん》――ですが、初心《しょしん》の人《ひと》はこの戒《いまし》めを忘《わす》れてはならないのです。

ついでですが、仏弟子《ぶつでし》たちも、この点《てん》については細心《さいしん》のうえにも細心《さいしん》の注意《ちゅうい》を重《かさ》ねました。釈尊《しゃくそん》が入《にゅう》滅《めつ》されてから四カ月目《げつめ》に、五百人《ひゃくにん》の高弟《こうてい》たちが王舎城《おうしゃじょう》に集《あつ》まって、自分《じぶん》たちの聞《き》いた釈尊《しゃくそん》の教《おし》えを確《たし》かめあい、これこそ正《ただ》しい釈尊《しゃくそん》のおことばであるということがはっきりしてから、あらためてそれをしっかり記憶《きおく》する努力《どりょく》をしました。こういう会議《かいぎ》を結集《けつじゅう》といいます。

それは、どういう手続《てつづ》きでやったかといいますと、たとえば多聞随一《たもんずいいち》の阿難《あなん》が語《かた》り手《て》に選《えら》ばれますと、議長《ぎちょう》の迦葉《かしょう》が、ある教《おし》えについて、いつ、どこで、だれを相手《あいて》に、どういうきっかけでお説《と》きになったのか、その内容《ないよう》はどんなものであったかと、つぎつぎに質問《しつもん》いたします。阿難《あなん》は、それに対《たい》して、一々答《いちいちこた》えます。

他《た》の四百《ひゃく》九十八人《にん》の仏弟子《ぶつでし》たちは、じっとそれを聞《き》いていて、もし阿難《あなん》の答《こたえ》に自分《じぶん》たちの記憶《きおく》とちがうところがなければ、それが正《ただ》しく釈尊《しゃくそん》の教《おし》えであることを承認《しょうにん》するのです。たった一人《ひとり》でも異議《いぎ》のあるものがあったら、通過《つうか》させません。多数決《たすうけつ》などというのは、凡夫《ぼんぷ》どうしの話《はな》し合《あ》いをとりまとめていくのには望《のぞ》ましい方法《ほうほう》ですが、いやしくも後世《こうせい》に残《のこ》すべき教法《きょうぼう》の決定版《けっていばん》をつくるという聖業《せいぎょう》ですから、完全《かんぜん》に満場一致《まんじょういっち》した場合《ばあい》にかぎって承認《しょうにん》するわけです。

われわれが世尊《せそん》からうかがったのはそのとおりだ——と、満場《まんじょう》が一致《いっち》したら、いっせいにそれを合唱《がっしょう》して、しっかりと記憶《きおく》にとどめます。ですから、たいていのお経《きょう》は「如是我聞《にょぜがもん》」すなわち「たしかに、このように、われわれは聞《き》いた」ということばではじまっているわけです。

また、こういう問答《もんどう》のくりかえしを、そのまま記憶《きおく》したのですから、「阿含経《あごんぎょう》」のような原始仏教《げんしぶっきょう》の経典《きょうでん》には、おなじような内容《ないよう》のくりかえしが非常《ひじょう》に多《おお》いわけで、「法華経《ほけきょう》」などの大乗経《だいじょうきょう》になるとそれがずいぶん整理《せいり》されていますが、それでも印象《いんしょう》を深《ふか》める必要《ひつよう》のあるところでは、やはり多《おお》くのくりかえしが用《もち》いられているのです。

話《はなし》がすこし本文《ほんもん》よりそれましたが、「其《そ》の所聞《しょもん》の如《ごと》く」というのは、これぐらい大切《たいせつ》なことであることを忘《わす》れないようにしていただきたいと思《おも》います。

力《ちから》に随《したが》って

第《だい》二の大切《たいせつ》な点《てん》は、「力《ちから》に随《したが》って」ということです。

これには二《ふた》つの意味《いみ》があり、その一《ひと》つは「その人《ひと》の力相応《ちからそうおう》に」という意味《いみ》、もう一《ひと》つは「その人《ひと》の力《ちから》のあらんかぎりを尽《つ》くして」という意味《いみ》です。

はじめて教《おし》えを聞《き》いたばかりの人《ひと》が、高僧《こうそう》・名僧《めいそう》のような説法《せっぽう》のできるはずがありません。ですから、たどたどしい話《はな》しっぷりでもよい、話術《わじゅつ》は下手《へた》でもよい、あるいは話《はなし》にかぎらず、文章《ぶんしょう》のうまい人《ひと》は文章《ぶんしょう》で伝《つた》えてもよい、とにかくその人《ひと》の才能《さいのう》と経験《けいけん》に相応《そうおう》して、教《おし》えを伝《つた》えればいいのです。これがはじめの意味《いみ》の「力《ちから》に随《したが》って」です。

しかし、いくら話《はなし》は下手《へた》でも、心《こころ》をこめて、自分《じぶん》にできるかぎりのことを尽《つ》くして教《おし》えを伝《つた》えようと努力《どりょく》すれば、その熱心《ねっしん》はかならず相手《あいて》を動《うご》かすものです。要《よう》するにまごころの問題《もんだい》です。これがあとの意味《いみ》の「力《ちから》に随《したが》って」です。

五十展転《てんでん》　第三《だい》に見落《みお》としてならないことは、なぜ五十人《にん》も展転《てんでん》して伝《つた》えられた教《おし》えを聞《き》いた、その五十人目《にんめ》の人《ひと》の功徳《くどく》を特《とく》にいってあるのかということです。これは、「法華経《ほけきょう》」の教《おし》えの偉大《いだい》さを強《つよ》く表現《ひょうげん》するためにほかなりません。

なぜかといえば、初《はじ》めの人《ひと》は法会《ほうえ》において説法《せっぽう》を聞《き》いたのですから、よく法《ほう》に達《たっ》した、そして説得力《せっとくりょく》のある指導者《しどうしゃ》の話《はなし》を聞《き》いたわけです。だから、その感激《かんげき》は、非常《ひじょう》に強《つよ》いものがあったわけです。

ところが、それからあとはずっと、教《おし》えを伝《つた》える人《ひと》といえば、いま法《ほう》を聞《き》いたばかりの人《ひと》です。広《ひろ》い知識《ちしき》もなければ、深《ふか》い信仰《しんこう》もなければ、長《なが》い経験《けいけん》もない人《ひと》です。ですから、教《おし》えの内容《ないよう》は「其《そ》の所聞《しょもん》の如《ごと》く」まちがいなく伝《つた》えられていっても、受《う》け取《と》る人《ひと》の感銘《かんめい》というものは、二人目《ふたりめ》から三人目《にんめ》、三人目《にんめ》から四人目《にんめ》と、あとへいけばいくほど薄《うす》れてくるのはやむをえません。

そうやって五十人目《にんめ》に達《たっ》したとなると、たいていの教《おし》えだったら、ほとんど感銘《かんめい》もなにもなくなってしまって、聞《き》いた人《ひと》は「ああ、そうか」と片《かた》づけるぐらいがせいぜいでしょう。

しかし、「法華経《ほけきょう》」の場合《ばあい》は、そこがちがうのです。教《おし》えの内容《ないよう》がかぎりなく偉大《いだい》ですから、内容《ないよう》がまちがいなく伝《つた》えられているかぎり、五十人目《にんめ》にいたっても、感銘《かんめい》せざるをえないのです。もちろん最《さい》初《しょ》の人《ひと》よりすこしずつ薄《うす》れてきているのはやむをえませんが、その薄《うす》れてきている感銘《かんめい》にすら、つぎに述《の》べるような大《おお》きな功徳《くどく》があるというのです。

「五十展転《てんでん》」には、こういう深《ふか》い意味《いみ》があることを悟《さと》らなければなりません。

さて、これからその功徳《くどく》について述《の》べられるのですが、ここで気《き》をつけなければならないことは、いろいろな功徳《くどく》を表《あら》わすのに、非常《ひじょう》に象徴的《しょうちょうてき》な（形《かたち》のないものを、ある形《かたち》を借《か》りて表《あら》わす）方法《ほうほう》によってされますから、語句《ごく》の表面《ひょうめん》の意味《いみ》そのままを鵜呑《うの》みにしないで、その奥《おく》にある精神《せいしん》をつかまえなければなりません。そうでないと、つまらぬ誤解《ごかい》におちいるおそれがあります。つぎの「法師功徳品第十九《ほっしくどくほんだい》」以下《いか》もすべて同様《どうよう》です。

二九七・三―八

「もし、この宇宙間《うちゅうかん》にいるありとあらゆる生《せい》あるもの、すなわち人間界《にんげんかい》にいるものはもとより、天上界《てんじょうかい》にいるものも、畜生《ちくしょう》・餓鬼《がき》・修羅《しゅら》・地獄界《じごくかい》にいるものも、あるいは鳥獣《とりけもの》から虫《むし》や微生物《びせいぶつ》にいたるまで、とにかく生《せい》あるもの一切《いっさい》に対《たい》して、ある人《ひと》がそれらのものを仕合《しあ》わせにしてやろうと思《おも》って、それらの一《ひと》つ一《ひと》つが生活《せいかつ》を楽《たの》しむために欲《ほっ》しているものを、すべて与《あた》えてやったとしましょう。すなわち、この世界《せかい》にいっぱいになるほどの金《きん》・銀《ぎん》・瑠璃《るり》・硨磲《しゃこ》・碼碯《めのう》・珊瑚《さんご》・琥珀《こはく》のようなもろもろの珍《めずら》しい宝《たから》もの、それから象《ぞう》や、馬《うま》や、車《くるま》や、七宝《しっぽう》で飾《かざ》った建物《たてもの》など、とにかくそれぞれの生《い》きものが欲《ほっ》しているあらゆる物質《ぶっしつ》を与《あた》えてやったとしましょう。

二九七・八—二九八・二
ところが、その大施主《だいせしゅ》が八十年間《ねんかん》もそうやって布施《ふせ》をつづけてから、さてつぎのように考《かんが》えました。

『わたしは衆生《しゅじょう》の欲《ほっ》するとおり、生活《せいかつ》を楽《たの》しむための物質《ぶっしつ》を与《あた》えてきた。しかし、この衆生《しゅじょう》たちはだんだん年《とし》をとり、もう八十歳《さい》を過《す》ぎた。髪《かみ》は白《しろ》く、顔《かお》はしわだらけになり、死期《しき》も近《ちか》づこうとしている。ここでわたしは、仏法《ぶっぽう》をもってこの人《ひと》たちを教《おし》え導《みちび》いてやらねばならない。』

そう考《かんが》えたので、人《ひと》びとを集《あつ》め、すべての人《ひと》に法《ほう》を説《と》き聞《き》かせて教化《きょうけ》し、みんなが喜《よろこ》んでその法《ほう》を学《まな》び、実行《じっこう》するような気持《きもち》にしてやりました。そこでその人《ひと》びとは、須陀洹道《しゅだおんどう》・斯陀含道《しだごんどう》・阿那含道《あなごんどう》・阿《あ》羅漢道《らかんどう》を一時《いちじ》に得《え》、すべての迷《まよ》い（有漏《うろ》）を除《のぞ》き尽《つ》くし、どんなことがあっても心《こころ》の乱《みだ》れない深《ふか》い境地《きょうち》（深禅定《じんぜんじょう》）に達《たっ》し、どんな境遇《きょうぐう》にあってもその境遇《きょうぐう》に動《うご》かされない自由自在《じゆうじざい》な心境《しんきょう》、そして、あらゆる物質《ぶっしつ》にとらわれない解脱《げだつ》（八解脱《はちげだつ》）の状態《じょうたい》に達《たっ》しえたのです。」

ここには、むずかしいことばがたくさん出《で》てきます。

「六趣《ろくしゅ》」というのは「六道《ろくどう》」とおんなじで、まえ（四七頁《ページ》）にありました。

四生《ししょう》というのは卵生《らんしょう》（卵《たまご》から生《しょう》ずるもの）、胎生《たいしょう》（母体《ぼたい》からそのままの姿《すがた》で生《う》まれ出《で》るもの）、湿生《しっしょう》（湿《しめ》ったところから生《う》まれ出《で》る虫《むし》のようなもの)、化生《けしょう》(卵生《らんしょう》、胎生《たいしょう》、湿生《しっしょう》以外《いがい》の生《う》まれかたをするもので、そのものの業《ごう》によってこつ然《ぜん》と生《う》まれるもの)の四つをいいます。すなわち、あらゆる種類《しゅるい》の生物《せいぶつ》という意味《いみ》です。

「有想《うそう》」とは、意識作用《いしきさよう》の雑《ざつ》なもの、つまり、あれこれものを考《かんが》えているもの、「無想《むそう》」とは意識活動《いしきかつどう》がなくなったもの、つまり、すみきった心《こころ》の状態《じょうたい》のもの、「非有想《ひうそう》」とはより低《ひく》い境地《きょうち》のもののもっているような、目《め》の粗《あら》い煩悩《ぼんのう》はすっかりなくなってしまった境地《きょうち》にいるもの、「非無想《ひむそう》」というのは、まだひじょうに目《め》の細《こま》かい煩悩《ぼんのう》がないではない境地《きょうち》にいるもの……つまり、この境地《きょうち》は、三界《さんがい》ではもっとも高《たか》い境地《きょうち》ですが、やはりまだ六道《ろくどう》の一《ひと》つである天上界《てんじょうかい》であって、仏《ほとけ》の境界《きょうがい》にはたっしていないというわけです。

「示教利喜《じきょうりき》」というのは二一一頁《ページ》で説明《せつめい》しましたから、ここには略《りゃく》します。

「須陀洹道《しゅだおんどう》」から「阿羅漢道《あらかんどう》」までは、声聞《しょうもん》の修行者《しゅぎょうしゃ》の修行《しゅぎょう》していく四つの段階《だんかい》をいったもので、「須《しゅ》陀洹道《だおんどう》」というのは、仏弟子《ぶつでし》の仲間《なかま》にはいることができた段階《だんかい》、「斯陀含道《しだごんどう》」というのは、迷《まよ》いは除《のぞ》いたが、まだ迷《まよ》う可能性《かのうせい》のある段階《だんかい》、「阿那含道《あなごんどう》」は、迷《まよ》う可能性《かのうせい》をも除《のぞ》くことができた段階《だんかい》、「阿羅漢《あらかん》道《どう》」とは一切《いっさい》の迷《まよ》いをすっかり除《のぞ》きつくし、清《きよ》らかにすみきった心《こころ》の段階《だんかい》です。これらの四段階《だんかい》をだんだん上《のぼ》ってゆくのが普通《ふつう》の修行《しゅぎょう》ですが、この人《ひと》たちはいっぺんに阿羅漢道《あらかんどう》まで達《たっ》してしまったというのです。

「八解脱《はちげだつ》」というのは、ものごとに対《たい》する見《み》かた考《かんが》えかたに、とらわれをなくする修行《しゅぎょう》を、八つに分《わ》けて説《と》かれたものですが、あまり専門的《せんもんてき》になりますから、細《こま》かい説明《せつめい》は省略《しょうりゃく》します。

二九八・二一〇
そこで世尊は弥勒菩薩《みろくぼさつ》にむかって、おたずねになります。

「あなたはどう思《おも》いますか。この大施主《だいせしゅ》の得《え》る功徳《くどく》は、多《おお》いものでしょうか。少《すく》ないものでしょうか。」

弥勒菩薩《みろくぼさつ》は、すぐにお答《こた》え申《もう》しあげます。

「世尊《せそん》、この人《ひと》の功徳《くどく》はたいへん多《おお》いもので、まことに無量無辺《むりょうむへん》でございます。ただたんに物質《ぶっしつ》の施《ほどこ》しをしましただけでも、その功徳《くどく》は量《はか》りしれないものがございましょう。しかもこの人《ひと》は、一切《いっさい》の迷《まよ》いまでとり除《のぞ》いてやったのでございますから……。」

すると、世尊《せそん》はいちだんとことばを強《つよ》められて、つぎのようにお説《と》きになりました。

「では、ここで、はっきりいっておきましょう。この人《ひと》は宇宙間《うちゅうかん》のあらゆる生《せい》あるものに対《たい》して、あらゆる物質上《ぶっしつじょう》の施《ほどこ》しをしたうえに、あらゆる煩悩《ぼんのう》まで除《のぞ》いてやるという精神的《せいしんてき》な施《ほどこ》しをしました。ところが、そのことによって得《え》る功徳《くどく》も、さきに述《の》べた第《だい》五十番目《ばんめ》の人《ひと》が『法華経《ほけきょう》』のたった一《ひと》つの偈《げ》を聞《き》いて喜《よろこ》びを感《かん》じたその功徳《くどく》に比《くら》べれば、はるかに及《およ》ばないものでありましょう。その百分《ひゃくぶん》の一《いち》、千分《せんぶん》の一《いち》、あるいは百千万億分《ひゃくせんまんおくぶん》の一《いち》にも及《およ》びますまい。いやそういう数《かず》によって比較《ひかく》することは不可能《ふかのう》なのです。」

なぜ比較《ひかく》することができないかというと、それには二《ふた》つの理由《りゆう》があります。第《だい》一に「財施《ざいせ》」と「法《ほう》施《せ》」では次元《じげん》がちがうということです。

物質的《ぶつしつてき》な布施《ふせ》をすることも、いいことにちがいありません。しかし、その与《あた》える功徳《くどく》というものは、有限《ゆうげん》のものです。相対的《そうたいてき》なものです。

たとえば、こまっている人《ひと》びとにお金《かね》をさしあげたとします。千円《せんえん》なら千円《せんえん》というお金《かね》が、ある人《ひと》にとっては、ほんとうに更生《こうせい》のいとぐちになるかもしれません。しかし、人《ひと》によっては、そのお金《かね》のあるうちだけは楽《らく》をするけれども、使《つか》ってしまえば元《もと》の木阿弥《もくあみ》ということになるかもしれません。それどころか、ある場合《ばあい》には、かえってそのために怠《なま》け癖《ぐせ》やぜいたく癖《ぐせ》をつける逆効果《ぎやくこうか》をよぶかもしれません。ですから、物質的《ぶつしつてき》な布施《ふせ》もいいことにはちがいないけれども、それは有限《ゆうげん》なものであり、相対的《そうたいてき》なものです。

ついでですが、金銭《きんせん》や物質《ぶつしつ》を布施《ふせ》するとき、それを有効《ゆうこう》に使《つか》って生活《せいかつ》を立《た》て直《なお》す方法《ほうほう》をも指導《しどう》してあげることができれば、その金銭《きんせん》なり物質《ぶつしつ》なりはずっと生《い》きることでしょう。こういう指導《しどう》というものはすでに「法施《ほうせ》」のうちにはいるのであって、「法施《ほうせ》」が加《くわ》われば「財施《ざいせ》」もずっと効果的《こうかてき》になるわけです。社会保障制度《しやかいほしようせいど》などというものも、こういうふうに行《おこ》なうのが理想《りそう》といえましょう。

しかし、それすらもまだ有限《ゆうげん》なものであり、相対的《そうたいてき》なものです。なぜならば、その与《あた》える功徳《くどく》は一生《いつしよう》で終《お》わってしまうからです。ほんとうに尊《とうと》い、永遠《えいえん》に生《い》きる布施《ふせ》は、仏《ほとけ》の教《おし》えを与《あた》える「法施《ほうせ》」です。これは、その人《ひと》の一生《いつしよう》だけでなく、後世《こうせい》にまでも残《のこ》る布施《ふせ》ですから、これほどの功徳《くどく》はないわけです。

ところがこの人《ひと》は、天地間《てんちかん》のあらゆる生《い》きものに対《たい》してあらゆる財施《ざいせ》を行《おこ》ないつづけたうえに、仏法《ぶっぽう》を説《と》いて阿羅漢果《あらかんが》を得《え》させるという「法施《ほうせ》」まで与《あた》えているのです。それなのに、その功徳《くどく》すら、五十展転《てんでん》した最後《さいご》の人《ひと》が「法華経《ほけきょう》」の一偈《いちげ》を聞《き》いて「ありがたい」と思《おも》ったその功徳《くどく》とは比《くら》べものにならない——とあります。ちょっと考《かんが》えると不思議《ふしぎ》なようですが、そうではありません。これには、つぎのような意味《いみ》があるのです。

阿羅漢果《あらかんが》を得《え》た——すなわちすべての迷《まよ》いを除《のぞ》きつくしたというのは、小乗《しょうじょう》の教《おし》えの極致《きょくち》でありますが、もしその人《ひと》が山《やま》の中《なか》にでも引《ひ》っこんで、ひとり行《おこ》ない澄《す》ましてしまったのでは、その功徳《くどく》はそこで止《と》まってしまいます。仏《ほとけ》の教《おし》えはたいへん尊《とうと》いものではありますけれども、それを人《ひと》に説《と》いてその人《ひと》を向上《こうじょう》させ、力《ちから》と勇気《ゆうき》を与《あた》え、ひいては世《よ》の中全体《なかぜんたい》を引《ひ》き上《あ》げていかなければ、その尊《とうと》さが十分《じゅうぶん》に発揮《はっき》できないのです。宗教《しゅうきょう》の専門家《せんもんか》が、ただ自分《じぶん》のみ悟《さと》ってお寺《てら》にひき籠《こも》っていたり、あるいはお葬《とむら》いの儀式《ぎしき》だけを行《おこ》なっていたのでは、仏《ほとけ》さまのほんとうのみ心《こころ》は生《い》かされないのです。

ところが、「法華経《ほけきょう》」の教《おし》えは、自分《じぶん》だけが救《すく》われればそれでいいというのではなく、他《た》を救《すく》うという菩薩行《ぼさつぎょう》が大眼目《だいがんもく》となっています。ですから、「法華経《ほけきょう》」の一偈《いちげ》でも聞《き》いて『ありがたい』と感激《かんげき》した気持《きもち》は、かならず人《ひと》を救《すく》い、世《よ》を救《すく》う力《ちから》となって発展《はってん》していくのです。

そこで、阿羅漢果《あらかんが》は自分自身《じぶんじしん》の悟《さと》りとしては満点《まんてん》ですから、これを百《ひやく》という数字《すうじ》で表《あら》わすとします。それに対《たい》して「法華経《ほけきょう》」の一偈《いちげ》を聞《き》いて起《お》こした「初随喜《しょずいき》」の念《ねん》は、その人《ひと》の悟《さと》りとしてはまだ一《いち》の点《てん》数《すう》しか与《あた》えられないかもしれません。しかし、小乗《しょうじょう》の悟《さと》りの百《ひゃく》と、大乗《だいじょう》の教《おし》えの一《いち》とでは、そのねうちがうんとちがうのです。なぜならば、大乗《だいじょう》の教《おし》えの一《いち》は無限《むげん》に拡大《かくだい》していく一《いち》ですから、いつかは千《せん》にも万《まん》にもなる可能性《かのうせい》をもっているのです。

たとえば、自分一人《じぶんひとり》だけの悟《さと》りは、倉庫《そうこ》にしまいこんである米百石《こめひゃっこく》のようなもので、その人《ひと》はそれで一生食《いっしょうた》べていけます。しかし、それでおしまいです。うっかりすると、途中《とちゅう》で虫《むし》やネズミに食《く》われたり、腐《くさ》ったりするかもしれません。ところが、「法華経《ほけきょう》」の教《おし》えに対《たい》する初随喜《しょずいき》の念《ねん》は、苗床《なえどこ》におろした籾《もみ》一升《しょう》のようなものです。それは生《い》きていますから、生々発展《せいせいはってん》して何百石《なんびゃっこく》にも、何千石《なんぜんごく》にもなる可能《かのう》性《せい》をもっているわけです。

だからこそ、非常《ひじょう》に尊《とうと》いのであって、最大限《さいだいげん》の「財施《ざいせ》」を行《おこ》なったうえに、阿羅漢果《あらかんが》を得《え》させるという「法施《ほうせ》」を与《あた》えたより、「法華経《ほけきょう》」の一偈《いちげ》でも聞《き》いて随喜《ずいき》する功徳《くどく》がはるかに大《おお》きい（与《あた》える功徳《くどく》が大《おお》きいから、したがって受《う》ける功徳《くどく》も大《おお》きい）というのは、こういう理由《りゆう》によるものです。

ところで、これは五十人《にん》も展転《てんでん》した教《おし》えを聞《き》いての随喜《ずいき》のことでしたが、それでは最初《さいしょ》に教《おし》えを聞《き》いた人《ひと》はどうであるかといえば、

二九八・一〇―二九九・一
「阿逸多よ、『法華経《けきょう》』の教《おし》えを、五十人《にん》も展転《てんでん》してから聞《き》いて喜《よろこ》びを覚《おぼ》えたその功徳《くどく》すら、このように偉大《いだい》です。まして、最初《さいしょ》に法会《ほうえ》の中《なか》で聞《き》いて随喜《ずいき》の心《こころ》を起《お》こした人《ひと》の受《う》ける功徳《くどく》となると、まことに無量無辺《むりょうむへん》であって、比《くら》べるものもないのです。」

と、おおせられています。

すなわち、まえにも説明《せつめい》しましたように、初心者《しょしんしゃ》から初心者《しょしんしゃ》へと五十人《にん》も展転《てんでん》して伝《つた》えられた教《おし》えでさえも、教《おし》えそのものの価値《かち》が絶大《ぜつだい》ですから聞《き》く人《ひと》はやはり喜《よろこ》びを覚《おぼ》えるのですが、ましてその道《みち》に達《たっ》した説法者《せっぽうしゃ》からじかに教《おし》えを聞《き》いた人《ひと》の感銘《かんめい》、その感銘《かんめい》によってもたらされる人生《じんせい》の一大転回《いちだいてんかい》、およびひろく社会《しゃかい》へおよぼしていくその影響《えいきょう》というものは、じつにはかり知《し》ることのできないものがある。

——というわけです。


ここまでは、とにもかくにも「法華経《ほけきょう》」の教《おし》えに対《たい》して「ありがたい」という心《こころ》を起《お》こした人《ひと》の功徳《くどく》について説《と》かれているのですが、つぎには、それよりもっと低《ひく》い段階《だんかい》、すなわちただ教《おし》えに触《ふ》れただけで、まだ心《こころ》がそれに深《ふか》く動《うご》かされていない段階《だんかい》の人でさえも、非常《ひじょう》に大《おお》きな功徳《くどく》を得《え》るのだということが述《の》べられてあります。

それはつまり、法縁《ほうえん》というものがどんなに大切《たいせつ》であるかを教《おし》えられているのです。われわれはすべて仏性《ぶっしょう》をもっていることにまちがいはないのですが、縁《えん》があってその仏性《ぶっしょう》が目《め》を覚《さ》まさなければ、救《すく》いに達《たっ》することはできない。だから、何《なに》よりもまず教《おし》えに触《ふ》れることが先決条件《せんけつじょうけん》であり、教《おし》えに触《ふ》れる縁《えん》というものは、じつに尊《とうと》いものといわなければなりません。したがって、他人《たにん》にその縁《えん》を与《あた》えるということも、またたいへん尊《とうと》い行為《こうい》です。

そこで、ほんのしばらくのあいだでも「法華経《ほけきよう》」の教《おし》えを聞《き》いた人《ひと》、またそれをすすめたり、誘《さそ》ったりした人《ひと》でさえ、このような功徳《くどく》を受《う》けるのであると、つぎのように説《と》かれてあります。

須臾聞法《しゆゆもんぽう》

「二九九・一―九《た》また阿逸多よ。ある人《ひと》がこの『法華経《ほけきよう》』の教《おし》えを聞《き》こうと思《おも》って道場《どうじよう》に行《い》き、すわってでも立《た》ってでもよい、ほんのしばらくでも説法《せつぽう》を聞《き》いたとすれば、その人《ひと》はその功徳《くどく》によって、たいへんよい所《ところ》へ生《う》まれ変《か》わるでしょう。非常《ひじよう》にりっぱな乗《の》りものに乗《の》って、天上界《てんじようかい》の宮殿《きゆうでん》へ上《のぼ》ることができましょう。また、ある人《ひと》が説法《せつぽう》の座《ざ》にすわっているとき、あとから人《ひと》がはいってきたのをみて、さあここへすわってお聞《き》きなさいとすすめたり、あるいは自分《じぶん》の席《せき》を半分《はんぶん》ゆずってすわらせたりしたとすれば、その人《ひと》は帝釈天《たいしやくてん》とか梵天王《ぼんでんのう》というような天界《てんかい》の善神《ぜんじん》のそばに行《い》けるか、この娑婆世界《しやばせかい》ならば転輪聖王《てんりんじようおう》と並《なら》んですわることができるでありましょう。

阿逸多《あいつた》よ。もしある人《ひと》が他《た》の人《ひと》にむかって『法華経《ほけきよう》という教《おし》えを説《と》いている人《ひと》がいますが、いっしょに行《い》って聞《き》こうではありませんか』とさそったとしましょう。そしてさそわれた人《ひと》がそのとおりにして、しばらくのあいだでも教《おし》えを聞《き》いたとすれば、さそった人《ひと》はその功徳《くどく》によって陀羅尼菩薩《だらにぼさつ》と同《おな》じ所《ところ》に生《う》まれかわることでありましょう。」

帝釈天《たいしやくてん》とか梵天王《ぼんでんのう》は、仏法《ぶつぽう》を守《まも》る最高《さいこう》の善神《ぜんじん》です。転輪聖王《てんりんじようおう》は、仏法《ぶつぽう》にのっとってこの世《よ》を正《ただ》しく平《へい》和《わ》に治《おさ》めていく最高《さいこう》の大王《だいおう》です。陀羅尼《だらに》菩薩《ぼさつ》とは、人《ひと》びとを教《おし》えてあらゆる悪《あく》をやめさせ、あらゆる善《ぜん》をすすめることを務《つと》めとする菩薩《ぼさつ》です。他人《たにん》に対《たい》して「法華経《ほけきょう》」に触《ふ》れる縁《えん》を与《あた》える人《ひと》は、こういう善神《ぜんじん》・聖王《じょうおう》・菩薩《ぼさつ》と同様《どうよう》に貴《とうと》い人《ひと》であるというのです。そして、そういう人《ひと》の世界《せかい》に生《う》まれるというのは、精神的《せいしんてき》に生《う》まれ変《か》わることによって、その人《ひと》の人生《じんせい》が百八十度《ひゃくど》の転回《てんかい》をするという意味《いみ》です。

二九九・九—三〇二・九
こうして、その人《ひと》が精神的《せいしんてき》に生《う》まれ変《か》わるばかりでなく、肉体的《にくたいてき》にも貴《とうと》い相好《そうごう》に生《う》まれ変《か》わるであろうと、いろいろくわしく述《の》べられていますが、その一《ひと》つ一《ひと》つをせんさくする必要《ひつよう》はありますまい。とにかく、精神的《せいしんてき》に生《う》まれ変《か》わった人《ひと》は、それが相好《そうごう》のうえにも現《あら》われてくる——すなわち精神《せいしん》は肉体《にくたい》を変化《へんか》させるということ（一九三頁参照《ページさんしょう》）を悟《さと》ればいいのです。

そういう変化《へんか》は、きわめて徐々《じょじょ》に現《あら》われるものであって、現世《げんぜ》においては、顔形《かおかたち》というものはあまり変《か》わるものではありません。しかし、顔《かお》の表面《ひょうめん》の美《うつく》しさ、醜《みにく》さではなく、その奥底《おくそこ》から精神《せいしん》の気高《けだか》さが輝《かがや》き出《だ》してくるのです。そして、修行《しゅぎょう》を積《つ》めば積《つ》むほど、それに磨《みが》きがかかってくるのです。

むかしの高僧《こうそう》・名僧《めいそう》・聖人《せいじん》・賢人《けんじん》の肖像《しょうぞう》や彫刻《ちょうこく》などを見《み》ても、普通《ふつう》の意味《いみ》で顔《かお》の美《うつく》しい人《ひと》はあまりいません。釈尊《しゃくそん》の十大弟子《じゅうだいでし》にしても、その像《ぞう》を見《み》ると、阿難《あなん》と羅睺羅《らごら》を除《のぞ》けば、お世辞《せじ》にも美男《びなん》といえる人《ひと》はありません。よく「羅漢《らかん》さまのような顔《かお》をした……」などとたとえられるほどです。それにもかかわらず、それぞれなんともいえない穏《おだ》やかな、慈悲《じひ》に溢《あふ》れた、あるいは智慧《ちえ》の深《ふか》さのにじみ出《で》たような貴相《きそう》を表《あら》わしています。

そして、こういう人《ひと》たちも、次《つぎ》の世《よ》、その次《つぎ》の世《よ》と、次第《しだい》に菩薩行《ぼさつぎょう》を積《つ》んでいけば、その精神的《せいしんてき》な高《たか》まりはいよいよその相好《そうごう》を変《か》えていって、ついには釈尊《しゃくそん》のような三十二相《そう》・八十種好《しゅごう》を具《そな》えた仏《ほとけ》の相《そう》になることができるのです。われわれにしても、やはり同様《どうよう》です。

すなわち、精神《せいしん》の生《う》まれ変《か》わりの影響《えいきょう》は、たんに精神面《せいしんめん》だけにとどまるものではない、それはかならず肉体《にくたい》のうえにも表《あら》われてくるものである。その変化《へんか》はきわめて徐々《じょじょ》ではあるけれども、しかし、疑《うたが》いもなく確実《かくじつ》に起《お》こるものである——このお経《きょう》のここのところは、このように受《う》け取《と》らねばならないと思《おも》います。

法華経の新しい解釈　ワイド版2

平成24年10月1日　初版第1刷発行
令和5年2月20日　初版第8刷発行

著　者　庭野日敬
発行者　中沢純一
発行所　株式会社佼成出版社
〒166-8535　東京都杉並区和田2-7-1
電話　03-5385-2317（編集）
03-5385-2323（販売）
印刷所　小宮山印刷株式会社
製本所　株式会社若林製本工場

乱丁本・落丁本はお取替えいたします。

ISBN978-4-333-00709-7 C0015